传说有据

考古证实的中国史

李琳之 著

研究出版社

图书在版编目（CIP）数据

传说有据：考古证实的中国史 / 李琳之著 .
北京：研究出版社，2024.8（2025.1 重印）.
ISBN 978-7-5199-1699-2
Ⅰ. K220.7
中国国家版本馆 CIP 数据核字第 2024F6N133 号

出 品 人：陈建军
出版统筹：丁　波
责任编辑：林　娜

传说有据：考古证实的中国史
CHUAN SHUO YOUJU: KAOGU ZHENGSHI DE ZHONGGUOSHI

李琳之　著

研究出版社 出版发行

（100006　北京市东城区灯市口大街 100 号华腾商务楼）
北京中科印刷有限公司印刷　新华书店经销
2024 年 8 月第 1 版　2025 年 1 月第 2 次印刷
开本：710 毫米 ×1000 毫米　1/16　印张：23.75
字数：275 千字
ISBN 978-7-5199-1699-2　定价：86.00 元
电话（010）64217619　64217652（发行部）

版权所有·侵权必究
凡购买本社图书，如有印制质量问题，我社负责调换。

目录

前　言 　　　　　　　　　　　　　　1

龙行龘龘：我们确是龙的传人　　　　7
中国历史上有过一个玉器时代（一）　23
中国历史上有过一个玉器时代（二）　33
陶寺遗址是传说中的尧舜之都　　　　42
二里头遗址是传说中的晚夏之都　　　55

偃师商城和早商之都　　　　　　　　65
郑州商城和中商之都　　　　　　　　74
洹北商城和盘庚迁殷传说之殷　　　　86
殷墟和晚商之都　　　　　　　　　　94
商代17世30王　　　　　　　　　　102

商代的吃人习俗	110
血腥弥漫的商代大学	121
商周时期的邮驿系统	137
三星堆遗址是传说中的古蜀国	143

利簋揭开牧野之战千年疑案	160
周太王亶父宫室建筑重见天日	172
西周早期6王和失传的微史世家	178
西周12王和失传的单氏世家	188
西周首都以讹传讹的历史记忆	196
周人编造的凤凰山神话	211
周公庙遗址就是周公采邑所在	215
天子挂帅的西周大学和小学	230
周代确有刖者守门的习俗	244

传说与信史只差一头石犀	252
法门寺的藏宝洞	264
法门寺传说背后的历史玄机	276
一则印尼传说改写了唐代史	294
唐代真有江心镜	301

名副其实的蟋蟀天子	305
张献忠江口沉银果有其事	313
江口沉银传说喧闹的捞金史	329
清光绪帝真是被人害死的	338

注释	351
主要参考文献	368
后记	372

前 言

自从20世纪20年代考古学在中国诞生以来,中国考古学走过了100多年的历程,取得了举世瞩目的成绩。迄今为止,考古人员已经在南起南海、北到黑龙江,东起东海、西至青藏高原这一广袤的范围以内,发现了数以万计的古代文化遗址,可谓遍地开花,硕果累累。其中有相当一部分都是史无记载的惊世大发现,如中国迄今发现最早的城池——6000年前的湖南澧县城头山遗址、最早迈进文明初国时代的城市——4500年前的浙江杭州良渚遗址、史前中国最大的城址——4300年前面积达400万平方米的石峁遗址,等等。

考古人员用高科技等手段,从动态的角度观察、分析,发现了距今5300年和距今4300年时,中国大地南北文化格局发生的两次剧变。5300年前是北方沉沦,南方崛起,东方强势。至4300年前,北方遽然崛起,南方归于沉寂,而东方势力也在强盛1000年之后,突然走向衰落。

距今4600年时,黄河中下游还发生了一次"改道入海"的惨烈事件,波及今津、鲁、冀、豫、徽、苏等多个省市,水患延续了二三百年之久,不但给沿途数百公里范围以内的居民造成灭顶之灾,还直接摧毁了彼时势力最为强大的东方大汶口文化政权。

还有一部分考古发现则是直接将民间传说改写成了信史,如几千年以来关于尧舜绵延不断的传说,经考古证明,确有充足的史实根据,举世闻名的山西襄汾陶寺遗址就被证明是尧舜之都。中国社会科学院于2015年6月18日下午在北京国务院新闻中心举行了"山西·陶寺遗址发掘成果新闻发布会",向全世界公布了这一重要成果,尧舜传说由此成为信史。

与此相类的还有张献忠"江口沉银"传说和清光绪皇帝被害传说等。四川彭山江口数百年一直传说是明末起义军领袖张献忠的水下"沉银"之地,国家文物考古部门对张献忠"江口沉银"地点进行勘测定位后,从2016年至2022年先后进行了四次打捞,总计打捞出金、银、钱币等文物共计7万余件,皆为张献忠起义军在此战败后沉船所致,纷纷扰扰的张献忠"江口沉银"传说也因此正式走进信史。

清光绪皇帝载湉38岁就走完了他生命的历程,民间传说和一些野史笔记,如徐珂的《清稗类钞》、德龄的《瀛台泣血记》、费行简的《慈禧传信录》和王照的《德宗遗事》等,都认为光绪帝是被人害死的。2003年,中央电视台清史纪录片摄制组携手北京市公安局法医检验鉴定中心等,共同组成了一个"清光绪帝死因"专题研究课题组,对光绪帝两小缕头发进行了鉴定,结果表明,光绪帝体内摄入的砒霜总量已经大大超过了致死量,换言之,光绪帝系砒霜中毒而亡。传说再一次成为信史。

除此以外,还有陕西扶风法门寺关于佛指舍利和地宫宝藏的传说、成都都江堰关于李冰石人的传说、唐代神镜"江心镜"的传说、明宣宗是"蟋蟀天子"的传说等，都被考古证明实有其事。

在考古发现中，另有一类是直接推翻正史的记载，还原了历史的本真面目。如我们熟悉的"昏君"周厉王，司马迁在《史记》里说他"即位三十年，好利……暴虐侈傲……其谤鲜矣，诸侯不朝……国人莫敢言，道路以目。"但随着青铜器铭文的不断出土，人们才发现，周厉王不但不是个"昏君"，反而是个具有雄才大略的一代枭雄，这在其在位前期表现得尤为突出。周厉王即位后，先后多次平定来自东南方夷人和西北方猃狁的叛乱，其中一次对南方诸侯和部分东方夷国的征伐，安定了南方的局势，让26个小国的国君都拜服在了他的脚下。我们耳熟能详的"国人暴动"也不是过去历史课本里所说的平民暴动、奴隶起义，而是西周王廷内部因为周厉王激进改革引起的一次政变。政变的主要策划者和组织者是在周厉王时期失宠、曾经掌管军政大权的司马"伯龢父"——就是文献记载的共伯和。"周召共和"也不是什么周公和召公共同执政，而是共伯和执政之谓。"厉王"传说是他死后他儿子周宣王给他的谥号，但西周晚期的青铜器铭文中，根本就没有"厉王"这个字眼，对"厉王"称呼用的都是"剌王"。"剌"就是"烈"，为光明、显赫之意，同《逸周书·谥法解》所云"杀戮无辜曰厉"意思刚好相反，所以"剌王"就等于"烈王"。这是一个很高的赞誉。

再如我们以前在中小学课本里学过的周幽王"烽火戏诸侯"、项羽火烧阿房宫、陈胜吴广起义中"失期当斩"、蔡伦是造纸术的发明人等，新的考古发现表明，这些都是存在争议的问题。

这些考古发现，有的曾经轰动一时，为世人所瞩目；有的虽然也做了相关报道，但关注的人不多；有的仅局限于考古界，"养在深闺人未识",以至于大多数人都不知道考古学已经推翻了他们固有的一些历史认知，还在一本正经地宣传这些伪历史知识，让人啼笑皆非。

与此相关的是，迄今为止还没有一部系统介绍这些改写了中国史发现的图书在市场上出现，这应该也是已经被考古推翻的那些伪历史知识在社会上继续谬种流传的一个主要原因。

我的研究方向主要是上古史，近年来，我用这100多年来中国考古学所取得的成就，结合文献，对距今9000年至西周末年这6000年的中国历史做了一个系统的梳理，先后出版了《前中国时代》《元中国时代》《晚夏殷商八百年》和《何以华夏》四本书。这一研究写作过程，使我对考古学改写中国史这个问题有了一个比较全面的认识，因此，我就想利用手头现成的材料，再补充一些中古和近古的资料，写一本《考古改写中国史》，以填补图书市场上这方面的空缺。

但由于以前只是专注于先秦的考古研究，对秦汉及其以后的考古学成果涉猎不多，这就造成了我认识上的误区，以为秦汉及其以后都有确凿的文献记载，考古改写历史的内容不会太多。但仔细查阅相关资料才发现，并不是那么回事，其中对既有中国史造成冲击的考古成果比比皆是。这样一来，我就不得不改变原来的写作计划，大幅度地增加工作量，将原来的一本扩展成三本，分别以《返璞归真：考古纠错的中国史》《史无记载：考古发现的中国史》和《传说有据：考古证实的中国史》三个专题的形式推出。

当然，这三个专题类别也不是那么绝对的泾渭分明，其中有些内容就能归置于不同的类别之中，但为了保证三本书不出现重复现象，就只能归类于其中一本。如清光绪帝之死，官方和正史认定光绪帝是死于疾病，所以既可以将它归类到《返璞归真：考古纠错的中国史》

之中，也可以归置到《传说有据：考古证实的中国史》当中。最后，我将它归类于后者，是因为后者关于明清时期的同类内容较少，是从三本书篇幅比例平衡角度考量的。

就夏代以前的上古史而言，几乎每个考古大发现都可以说是史无记载，都对中国史有补充、丰富和完善的作用，但考虑到读者的兴趣、可读性和三本书的整体容量，我将这段时期的内容做了大幅度的压缩，而且主要不是写某个具体遗址，而是将内容着重放到揭示某个特定时期的社会场景上。这样做的目的是给读者一幅整体的情景画面，而不是像写一个个具体遗址那样，留下的都是碎片式的残缺影像。但由此就会淘汰不少重要的考古发现，对此我采取的补救策略是，用一篇全景辐射式的文章，对这 100 多年来全国各地所发现的重要考古成果做一个宏观综述，这就是放在《返璞归真：考古纠错的中国史》篇首的《中华文明起源并非"一元中心"》一文。这篇文章原是 2017 年 3 月，我在山西财经大学马克思主义学院所作《中华早期文明源流线路图》专题讲座的讲稿，这次发表又增补了一些新的内容。

就现有的考古资料来看，改写了中国史的相关遗址和文物，商周及其以前和秦汉时期较多，三国至清代时期较少，这也符合历史发展的规律，毕竟时代越近，书写越方便，历史记录也越全。

我将这三本书定位为严谨而不失活泼的普及性读物，严谨是说，书中的每个观点、每个说法都言之有出，出之有据，为此我在书后附了一些必要的注释和古籍参考目录；活泼是说，让文字跳跃起来，提升文章的流畅感和趣味性，让读者获得知识的同时也能享受到阅读的快感。希望能达到这个目的。

古人说，尽信书不如无书，因为我们看到的东西往往是别人想让我们看到的,所以读而后思,思而后疑,疑而后信,方为读书之道。读史尤其如此。

其实,历史不仅是胜利者书写的,当时代的帷幕落下那一刻,所有的人都可能成为历史的书写者。

愿这套书带给读者的不仅仅是新的历史认知,更希望带给读者的是新的思考。

李琳之

2023 年 6 月 13 日于京

龙行龘龘：我们确是龙的传人

一

有一首歌名叫《龙的传人》，国内几乎是家喻户晓，人人耳熟能详：

> 古老的东方有一条龙，
> 它的名字就叫中国。
> 古老的东方有一群人，
> 他们全都是龙的传人。
> 巨龙脚底下我成长，
> 长成以后是龙的传人。
> 黑眼睛黑头发黄皮肤，
> 永永远远是龙的传人。

这首歌唱出了中国人的自豪，唱出了中国人的自信，更是唱出了中国1万年文化和5000年文明的源远流长。

中国人为什么自称是龙的传人呢？那是因为被视为中国人始祖的"三皇五帝"都带有龙的属性，是龙的化身。

伏羲作为"三皇五帝"之首，是"人首蛇身"（《帝王世纪》），成为传说中的龙祖，开创了中国龙文化的先河。杜预注《左传·昭公十七年》云："太皞伏羲氏，风姓之祖也，有龙瑞，故以龙命官。"

女娲"承庖羲制度……亦人首蛇身"（《帝王世纪》）。蛇是龙的原型，也是龙的另一种表现形态。在神话传说中，伏羲和女娲在人类遭受大洪水灾害面临灭绝之时，兄妹成婚，从而使华夏族得以繁衍下来。

神农氏的母亲名叫女登，相传某日游于华阳时，感于神龙而生炎帝："神农氏母曰任姒，有蟜氏之女，名女登。为少典妃。游于华阳，有神龙首感女登于常羊，生炎帝。"（《帝王世纪》）

在文献记载中，黄帝和龙也有密切的关系："蚩尤作兵伐黄帝，黄帝乃令应龙攻之冀州之野。应龙畜水。蚩尤请风伯雨师，纵大风雨。黄帝乃下天女曰魃，雨止，遂杀蚩尤。"（《山海经·大荒北经》）此后，"得奢龙，而辩于东方"（《管子·五行》）。黄帝在荆山下铸鼎成功后，又骑龙升天而去："黄帝采首山铜，铸鼎于荆山下。鼎既成，有龙垂胡髯下迎黄帝。黄帝上骑，群臣后宫从上龙七十余人，龙乃上去。"（《史记·五帝本纪》）

在司马迁的古史体系中，颛顼号高阳，是黄帝的孙子，颛顼的坐骑就是龙。《大戴礼·五帝德》记述颛顼是"乘龙而至四海"。

作为颛顼族子的帝喾，又名帝俊，也具有龙的属性："帝俊生晏龙，晏龙生司幽……"（《山海经·大荒东经》）

关于尧和龙的关系，文献记载更多，其中以《竹书纪年》的记载最具代表性:"母曰庆都,生于斗维之野,常有黄云覆其上。及长,观于三河,常有龙随之。一旦,龙负图而至,其文要曰:'亦受天祐。'眉八采,须发长七尺二寸,面锐上丰下,足履翼宿。既而阴风四合,赤龙感之。孕十四月而生尧于丹陵,其状如图。及长,身长十尺,有圣德,封于唐。梦攀天而上。高辛氏衰,天下归之。"

此外,像太昊、蚩尤、共工、祝融、舜和禹等的神话传说中华夏民族祖先都和龙有这样和那样的关系,或者说他们本身就都是龙的传人、龙的化身。

这些先祖,包括"三皇五帝"在内,固然是神话传说中的人物,但又绝不仅仅是神话,而是包含着史实的影子,是历史在流变过程中扭曲后的反映。

其实,"三皇五帝"都不是某个具体的人,而是某族群或该族群数代领袖的统称和代号。这一点,成书于晋代的《帝王世纪》说得很清楚:

> 伏羲之后,女娲氏,亦风姓也。女娲氏没,次有大庭氏、柏皇氏、中央氏、骊连氏、赫胥氏、尊卢氏、混沌氏、昊英氏、有巢氏、朱襄氏、葛天氏、阴康氏、无怀氏,凡十五代,皆袭包牺氏(即伏羲氏)之号。

古本《竹书纪年》说黄帝至禹大约为 30 世,有学者据此推算黄帝 10 世 1520 年,颛顼 9 世 350 年,帝喾、挚和尧 10 世 400 年。[1]

伏羲氏前后绵延 15 代,黄帝延续 10 世,颛顼延续 9 世,帝喾、挚和尧先后延续 10 世,虽然不能当作确数看待,但也至少说明了这些古帝王并非一个具体的个体这样一个史实。

另外,被学界认定为尧都的陶寺早期城址,200年间共发掘出了6座王陵,实际上也就是6代尧的墓葬,说明尧的确不是一个人,而是尧这个族群领袖的统称。

既然,"三皇五帝"都不是一个具体的个体,那么他们之间当然也就不存在直接的血缘关系了。实际上,司马迁在《史记》中将黄帝之后的其他四帝都看作是黄帝的直系后裔,是出于维护华夏一统的需要而做出的带有感情色彩的叙述,并非历史的真实反映。

"三皇五帝"背后折射的实际是一个漫长古史纵横交错的立体影像,以此为框架建立起来的古史体系在更高层次上呈现的是这个漫长历史发展脉络的系列坐标点——这些古帝王都应该看作是不同时代的表征语,在总的历史排序方面大致是正确的,这也是从春秋至秦汉,无数的先贤在经过无数次呕心沥血的研究后才奠定的框架结构,即便是在今天考古学成果不断涌现的年代,也没有人能把这个大框架推翻,反而在某种程度上证明了她的合理性。[2] 从这个意义上讲,所谓"三皇五帝"都带有龙的属性是说,他们创造了龙,并将龙视作他们所在族群的图腾而加以崇拜,随着他们被后世神化成为后人尊奉的祖先神,他们也异化为龙的化身,并被后人世世代代地传承了下来。

二

目前在中国大地上发现最早的龙形物,是辽宁阜新查海遗址出土的距今8000年左右的大型石塑龙。该遗址于1982年发现,现存面积约12500平方米。1986～1994年,文物部门对查海遗址先后进行7次发掘,出土了一条近20米长的龙形堆石,在学界内外引起轰动。[3]

这条龙形堆石位于聚落中心墓区的北部,是人工采用红褐色玄武岩自然石块堆摆而成,长19.7米,宽1.8～2米,龙头、龙颈、龙体、龙鳞、龙

▲ 查海遗址龙形堆石[4]

爪、龙尾等都摆放分明,清晰可辨。龙的前身宽大,身体前部下方还用石块堆砌出像龙足又像云雾的衬托物,由头向身体、尾部逐渐变薄,变细,变小。龙体从头至尾呈西南—东北向,昂首,张嘴,屈身,弓背,似乎正在腾云驾雾。因其年代较早,体型硕大,被称为"中华第一龙"。

考古人员在查海遗址中还出土了两件饰有龙纹的陶片——夹砂红褐陶贴塑泥条。龙纹一为蜷曲的尾部,一为盘旋的龙体,均采用的是浮雕手法。

同属于兴隆洼文化的兴隆沟遗址灰坑中,也出土了两条"猪首龙",系用真实野猪头骨作为龙首,用陶片、石片作为身躯摆放而成,一作"S"形,一作"C"形。兴隆沟遗址地处内蒙古赤峰市敖汉旗东部的大凌河支流上游。发掘者

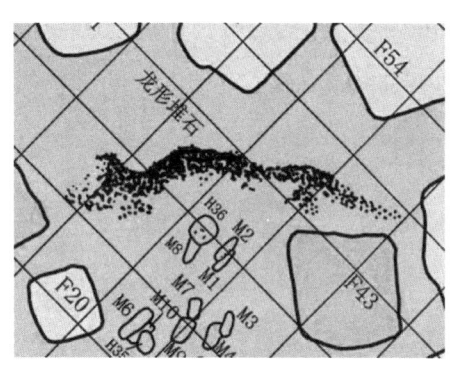

▲ 查海遗址发掘平面示意图(部分)[5]

称:"这是中国目前所能确认的最早的猪首龙形态。"[6]

西辽河流域在兴隆洼文化之后发展起来的是赵宝沟文化(距今7200～6400年)、红山文化(距今6600～5000年)。小山遗址属于赵

宝沟文化，位于内蒙古自治区敖汉旗宝国吐乡兴隆洼村东1.3公里处，考古人员在小山遗址二号房址的居住面上，出土了一件尊形器，腹部有一组图案花纹，画的是猪、鹿和鸟三种动物头部形象图案。三种动物头部都面朝着同一个方向，围绕尊形器腹部旋转一周。其中猪头形动物，细眼，长吻，猪头以下作蛇身，饰有鳞纹，盘转弯曲。显然不是现实生活中的猪的写照，而是人们创造出来的崇拜对象——神化了的龙。[7]

红山文化是中国第一个玉文化发展高潮时期，大量形态各异的"C"形玉雕龙、玦形玉猪龙、双龙首玉璜、双猪首三孔玉器等开始涌现。龙在这个阶段的出现显然已经超出了原始的装饰意义，成为宗教和图腾崇拜的象征，是神权和信仰的物质载体。巫师做法时，将玉龙佩戴在身上，意图通过这个想象中的灵物和被崇拜和祭祀的对象，来实现人与神的沟通，以达到祈祷的目的。红山文化玉龙迄今已经发现16件[8]，其中辽宁省建平县牛河梁遗址两座墓中出土3件，其余均是在内蒙古东南部、辽宁省西部和河北省北部采集和征集所得。

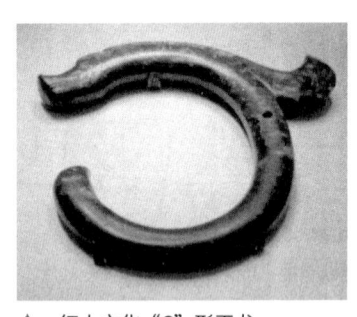
▲ 红山文化"C"形玉龙

红山文化玉龙可以分为兽首龙、猪首龙和鸟首龙三类，其中以猪首龙最为著名。其特征是昂首、弯背、卷尾，整体造型呈C字形。吻部前伸，略向上翘，尾部内卷，光素无纹。

与红山文化大体同时，长江下游流域也出现了大量的龙形物，如位于浙江省诸暨市的楼家桥遗址就在考古发掘中出土了一件上面刻画有猪首蛇身龙图案的陶盆，龙角还清晰可辨，距今6000多年。[9]

位于安徽省马鞍山市含山县太湖山支岗南麓的凌家滩遗址也出土了一些具有明显红山文化造型特点的玉龙和玉制龙凤璜。凌家滩玉文化和红山玉文化是距今5500年前后两座并列的玉文化高峰，二者之间有频繁的文化互动和交流，这体现在二者在玉文化方面表现出了惊人的一致性。相似的龙形物在大约和它同时代的崧泽文化中也有发现。

▲ 凌家滩玉龙[10]

距今5300年，继凌家滩文化之后崛起于太湖流域的良渚文化，虽然龙的因素已不像红山文化和凌家滩文化那样表现强烈，但仍是其主题之一，迄今已经在余杭瑶山、官井头、后头山，海宁皇坟头，海盐仙坛庙，桐乡普安桥，常熟罗墩，昆山赵陵山等遗址中出土了众

▲ 良渚文化龙首纹玉镯[11]

多的玉龙和龙形饰物，良渚文化玉龙延续了崧泽文化和凌家滩文化龙的特征，直径在1厘米左右，小巧玲珑，呆萌可爱。

长江中游也不遑多让。湖北黄梅县白湖乡张家村焦家墩遗址发现了距今6000年大溪文化时期的一条用卵石摆塑的巨龙，龙身长4.46米，高2.28米，宽0.3～0.65米，昂首，曲颈，卷尾，背部有三鳍，腹下伸三足，独角上扬，似乎正在腾飞一般。[12]

湖北天门石家河遗址发现了距今4600～4000年石家河文化时期的龙形玉环，湖南澧县孙家岗石家河文化遗址也发现了同一时期的龙纹玉佩。[13]

在西北大地黄河上游流域，距今6800～6000年是半坡文化势力的天下，宝鸡北首岭遗址出土了一件蒜头瓶，上面绘有长身鱼纹的龙形图案，头呈方形，巨腮，无脚。发掘者认为是螭龙。

距今5000年左右的甘肃武山县西坪与傅家门遗址分别出土了两件陶瓶，均绘有人面蛇身图案，通体以斜纹格来表现龙纹。[14]

三

就龙的本义而言，她不仅是传说中伏羲综合各部落动物图腾所创造的一个虚幻的神物，更是远古先人最早观天测象、制定农时所描绘的一个星象图，其中隐含着古人原始的宇宙观和宗教观。距今9000～7000年，中原虽然目前尚未发现龙的踪迹，但在众多裴李岗文化遗址大墓中都发现了同"龙"形异而神同的龟甲——它们都隐含着原始先人观天测象以授农时的八卦思想。

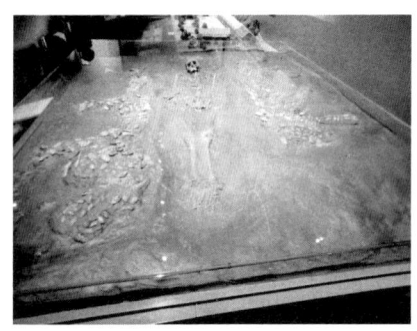

▲ 西水坡M45号大墓主人身旁摆放的蚌塑龙虎图案

在距今6500年的仰韶早期，继承了裴李岗文化精髓的河南濮阳后岗一期文化西水坡M45号大墓墓主人身旁，也出现了龙，而且是同虎形物摆放在一起的具有明确中国传统文化意义的蚌塑龙图案。

西水坡大墓所在的西水坡遗址位于濮阳市城区西南一隅，面积达5万平方米，含有仰韶、龙山和东周三个时期的文化遗存。在其仰韶早期文化层中，出土了三组用蚌壳精心摆塑的龙、虎、鹿等动物图案，三组图案在同一平面上自南向北一字排开。[15]

第一组是龙虎图案，发现于 M45 号大墓中。该墓坑平面呈人头形状，墓室为竖穴土圹，东西宽 3.1 米，南北长 4.1 米，深 0.5 米。墓底平坦，周壁修筑规整。墓室的东、西、北三面各凿一个小龛。墓主为一壮年男性，身长 1.84 米，仰身直肢，头南脚北，居墓室正中。经鉴定，墓主系正常死亡。另外还有 3 个殉人，分别埋于墓室三面小龛内。其中 1 人骨架保存较差而未能做性别和年龄鉴定，其他两人为 1 男 1 女，分别是 12 岁、16 岁。墓主左右两侧是用蚌壳精心摆塑的龙虎图案。龙图案摆于墓主骨架的右侧，头朝北，背朝西，身长 1.78 米，宽 0.67 米。龙昂首，曲颈，弓身，长尾，前爪扒，后爪蹬，状似腾飞；虎图案摆塑在墓主骨架左侧，头朝北，背朝东，身长 1.39 米，宽 0.63 米。虎头微低，圜目圆睁，张口露齿，虎尾下垂，四肢交递，做行走状，形似下山。在虎图案的西部和北部，还分别放置两处蚌壳堆积。西面的蚌壳堆积比较凌乱，没有一定的形状；北部的蚌壳堆为三角形。在这堆蚌壳的东面，距墓室中部壮年男性骨架 0.35 米处，还发现有两根人的胫骨。

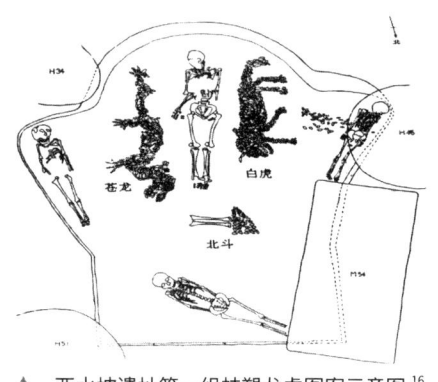

▲ 西水坡遗址第一组蚌塑龙虎图案示意图[16]

第二组是龙虎鹿图案，发现于 M45 号墓南面约 20 米处同一层位，图案中有龙、虎、鹿、蜘蛛等。龙头朝南，背北；虎头朝北，背东。龙虎蝉联为一个整体。虎背上还卧着一只高足长颈鹿。蜘蛛摆塑于龙头的东面，头向南，身子向北。在蜘蛛和鹿之间，摆放有一柄制作精致的石斧。

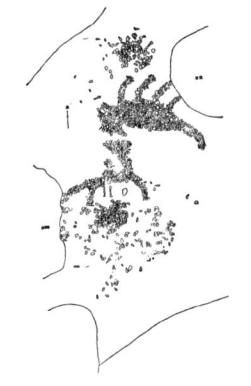

▲ 西水坡遗址第三组蚌塑龙虎图案示意图[17]

第三组也是龙虎图案，发现于第二组动物图案南面的一条灰沟中，两者相距约25米。灰沟为东北—西南走向。图案造型有人骑龙和虎两种。人骑龙摆塑于灰沟中部偏南处，龙头朝东，背北，昂首，长颈，舒身，高足。背上骑有一人，两脚跨在龙背上，一手在前，一手在后。面部微侧，似在回首观望；虎摆塑在龙的北面，头西，背南，仰首翘尾，四足微曲，鬃毛高竖，呈现出一副奔腾欲飞的姿态。

在这个图案周围还摆放有三堆大小不一的圆形蚌壳堆以及一只好像在舒身展翅的飞禽蚌塑图。另外，还有许多似乎并非随意放置的零星蚌壳。整体观察，这条灰沟犹如浩渺天空中的银河，灰沟里零星的蚌壳，好像是银河系中的点点繁星。

考虑到三组图案在时间、位置和文化内涵上具有较强的同一性，且表达的都是祭祀王者一类的内容，发掘者推测第二、第三组蚌图可能是埋葬M45号墓主人举行大型祭祀活动时遗留下来的遗存。

众多学者都认为，这三组图案，尤其是M45号大墓用蚌壳精心摆塑的龙虎图案很可能是古代最初二十八星宿体系中的左青龙、右白虎东西二宫星象的雏形。这表现在以下几个方面（以M45号大墓为例）[18]：

一是墓穴南部边缘呈圆形，北部边缘呈方形，符合第一次盖天说天圆地方的宇宙模式。墓穴形制是古老的盖天宇宙学说的完整体现。

二是墓室主人左右两侧蚌塑的白虎和青龙图象，构成了二十八星宿体系中的东、西二宫星象，白虎腹部下方散乱的蚌壳应该是表示心宿星象——古人以大火星授时纪历。

三是墓穴南部圆弧部分经过复原并按实际尺寸计算，是一张最原始的盖图，这比根据《周髀算经》所复原的盖图更契合实际天象。

四是墓主人脚下的蚌塑三角形和人的两根胫骨构成了北斗星象：三角形指代斗魁，两根胫骨指代斗柄，而后者又是立杆测影的象征——"周髀"之"髀"乃人的腿骨，又是测量日影的表，古人正是受人体投影的启示才发明了立杆测影这一天文观测方法，所以用胫骨和蚌壳组成的北斗星象应该同测影计时有关。

五是墓室主人脚下和两侧的人殉象征着春分神、秋分神和冬至神"三子"，反映的是"分至"四季神相代而以为岁的思想。

质言之，西水坡M45号墓内龙虎图案及其他物件摆放，体现的是测影与北斗授时的统一关系，反映了两大天文观测系统的丰富内涵：一是立杆测影制定太阳历，二是观测北斗、四陆星象制定参、火历法。

濮阳西水坡M45号墓，不仅墓葬规模宏大，殉葬3人，而且还在墓主两侧精心摆塑寓意明显的龙虎图案，在不远处的第二组图案中还放有象征军权的石斧——钺的前身，这在史前中国大地上尚属首次发现，足见墓主人地位之尊。

从龙作为华夏民族图腾的原始含义上讲，这三组蚌塑龙是史前中国迄今所见真正意义上的考古龙，不但具有原始北斗天象图的意味，而且还蕴含着"王者"身份的象征意义。

学界一般将古代的龙分为猪龙、蛇龙和鳄龙三种，另外还有鱼龙、虫龙、狗龙、鸟龙等。但这种划分也并不是绝对的，各种龙互相之间其实都有交叉重复现象，这也符合龙是华夏先人综合各种动物、天象而想象出来的一个自然界并不存在的复合物的特点。

猪龙是指其头部具有猪首特点的龙形物，像上述西辽河流域红山文化遗址中出土的龙就大都具备这个特点。

蛇龙是指其躯体具有蛇身特点的龙形物，这也是最符合传说中伏羲女娲"人面蛇身"特点的龙。实际上就目前所发现的龙来看，都具有蛇身的特点，即便像西辽河流域红山文化的C形龙、长江以南地区崧泽文化和凌家滩文化中的虫龙等，也完全可以看作是一条盘曲的蛇龙的形象。

鳄龙是指其头部具有鳄鱼面部特点的龙形物。上述濮阳西水坡遗址蚌塑龙、凌家滩玉龙以及下面要叙述到的山西襄汾陶寺遗址所出陶盆彩龙都被认为属于鳄龙。

四

文化意义上的中原地区是指黄河中下游流域，这个区域是传说中的"三皇五帝"活动的核心地区。自20世纪80年代末濮阳西水坡蚌塑龙发现以来，这一地域逐渐成为发现龙的中心地区，而且都是发现在不同时代的大型遗址中，从五六千年前的炎黄时期至夏商周三代层出不穷，且具有一脉相承的特点。

关中大地距今6000～5300年是西阴文化的势力范围。位于陕西省西安市高陵区姬家乡的杨官寨遗址，出土了一件红色的陶钵，在其鼓起的腹部上绘有一条龙，张大了嘴，面对着不远的"龙珠"，正在做着准备腾跃的姿态，头顶突出的两个角似乎在炫耀着自己的荣光。[19] 杨官寨遗址是一大型环壕聚落，总面积80万平方米左右，是西阴文化中后期面积最大的遗址，有学者认为是黄帝时代中后期都邑，距今5500年左右。

晋南临汾盆地距今 4300～4000 年是陶寺文化的天下。陶寺遗址已经被证明是尧舜之都,其中距今 4300～4100 年的陶寺早期城址是尧都。陶寺早期城址先后出土了六座王级大墓,除有两座因为被盗扰没发现龙盘外,其余四座都发现了绘有彩色蟠龙图案的陶盘。蟠龙躯体上鳞状斑纹绘在陶盘内部四围边壁上,龙自盘底向盘沿盘旋而上,状似腾空欲飞。龙盘随葬在几代陶寺王者的大墓里,

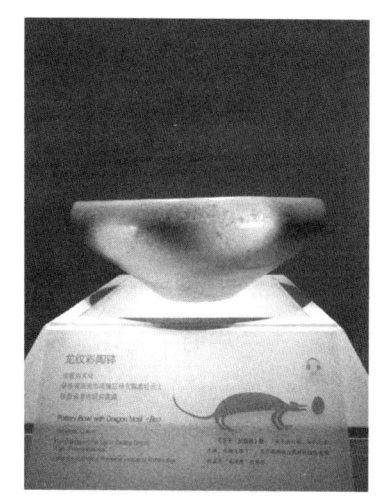

▲ 杨官寨遗址出土的绘有龙图的红色陶钵

显然是继承了濮阳西水坡大墓蚌塑龙的文化意涵,龙在这里,不仅代表着王权,也代表着神权和族权。关于陶寺遗址就是尧都以及彩陶龙盘的具体情况,本书《陶寺遗址是传说中的尧舜之都》一文有详细说明,这里不再赘述。

与陶寺古国崛起时间大体相同或稍晚,在黄河中上游交接地带的陕北榆林地区也出现了一座面积达 400 万平方米的大型都邑,这就是举世闻名的石峁遗址,它是迄今为止考古所发现的史前中国面积最大的城址。考古人员在石峁皇城台大台基石护墙上发现了 8 号和 24 号两件石雕龙,距今 3900 年左右。[20]

8 号石雕雕刻有两条龙,头部各自朝外,龙尾相抵,形态大体相同。龙头硕大,呈盾形。吻部弧凸,鼻梁细长。躯体略肥,呈长条波状曲伏。两侧通过雕刻错落有致的弧形短弯钩,形成斑块龙鳞纹。尾尖上翘。该石雕是一长方形状,长 130 厘米,高 17 厘米。

▲ 石峁遗址皇城台大台基8号石雕龙[21]

24号石雕也是一长方形状，长179厘米，高14厘米。石雕画面以正视人面为中心，左右对称施刻着两条头部相向、朝向人面的龙，龙尾外侧是侧视的人头像。两条龙形体结构相同。龙头近似方形，水滴眼，吻部前凸。龙身躯呈宽体"Y"字形，尾部平伸出两条宽带，在尾尖向外侧弯钩，状似鱼尾。

▲ 石峁遗址皇城台大台基24号石雕龙及其拓片[22]

▲ 新砦遗址陶器盖上的龙纹线描图[23]

同是距今3900年前后，河南新密新砦遗址也出土了一件刻画有龙纹饰的陶器盖，该龙纹以双阴线刻画，仅残存龙头大部和龙尾一角。龙头主体为近方圆形，鼻梁是长条形，鼻凸呈蒜头状。两眼近似"臣"字形纵目。尾翼残存无几，有学者根据浮雕残迹推测，两条龙尾应该是呈双花瓣对称的"Y"形鱼尾状。

进入距今3800～3600年的晚夏时期，作为晚夏都城的二里头遗址出土了数件龙形

（饰）物，其中最著名的一件是发现于二期3号宫殿建筑基址庭院内一座墓葬中的绿松石龙，由2000余片不同形状的绿松石片粘嵌拼合而成。长64.5厘米，中部最宽处4厘米。头部较大，呈椭圆形，两侧有卷曲弧线表现的鬓。吻部略突。鼻端为一整块的蒜头状绿松石。眼为梭形，另嵌绿松石为眼角，以弧凸面的圆饼形白玉为睛，清晰分明，形象而有神。龙身呈波浪起伏状，错落有致。龙尾内蜷。

龙鳞是用绿松石片粘嵌而成的多道依次排列的菱形纹来作为象征。

▲ 二里头遗址二期墓葬中的绿松石龙

中国社会科学院考古研究所研究员朱乃诚先生在对陶寺、石峁、新砦和二里头四地出土的龙做了对比研究后指出[24]，陶寺龙与石峁、新砦、二里头三地龙分属两个不同的系列，应该是两个不同的文化系统或族属，二里头蚌塑龙明显是继承石峁石雕龙和新砦陶器盖龙而来。

我在《元中国时代》一书中详细阐述过[25]，陶寺尧族是从鲁东南辗转豫北、冀南、冀北、晋中等地而来的殖民者，其底色是龙山早期文化，陶寺当地土著人群是先夏鲧部，其底色是庙底沟二期文化。尧族占领陶寺后建立了陶寺古国，而先夏鲧部逃亡至陕北、晋西北和内蒙古中南部，融入当地老虎山文化人群，进而形成石峁文化，建立了石峁古国。也就是说，石峁遗址是先夏、早夏的都邑。新砦是早夏"后羿代夏"至"少康中兴"时期在中原的都邑，更确切地说，是辅都，彼时其真正的都邑还是石峁遗址，亦即文献上说的西河。二里头是晚夏都邑，二里头文化正是由新砦文化发展而来。二里头遗址崛起的时候恰是石峁遗址废弃之时，时为公元前1800年。而在绵延数千年的传说中，夏人祖先鲧和夏朝建立者大禹都具有龙的属性，龙也因此成为夏人的图腾。

当然，从龙的造型观察，全国各地出土的龙形物各具特点，从属于不同的文化系统，但那可以理解为是由于地域文化的差异和时间久远而导致的流传变异，但其基本形态还都明显具有蛇或鳄鱼的影子。

另外，从上述黄河中游流域出土的这几件具有代表性的龙图或龙形物来看，都同王者有密切的关系，或者出土于王级大墓之中，或者是出土于彼时最大的聚落都邑遗址之中，其所表现的都是同样的内涵：一是将龙作为了"王"的象征，这或许就是中国后世历代帝王自视为龙的化身的渊源；二是将龙视作了本族本国的图腾，这应该是中国人自称为龙的传人的源头。

8000年前出土于西辽河流域的几条龙，由于没有明确的文化参照物，尚不能完全证明是龙，我们暂不做评论。但6500年前濮阳西水坡遗址的蚌塑龙是公认的具有传统文化意义上的龙，则是毋庸置疑的，它也成为后世各地所出不同时期龙形物的鼻祖。从西安杨官寨遗址的陶钵龙到襄汾陶寺遗址的彩陶龙，从石峁遗址的石雕龙到二里头遗址的绿松石龙，都能清晰地看到西水坡蚌塑龙的影子，看到其中汩汩流淌的被视为华夏祖龙的"三皇五帝"的文化血脉。

中国历史上有过一个玉器时代(一)

东汉袁康在《越绝书》卷十一《越绝外传·记宝剑》中借"风胡子"之口说,史前中国曾经存在一个"以玉为兵"的玉器时代:

> 轩辕、神农、赫胥之时,以石为兵,断树木为宫室,死而龙臧,夫神圣主使然。至黄帝之时,以玉为兵,以伐树木为宫室,凿地。夫玉,亦神物也,又遇圣主使然,死而龙臧。禹穴之时,以铜为兵,以凿伊阙,通龙门,决江,导河,东注于东海,天下通平,治为宫室,岂非圣主之力哉!当此之时,作铁兵,威服三军。天下闻之,莫敢不服,此亦铁兵之神,大王有圣德。

这一记载事实上是把中国古史分成了石器、玉器、铜器和铁器四个时代,也就是传统古史中的三皇、五帝、禹夏和东周四个时期。[26]

但这一说法因为没有实证文物,长期以来一直受到人们的质疑,在20世纪80年代以前,国内外关于中国历史的书籍,大多对此只字不提,认为只是个传说而已。但新中国成立后,尤其是改革开放以后

40多年的考古成果，实证了玉器时代的存在，将传说改写成了信史。

考古发现，自红山文化起，中经凌家滩文化、良渚文化，直至石家河文化、龙山文化和齐家文化等距今6000～4000年这个时段内，史前中国大地从北方的辽河流域到中原黄河流域，再到南方的长江流域，普遍经历了一个尚玉时期，证明《越绝书》的记载有所本依。一些学者认为上述以尚玉为代表的几支新石器时代晚期文化已经超越了新石器时代考古学的定义，但又远远落后于青铜时代，因此应当把这些文化所代表的时代称为"中国玉器时代"。27

一

红山文化是玉器时代的开启者，这不但体现在红山文化滥觞的时间要早于其他几支文化，而且也体现在红山玉文化的兴旺发达及其对后续几支文化的广泛影响上。

红山文化发源于内蒙古中南部至东北西部一带，时间大约在公元前4500～前3000年，主体距今5500年前左右。分布范围北起内蒙古中南部地区，南至河北北部，东达辽宁西部、辽河流域的西拉木伦河和老哈河、大凌河上游。因其最早发现于内蒙古赤峰东郊红山后遗址而得名。其社会形态初期处于母系氏族社会的全盛时期，晚期逐渐向父系氏族过渡。经济形态以农业为主，兼以牧、渔、猎并存。

红山玉器是中国北方古代文明的承载体，丰富多彩的造型纹饰展示了其特定的宗教信仰内涵，而独特的玉料、精湛的技艺和富有时代特征的审美艺术风格，则体现着红山先民丰富的想象力和彼时流行的社会风尚。可以说，红山玉器是集艺术、审美和信仰于一体的一方传统文化瑰宝。

迄今为止，红山文化玉器已出土近300件，构成了一幅富有自身特色的玉文化图景。在庞大的红山文化玉器群中，猪龙、勾云形佩和马蹄形箍是其特有的、最具典型意义的三类器物，也是区别于同期其他考古学文化的重要特征。[28]

▲ 红山文化牛河梁遗址出土的勾云形玉佩

红山文化玉器种类繁多，造型独特，运用了具象写实、抽象夸张或具象和抽象相结合等多种构图方法。[29]用具象写实的构图方法雕琢的玉器主要有动物和仿工具题材两类，包括玉鸟、玉鸮、玉龟、玉鱼、玉蚕，以及玉斧、玉棒、玉钩形器、玉纺瓜等。用具象和抽象相结合的构图方法，把动物的头部与抽象的几何形体相结合进行写实，最具代表性的就是玉龙，主要有蜷体玉猪龙和以内蒙古翁牛特旗三星塔拉玉龙为代表的C形玉龙；用抽象的构图方法雕琢的玉器，主要有包括单孔、双孔和三孔在内的玉璧、勾云形器以及带齿类兽形器等。

从雕刻技法的运用来看，红山文化玉器既采用了多种构图形式和雕琢技法，又注重色泽的调配，讲究玉材色泽与器形的统一，以及器型与纹饰的和谐、均衡、对称等比例关系。如三星塔拉所出玉龙，龙的头颈和躯干就恰好位于现代审美理论的所谓黄金分割线上，体现了几乎和现代人一样的审美理念。

大量红山玉器的出土及其精雕细刻的高超工艺水平，说明红山玉器是一种集采集、运输、绘图、打磨、雕刻等流程于一体的高度专业化的手工行业。红山玉器所用玉质，大多数与辽东半岛岫岩玉近似。

岫岩玉矿位于牛河梁以东约 300 公里处，可能早在 8000 多年前的兴隆洼文化时期就已经得到开发，在东北和山东等广大范围内都可以看到同时期的岫岩玉制品。[30]

红山玉器的生产专业化程度很高，在牛河梁的积石冢内和礼仪建筑附近曾发掘出了有可能用来制作玉器的小型燧石工具，如钻和刮削器等，可能意味着贵族在一定程度上参与了玉器生产。[31]

红山文化玉器从整体上来说显得朴拙古远，少见华丽雕饰，表现了北方人朴实憨厚又强悍豪放的群体性格。尽管其外在形式丰富多彩、琳琅满目，但其指向只有一个，那就是事神。玉器被赋予神性，进而也就有了个人身份象征的意义，这从红山文化玉器多出土于积石冢和中心礼仪建筑附件可略窥一斑。

▲ 红山文化牛河梁遗址出土的兽面纹玉牌和三联玉璧

《越绝书》记载"玉，神物也""巫以玉事神"，玉成为巫觋手中事神、媚神的工具。在原始宗教气氛的笼罩下，玉神器成为玉石雕琢和使用的最主要目的。根据文献记载和考古发掘看，玉神器一般可分为三类[32]：一类是巫觋举行祭祀时身上所佩戴的玉器，如玉璜、玉玦、玉梳背、玉镯等；一类是沟通神灵而设置的玉器，如兽面牌饰、玉龟、勾云形佩；还有一类是祭献给神享用的美玉，如琮、匕等。

以玉龟为例。牛河梁遗址出土的两只乌龟原来是分别握在死者手中的,这可能不仅仅是因为玉龟有长寿的寓意,更是一种神灵的象征。负责掌管沟通天神和人间的巫觋一类统治者常使用龟卜,以预测吉凶祸福,揣度天命。

最能说明问题的是龙。如前文《龙行龘龘:我们确是龙的传人》所述,龙在这个阶段的出现显然已经超出了原始的装饰意义,成为宗教和图腾崇拜的象征,是神权和信仰的物质载体。巫师做法时,将玉龙佩戴在身上,意图通过这个想象中被崇拜和祭祀的灵物,来实现人神之间的沟通,以达到通天彻地的目的。

牛河梁遗址出土有玉人雕塑,其形象同安徽凌家滩玉人大同小异,都是双手置于胸前,双脚并拢,表现的是一种虔诚的祈祷仪式。这表明二者的上层统治者之间存在着文化交流。

二

凌家滩文化主要是以安徽含山凌家滩遗址为中心分布的一种新石器时代晚期文化,时间大致在公元前3500~前3300年。在凌家滩遗址出土的众多文物中,凌家滩玉器以数量大、品种多、质量高而闻名。

凌家滩文化之前,黄河和长江流域两大文明起源中心的墓葬均以随葬陶器和石器为主,随葬玉器只是偶尔和个别现象,即便是开启了玉器时代的红山文化,一般贵族墓随葬玉器也就几件,最多也不过几十件而已,而凌家滩文化贵族墓一般则是随葬十几件、几十件、上百件,乃至200多件。

以凌家滩遗址考古编号M1至M17的17座墓为例[33],其中随葬玉器18~50件者,有6座,玉器在总随葬品中所占比重平均为56.6%;

▲ 凌家滩07M23号大墓随葬玉器出土情形

随葬60件和90件者，各1座，玉器在总随葬品中所占比重均为73%；随葬100件者，有1座，玉器所占比重为72%；而随葬10件以下者有8座，但这8座墓可能属于地位较低的贵族，总体随葬品数量都少，譬如M1随葬品总数只有15件，玉器就有8件，占到53%的比重，M2号墓随葬品9件，玉器有5件，占到55%的比重，M3号墓随葬品3件，玉器有2件，占到67%的比重。而像编号为07M23的那个王级大墓，在330件的随葬品中，仅玉器就达到了惊人的200件。[34]

这一现象表明，在凌家滩文化社会中，尚玉观念普遍流行，玉器不仅仅是神器，更是一种身份、地位和财富的象征。

凌家滩文化所见玉器，不仅数量大，品种也多，琳琅满目，丰富多彩。按用途划分，大致有工具武器类、装饰品类、动物肖像类、人物形象类等。

工具武器类，如斧、钺、戈等，这一类玉器大都没有用过的痕迹，缺乏实用功能，应是礼仪用器；装饰品类，如镯、璜、环、玦、璧、管、珠，以及形制较为特殊的宝塔形饰、扣形饰、喇叭形饰、半球形饰、圭形饰、冠形饰等，这一类玉器主要是穿戴在身上用来起装饰作用的；动物肖像类，如猪、龟、龙、凤、鹰、兔等；人物形象类，如立姿人像、坐姿人像等，这一类数量不多，但因为这些人物形象是前中国时代[35]首次发现的先人真容立体塑像，意义重大。其他还有一些形制较为特殊的玉器，如玉版、长方形玉片、三角形玉片、玉管、玉勺等。

凌家滩玉器总体来说，磨制精致，做工细腻，花纹鲜艳，造型别致，比较珍稀罕见。另外，纹饰图案内涵丰富也是其特色之一。譬如玉鹰，整体为扁形，作展翅飞翔状，鹰首侧向，两眼以对钻孔眼替代，既形象又实用，可谓巧夺天工。胸部装饰以八角星为主体的纹饰，展翅的双翼末端做成猪首形状，器物上凿有6个穿孔。整个器物以圆雕和阴线刻纹相辅相成，造型抽象夸张，表现了对称、和谐、神秘的审美意识。

流行玉璜是凌家滩玉文化一大特征。玉璜是一种挂在胸前的饰物，在凌家滩文化中地位极其重要，应该是一种身份和地位的象征。在07M23那个特大型墓葬中，墓主随葬的200件玉器中，玉璜就有10件。这些玉璜除1件竖放在墓主胸部右侧外，其余均纵向有序地排列在墓主胸前。在凌家滩遗址第五次发掘的四座墓中均发现有大批玉璜。这四座墓葬的随葬器物，一是数量多，其中三座墓随葬品都在100件以上；二是礼器等次高，器形特殊。发掘者据此推测这几个墓主有可能是酋长、大巫司之类的政治、军事和神权领袖。[36]

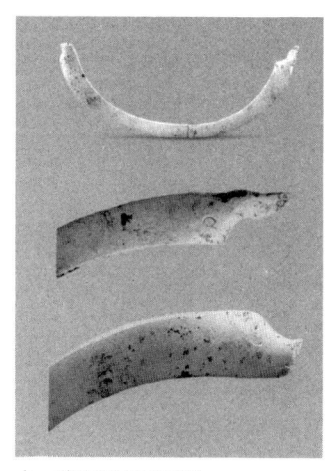

▲ 凌家滩龙凤玉璜

凌家滩玉璜材质一般用的是透闪石，平面圆形或弧形，表面琢磨光滑，有穿孔，做工考究。其制作技艺之精湛，远远超出现代人的想象。除采用阴刻线、镂孔、线锼、浅浮雕等外，还发明了隧孔钻法等一些新的技术方法。[37]坐姿玉人背部就采用的是隧孔钻法——一种先在隧孔两端打竖钻，然后再斜钻贯通的方法，其间要经过七八道操作程序才能完工。

仅就玉器钻孔技术而言，凌家滩先民有两项创举值得称道。一是在钻孔的同时，对孔壁进行抛光。换句话说，就是在钻完孔眼的同时，孔壁抛光也随之完成，两步并做一步，省了一道工序，工效提高了一倍；二是采用钻孔法做玉器掏膛活。所谓掏膛，就是挖空容器的内部。掏膛是琢制玉器的内部整理工艺，工具和技术都有较高的要求。采用钻孔法做玉器掏膛活出现的时间，业内人士以前通常认为比较迟，甚至有认为是由域外引进的。凌家滩玉器的现身，说明这项技术早在5500年前就由凌家滩先民发明并付之于实践了——尽管这一技术还比较粗糙，处于初级阶段的水平。

凌家滩文化玉器表面的磨制技术也具有独创性。凌家滩玉器的材质丰富多样，但其表面都磨制得较为光滑润泽，而且玉材硬度越高，表面处理得就越有亮泽。如凌家滩遗址出土的水晶耳珰球体，发掘者曾经拿到200倍的专用显微镜下观察，结果发现，其表面竟没有让人产生明显毛糙的感觉。

匪夷所思的是，凌家滩遗址出土的玉芯有的直径只有0.5厘米。这样细的管钻在钻孔时还得留下0.2厘米的凹槽宽度，因为现存玉芯管壁的厚度是0.15厘米，也就是说，还要剩下0.05厘米作为琢玉砂和钻孔时用水摩擦的厚度，比人的毛发还细。

还不止于此。凌家滩遗址出土的斧钺一类玉器，其刃口部位的做法也让人觉得不可思议。这类玉器刃口一般都有一道相当于现在我们所说的刀具开口线,看上去非常整齐,就像用车刀车过一般。更难得的是连圆弧形的刃部也是如此。发掘者惊叹:"即使现在用电动砂轮打磨,没有相当高的技术也是难以办到的。"[38]

经过多年的探索,考古人员借助现代显微装置对古代玉石工艺进行微痕迹观察研究,最终解开了凌家滩玉器琢刻纹线的工具问题这一千古之谜。凌家滩玉器纹线的微痕迹显微观察显示,所有的纹线,包括直线、弧线都有砣刻或砣切的痕迹。砣是打磨玉器的砂轮,亦称砣子。打磨玉器,古代玉雕使用砣具,现代玉雕使用钻器。凌家滩先民发明和使用了机械砣具,用砣具进行片状割,用砣砂轮进行琢磨抛光。

在使用砣具的同时,他们还发明了原始车床和钻床。以前专业人士认为,中国的砣刻技术至少应该是商周以后的事情,这次在凌家滩玉器上发现的砣刻痕迹,把这个时间一下提前了近2000年,大幅度地改写了中国玉器工艺史。

▲ 凌家滩三首玉鹰

考古工作者还发现,凌家滩先民已经熟练地掌握了挑选琢玉砂的技术。凌家滩玉器钻出来的玉芯都很光滑。一般而言,像磨制硬度达到7度以上的玉器,琢玉砂的硬度至少得达到8度~9度,才能磨制出这种光滑的效果。发掘人推测凌家滩人使用的琢玉砂可能是金刚砂。玉芯表面体现出来的使用管钻粗、细、光滑的痕迹,意味着凌家滩先民已经能根据切割不同玉器的需要，把琢玉砂分成不同的规格。凌家滩曾发现有炼制铜铁过程中废弃不用的坩埚——古人用陶土制成的用来冶矿炼铁或熔铁铸造的锅状耐火容器，暗示那时可能已经有了金属管钻。否则，像水晶、玛瑙、石英这类高硬度的玉材，如果琢玉工具的硬度都没有玉器本身的硬度高，是不可能用这些工具加工制作出如此巧夺天工的玉器的。

凌家滩玉器不论是从数量品种、技艺水平，还是从其所具有的内涵寓意，都将前中国时代的玉器文化推到了一个高峰。如果说辽河流域的红山文化开创了史前中国的玉器时代，那么凌家滩则将这个玉器时代延续下来，并进一步予以发扬光大。她上继红山文化，下启良渚文化和石家河文化，是史前中国玉器时代一个不可或缺的重要环节，也是前中国时代"多元一体""文化中国"形成的重要一元。

中国历史上有过一个玉器时代（二）

三

良渚文化是以太湖流域为中心分布于长江下游地区的一支新石器时代晚期文化，代表遗址为面积达290万平方米的良渚城址，时间在公元前3300～前2300年。其最大特色是玉器文化高度发展，玉器种类繁多，雕刻细腻，技艺精湛，宗教意味浓烈。

迄今为止，良渚文化遗址发掘出了带有契刻符号的玉器至少30件，主要是良渚晚期的一些大璧和高琮。这些刻符的意涵多与天象有关，最常见的是"鸟—高柱—祭坛"一类，采用写实和写意结合的手法，传达了先民对氏族祖先生命来源的畅想和思考，与前中国时代盛行于华东地区的鸟生神话传说有一定关联。[39]

▲ 良渚文化多节玉琮，近口部带有契刻符号

良渚玉文化的高度发展首先表现在玉器分布范围的广度和出土的数量上。在良渚文化以前，玉器文化相对发达的是辽河流域的红山文化和巢湖流域的凌家滩文化，但它们一是分布的范围比较小，二是出土的玉器整体数量比较少。良渚文化的分布范围和影响力则远远超出二者。在北至大汶口文化腹地，西北至晋南、关中，西至江汉，南至华南等地，都发现有良渚文化的身影。

就玉器出土数量来说，良渚文化也可以当仁不让地排在前边。[40]反山墓地出土了包括玉器、石器、陶器、象牙、镶玉漆器等珍贵文物1200余件（组），其中玉器占90%以上；瑶山13座贵族墓共出土随葬器物755组，单件计2537件，其中玉器有679组，单件计2459件；官井头遗址清理崧泽文化墓葬55座和良渚文化墓葬51座，随葬品共计1100多件，玉器就近700件，其中10座良渚早期贵族墓，每墓随葬玉器25~48件；等等。

良渚玉器文化的高度发展还表现在玉器的种类之多和质量之精上。从具体用途分类，良渚玉器大致可分为生产工具、装饰品和礼器三大类。[41]生产工具有斧、铲、凿、杵、纺轮等；装饰品有珠、管、璜、镯、带钩、各类动物形佩饰等；礼器有琮、璧、钺、三叉形器、冠形器等。其中既有沿袭本土崧泽文化的器类，也有受凌家滩和其他文化影响新创制的器型，如被视为良渚玉文化标识的玉琮等。可以说，良渚玉器种类之多、之全，超过了她之前的任何一种考古学文化。

良渚时期的玉器形制、纹饰和制玉工艺也更丰富、精湛。仅几何形玉器就有璧、璜、镯、弧刃钺、琮等；纹饰造型有兽面纹、龙首纹、鸟纹、神人复合兽面纹等。每类玉器的造型、纹饰和琢制都是精雕细琢，典雅质朴，似乎经过了严格统一的规划。其工艺水平，如果考虑到彼时纯人工的生产力条件，几乎达到了精美绝伦、无可挑剔的地步。譬如，雕刻在反山12号墓"玉琮王"上的神人兽面像，不说那栩栩如生的威严表情，单就22组羽翎放射状细如发丝的线条，还有在一毫米的宽度内刻出的四五条丝线，就让我们觉得匪夷所思。

▲ 反山12号墓出土的"玉琮王"及刻画在上面的神人兽面像[42]

良渚人在玉器制作技艺上继承并发展了凌家滩人琢磨、镌刻两种高超的雕刻技术方法。[43]他们用加上解玉砂并浸水的砂绳作为切割工具来切割玉料和加工玉器。另外，他们还掌握了管钻法钻孔技术，就是工具两头夹着一个钻管，不断地往里面加沙加水，然后用两边向中间施压的方法打出钻孔。

通过科技考古技术分析发现，良渚神人兽面像凸起的鼻端是多次切割所为，琮节面的分割也经过了精确的计量，每一节的误差高度都在0.1厘米之内。整个玉琮既有简约的平面像，还有节面转角的立体像。人的头部和兽的面部都用浅浮雕处理，突出于器表，而人的双臂和兽的下肢则用阴线细刻处理，凹入器表。官井头遗址出土的多件玉器就留下了明显的管钻和线切割加工痕迹。从专业角度观察，良渚玉器制作工艺主要使用了圆雕、半圆雕、减地浅浮雕和细如发丝的繁密阴线刻等表现手法。

良渚玉文化水平的高度发达是和玉料的选择分不开的。按现代矿物学分析，良渚玉器的材质以呈交织纤维状的透闪石—阳起石为主，属硅酸盐类，有白玉、黄玉、青玉等不同颜色，其中除部分玉器色泽比较纯净单一外，其余大多显得色彩斑斓、晶莹剔透。这些本身就已具备质地光洁、色泽绚丽的自然之美的玉料，经过玉匠的艺术加工，就饱含了自然美和艺术美的双重魅力。

以上仅是就玉器制作工艺而言，实际上，良渚玉文化的高度发展更多地体现在良渚人对玉器的狂热崇拜上。良渚人继承了崧泽文化尤其是凌家滩文化视玉为神物的思想，并将之发展到了一个无以复加的高度。在良渚社会，玉器已经不单单是一种装饰品，它成了通天的宗教神器，成为天地、祖先和神灵的标志，更成为社会等级和身份的标识。几乎在良渚文化所有的贵族墓地中都出土有或多或少的玉礼器，各个墓葬，多者数百件，少者也有几件或者十几件，甚至在远离良渚文化核心区的苏北蒋庄墓地和浙南遂昌好川墓地等，也都出有大量精美的玉器。

▲ 瑶山遗址出土的良渚文化玉钺

在良渚文化众多的玉器种类中，龙是一个特殊的现象。迄今已经出土了众多的玉龙和龙形饰物。其实，不论崧泽文化的形成，还是凌家滩文化的诞生，都有后岗一期文化从北方南下这个背景。史前中国发现的真正考古意义上的龙是公元前4500年前属于后岗一期文化的西水坡大墓出土的那条蚌塑龙。从这个意义上说，良渚文化遗址发现的这些玉龙或龙形饰物，不管是来自凌家滩文化，还是来自崧泽文化，都和后岗一期文化有千丝万缕的联系。龙在后岗一期文化中，是神物和权力的象征，这一信仰被后来的崧泽文化和凌家滩文化继承，如常州崧泽文化青城墩遗址 71 号墓出土的玉龙，就是在墓主人的胸前位置发现的。该玉龙直径虽然只有 1.2 厘米，但借助放大镜，可以清晰地看到玉龙的细部特征。龙的头部有既长且宽并上翘的吻，还有一双突出的浑圆的眼睛，龙头后面有两只角贴在颈背上，龙身则卷曲成一个环形结构。

凌家滩文化和崧泽文化以龙为代表的玉礼器，后来演变为良渚文化以琮、璧、钺等为玉礼器组合的信仰和权力体系，这个体系维护了区域文化的统一[44]，并对中国传统文化产生了深远的影响。

四

石家河文化是承袭屈家岭文化演变而来的一支新石器时代晚期文化，时间为公元前 2500~2000 年，主要分布在湖北及豫西南和湘北一带，因湖北天门石家河遗址而得名。玉文化是石家河文化一个鲜明的特色，它是继良渚文化之后中国玉文化的又一次发展高峰。迄今为止，石家河文化玉器大批量的发掘发现先后有 5 次，总计出土各类玉器 700 件左右。

石家河文化所出玉器种类繁多，制作精良，特色鲜明。从造型看，有神兽复合头像、人头像、各种家禽家畜形象、野生动物形象和工具形象等几大类；从功能看，有饰品、礼仪和工具三大类。饰品玉包括虎、蝉、龙、凤、鸟、鹿、牛、羊等仿生动物和单纯的装饰品；礼仪玉包括琮、璧、璜、牙璋、神兽复合头像等；工具类玉器则有刀、锛、凿、钻、纺轮等。当然，这种划分也不是绝对的，像虎、蝉、龙、凤、鸟、鹿、牛等仿

▲ 石家河谭家岭遗址出土的玉佩

生动物饰品类，也具有祭器礼仪功能。

石家河文化玉器，大部分精巧细致，以体积小、重量轻而备受关注。玉人头、玉鹰、玉虎头和玉蝉是其精华部分。这些玉器纹饰简洁，工艺精湛，大多出土于成人瓮棺之中，显示出石家河先民具有特殊的原始宗教信仰。[45]

石家河文化玉器还有一个特点是造型丰富多彩：既有来自现实生活中的人的具体写生，也有高度抽象化的形象创造；既有翱翔在天空中的蝉、鸟等昆虫飞禽，也有行走在大地上的虎、鹿等各种走兽；既有被人类驯养的猪、牛等家禽，也有凭空想象而被赋予神秘色彩的龙、凤等现实中根本不存在的神物。这些都在一定程度上反映了石家河人有着丰富多彩的内心世界和精神信仰。

石家河文化玉器材质使用较为广泛，但主要还是闪石、玛瑙、绿松石、石英等。这些玉器的制作过程，由锯割、制坯、雕琢、钻孔、抛光等程序组成。其雕刻技法先进，尤其是阳纹的大量使用和透雕技法的娴熟运用，显示其技术已处于同时代东亚地区的领先地位。[46]

石家河文化动物形玉器多为写实造型：展翅飞翔的玉鹰逼真生动、形神兼备；方头卷耳的玉虎头两眼圆睁、威风凛凛；栖息待飞的玉蝉生机勃勃、栩栩如生。写实玉蝉的形象，甚至成为商周时期玉蝉造型的滥觞。

玉鹰最早出现在北方的红山文化遗址中，但它在1000多年之后，竟为远隔上千里的石家河人所发扬光大，这不能不说是一个奇迹。在石家河文化众多的玉笄上，都饰有鹰的图像。在公元前2500~前1900

年龙山文化时期,包括石峁遗址在内的整个黄河流域也都曾出土过类似物件,表明他们彼时已经有了一致的文化认同。

　　精美的虎头饰,是石家河文化玉器的又一大特色。一些玉虎头顶戴冠状物,说明虎在石家河文化中具有重要的地位。《周礼》把玉虎列为祭祀西方的礼器,《后汉书·南蛮传》说巴人祖先为廪君,死后魂魄世为白虎,巴人因此尚虎。这些记载与石家河文化有没有关系?目前的资料尚无法给我们一个清晰的答案。

　　束腰写实的蝉在石家河文化大量出现,罗家柏岭、肖家屋脊、枣林岗和六合等遗址均有出土,其中肖家屋脊就出土33件,说明蝉文化在石家河古国曾大为流行。蝉因为善于蜕变,羽化后又能"饮而不食",对于希望自己也能像蝉那样获得超脱和再生的古人而言,是一种神秘莫测而又令人神往的现象,故蝉也被视为一种神虫。羽化登仙,死而复生,这种被先人赋在蝉身上的寓意,也许是蝉文化在数百年后的商周时期大为盛行的主要原因。⁴⁷

▲ 石家河肖家屋脊遗址出土的玉蝉

　　龙凤形玉饰在石家河文化中出土较少,仅在肖家屋脊遗址和孙家岗遗址各出土一件。肖家屋脊出土这件,表面有灰白色斑纹,首尾卷曲为圆形,上颌尖长,下颌粗短,额部突出。额上有一道凸棱,额后有披毛。这样的造型与凌家滩文化玉龙玦极为相似。⁴⁸从中还可以看出有红山文化玉猪龙和陶寺彩绘龙的痕迹。红山、凌家滩、陶寺和石家河先人共同把龙作为一种崇拜的神物,意味着在公元前4000～前2000年时,辽河流域、黄河流域和长江流域先民已经有了共同的龙文化信仰，而共同的龙文化信仰圈的形成正是最早中国时代到来的重要标志之一。

凤是古人想象出来的百鸟之王，头顶华冠，羽披百眼，形似孔雀，是祭师用来祭祀通神的完美神鸟。雄为凤，雌为凰。《荀子·解蔽》曰："凤凰秋秋，其翼若干，其声若箫。有凤有凰，乐帝之心。"玉凤是巫觋沟通神人之间的法器，持有它是有权势和显贵者的象征。凤形玉饰在石家河罗家柏岭和湖南澧县孙家岗遗址中各出土一件。二者制作工艺如出一辙，通体镂空雕刻，秀雅精美。[49] 石家河文化玉凤是目前所知最早的凤形象，开启了中国凤文化的先河。另一只造型类似、风格一致的玉凤出现在千年后的商王妃妇好墓中，似乎表明石家河文化是后世中国传统凤文化形成和发展的源头。

▲ 石家河谭家岭遗址出土的玉人头

在石家河文化玉器中，玉人头像比较引人瞩目。这些玉面人头像分为有獠牙和无獠牙两种，大都具有头戴冠帽、菱形眼、宽鼻、戴耳环和表情庄重几个特征。不同的玉人头像可能代表着石家河先民尊奉的不同祖先神和天神形象。它和凌家滩玉人头像有着一定的渊源，都具备方脸、大耳环、蒜头鼻这些特征。而獠牙玉面头像的獠牙纹饰，很可能来自良渚文化遍布其大部分遗址的那个著名的人兽复合头像。

凌家滩文化和良渚文化对石家河文化的影响是巨大的，除上述龙形玦和玉人头像外，其他如玉鹰、玉虎、玉喇叭等，都显示出了其上下流承和创新的关系。

此前的红山和良渚,一北一南两大玉文化曾在石家河文化之前闪烁出耀眼的光芒,石家河文化早中期的玉文化虽不曾中断,但与红山、良渚相比,还是有些黯然失色。而在石家河文化晚期,由于中原龙山文化、山东龙山文化、石峁文化等众多文化的强势介入,在前所未有的文化大融合中,石家河玉器一扫之前的"颓废"而走向兴盛,从数量和质量上都遥遥领先于同时代各支文化,达到了史前玉文化的又一个顶峰,成为同良渚和红山并峙而立的史前三座玉文化高峰之一,并成为以后商周玉文明的直接源头。

当然,在距今6000~4000年这个阶段,尚玉文化不仅出现在以上几支文化中,像海岱、中原和西北等地区的多支考古学文化,也都有或多或少的玉器出土,尤其是在石家河晚期文化(公元前2200~前2000年)这个阶段,处于西北地带的石峁、齐家文化与处于晋南的陶寺文化、清凉寺文化还都出土有大批玉器,因为其玉器在形制、纹饰和内涵等方面,都具有共同的特点,所以学界视之为同一类型,统一称为华西系玉器。[50]

毋庸置疑,尚玉文化是彼时中国大地一个普遍的现象,它正好处在石器时代和青铜时代之间。大约在距今4000年,也就是进入夏代纪年以后,各地玉文化开始没落,逐渐被后来兴起的青铜文化所取代,中国由此跨入青铜时代。

陶寺遗址是传说中的尧舜之都

陶寺遗址位居山西省襄汾县陶寺乡，南距襄汾县城6公里，北距临汾尧都区20公里，总面积300万平方米，距今4300～3900年。根据其具体文化层性质，遗址可分为早、中、晚三期，其中早期小城面积56万平方米，考古确定是尧都遗址；中期大城面积280万平方米，考古确定是舜都遗址。[51]

从文献记载、考古成果和陶寺当地人文遗址、传说风俗四方面来看，"四重证据"在这里达到了高度统一，陶寺早期小城和尧都在时空上相吻合。

首先，从地理位置上看，陶寺遗址与传说中的尧都重合。

从春秋战国时期到明清两代，有《左传》《竹书纪年》《汉书》等十多种文献都记载，尧都在冀州。

冀州又称冀方、冀，常指晋国，即今晋南地域。《吕氏春秋·有始览·有始》云："何谓九州……两河之间为冀州，晋也。"所谓两河之间，指的是清河（古济水）和西河（黄河）之间的地带。晋南之所以称冀州，是因为古冀州境内今运城河津一带为古冀国所在地，它的

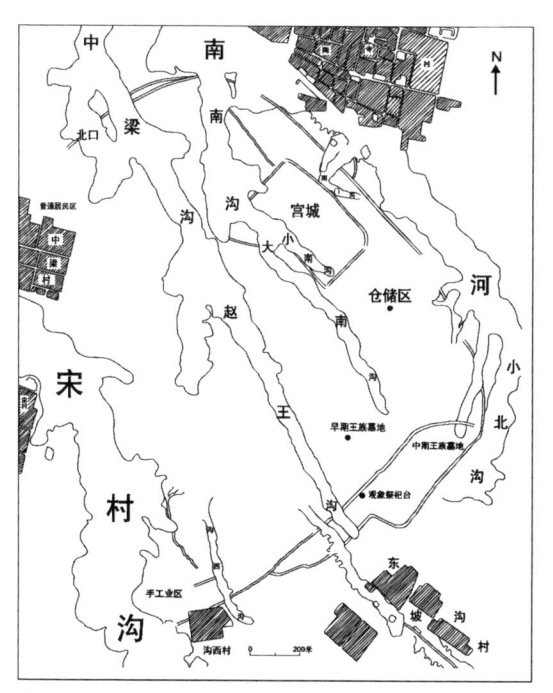

▲ 陶寺遗址平面示意图

国都在冀亭："冀亭，故冀国，在河津县东。"（《春秋大事表·春秋兴图》）。后来冀国在春秋中期被晋国所灭，成为晋国一部分。

《禹贡》所言冀州之范围包括今山西和河北、京、津等地，但就其原始含义而言，仅指晋南一带。

《尚书正义》说："尧都平阳，舜都蒲坂，禹都安邑。"其他像《左传·哀公六年》唐孔颖达疏《帝王世纪》《通鉴外纪》《纲鉴易知录》《历代帝王年表》等都有"尧都平阳"一类的记载。

平阳是今临汾市古称。西周初期，周成王封弟叔虞于唐——尧之古唐国所在地，因唐东境邻晋水，叔虞之子燮父"易唐为晋"。战国初期，韩、赵、魏"三家分晋"，韩建都平阳。秦改分封制为郡县制，全国划为36郡，属河东郡。西汉划全国为103郡国，仍属河东郡辖。

三国魏正始八年（247年），置平阳郡。西晋永嘉三年（309年），刘渊建汉，都平阳。北宋政和六年（1116年），置平阳府。明清再置平阳府，直至1914年，废平阳府设河东道。

其次，从时间上看，陶寺遗址存在时间与尧所处时代契合。《尚书》《史记》《竹书纪年》《帝王世纪》等都有记载，尧继挚位，传于虞舜，虞舜传位大禹，大禹建夏。

夏商周断代工程年表显示，夏建国年代在公元前2070年——这个年代是根据文献记载推断出来的。有学者还通过不同的推算办法，推算出夏朝开始的年代分别是公元前2043年和前2024年。[52]三种推算结果，相差不足50年，在正常的误差范围以内。

陶寺早期小城所处时代距今4300～4100年；中期距今4100～4000年。这一数据同文献记载的尧舜禹时代基本吻合。之所以说"基本"，是因为尧舜禹这些人物往往不是指具体的个体，而是其所在古国几代最高统治者的一个统称。

再次，从文化内涵上看，陶寺遗址与尧都也是完全吻合的。

第一，从龙的传说看，二者是吻合的。尧在文献记载中是和龙关联在一起的。前述成书战国时期的《竹书纪年》就说：

（尧）母曰庆都，生于斗维之野，常有黄云覆其上。及长，观于三河，常有龙随之。一旦，龙负图而至，其文要曰"亦受天祐"。眉八采，须发长七尺二寸，面锐上丰下，足履翼宿。既而阴风四合，赤龙感之。孕十四月而生尧于丹陵，其状如图。及长，身长十尺，有圣德，封于唐。梦攀天而上。高辛氏衰，天下归之。

陶寺早期王陵发现了六座王级大墓，因其中两座大墓被外界扰乱而没有发现彩绘龙盘外，其余四座均发现有同样规格和图案的龙盘随葬。这四件彩绘龙盘，龙的图案是用朱砂绘制，正所谓"赤龙"；蟠龙躯体上鳞状斑纹，亦可称之为"龙负图"；蟠龙自盆底向盆沿盘旋而上，正是"攀天而上"。[53]这显然意味着，龙不仅代表着王权，也代表着神权和族权。

▲ 陶寺早期王族墓地出土的四件彩绘陶龙盘

根据陶寺早期小城绵延200年的时间来看，这六座大墓的主人理应是前后相继的六代帝尧。

第二，从尧观象测日、敬授民时的传说记载看，二者也是吻合的。《尚书·尧典》《竹书纪年》和《史记》等，对尧都有"敬授民时"一类记载，如《尚书·尧典》就说："（尧）乃命羲和，钦若昊天，历象日月星辰，敬授人时……帝曰：'咨！汝羲暨和。期三百有六旬有六日，以闰月定四时，成岁。允厘百工，庶绩咸熙。'"

陶寺观象台位于中期大城东南部祭天遗址内，其最重要的功能就是通过13根夯土柱间的缝隙观测对面崇山的日出方位，以确定季节、节气，安排农耕。考古人员和天文学工作者曾在原址复制模型进行模拟实测，通过实地观测，发现陶寺观象台能观测到可以指导农作物播种和收获的20个时令、节气。除了冬至、夏至、春分、秋分外，还有种植粟、黍、稻等的农时,当地四季冷暖气候变化节点以及宗教节日。虽然,观象台出土于陶寺中期,但它已经是很完备的天象配套测量系统了,无疑是在早期观象测日技术基础之上发展起来的更成熟的技术,陶寺早期王族墓地编号为 M2200 的天文官墓葬就出土了类似圭表性质的立表[54],不但说明陶寺中期的这套天象观测系统承自陶寺早期,而且也表明《史记·五帝本纪》所载尧设立"四表"以正农时节令是实有所出。

▲ 陶寺中期观象台复原建筑

第三,从陶寺晚期地层出土的朱书文字"尧"看,二者也是吻合的。1984 年,陶寺考古队的高光麟、李健民在陶寺晚期一灰坑中发现了一件携带有两个朱书文字的陶寺残破扁壶。2001 年 1 月,《中国社会科学院古代文明研究中心通讯》第 1 期刊发了李健民的文章《陶寺遗址出土的朱书"文"字扁壶》,首次公开了实物资料,并表述了以下内容:一、朱书扁壶出土于陶寺晚期灰坑;二、为汲水陶器扁壶残片;三、残片周围涂有朱红色的颜料;四、扁壶鼓凸面书"文"字,扁平面另有两个符号；五、朱书文字或符号为毛笔类工具所书。

后来，罗琨、冯时、高炜等考古学家也纷纷撰文对这两个字进行释读，提出了各自的见解。2003 年 11 月 28 日，何驽在《中国文物报》上发表《陶寺遗址扁壶朱书"文字"新探》一文，将扁壶背面原来被看作两个符号的朱书视为一个字，认为其字符分上、中、下三部分：上部是有转角的"◇"即土字，中部为一横画，下部为"卩"字，合起来就是古"尧"字，即古史传说中"五帝"之一的帝尧名号"堯"。而"堯"字的本意即为"建立在黄土高原（兀）上的高大夯土城墙（垚）"，所以，扁壶两面的字组合后释为"文尧"。何驽认为，"'文尧'是他的后人追忆他时的称谓，亦即对'先王的尊称'。"

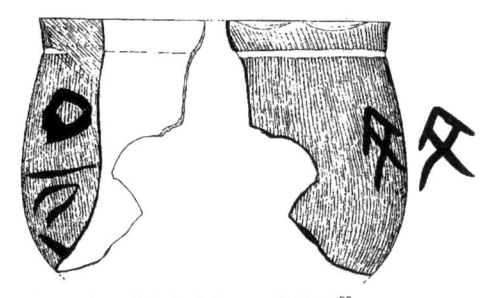

▲ 陶寺扁壶朱书文字展开线描图[55]

当然，也有个别否认那几个刻画符号是文字的，认为陶寺扁壶朱书陶文的发现，目前尚有孤证之嫌，如原二里头考古工作队队长许宏就在他那本《何以中国》中，发出了这样的疑问："是字吗？什么字？"[56] 不过，许宏并没有给出不是字的充分理由。

此后几年中，又有不少专家对陶寺朱书文字做了不同的解读，其中对扁壶鼓凸面"文"字基本形成了共识，但对扁平面那两个符号还有不同意见，比较而言，何驽释读为"尧"字得到了绝大部分人的认可。葛英会先生曾在北京大学震旦古代文明研究中心所编《古代文明研究通讯》32 期刊发《破译帝尧名号，推进文明探源》一文认为，何鸳的见解符合该字构型，认可其分析和判断，并引用先秦文字的相关资料，对古"尧"字的构字方式、形体演变提出自己的看法，指出该字确是一个兀字与土字相加的复合字，系目前已知尧字最古老的一种写法。他还进一步阐明，"尧"字的本义当如《诗·小雅·车辖》"高山仰止，景行行止"所咏，言尧是高德明行，为人仰慕的圣王。

第四，从文献记载和传说的有关尧的事迹来看，陶寺遗址和尧都也是契合的。

陶寺当地有关尧的遗迹、遗址和传说、风俗呈一种以陶寺遗址为核心呈辐射状向外围，成系列、成逻辑的发散性分布状态。从尧的出生、成长、建国，到逊位、死亡，一个不落，其中反映的绝不仅仅是普通百姓的美好愿望，而是折射了一个已经被岁月冲淡的恍惚朦胧的历史真相：尧和这片土地有着千丝万缕的联系。[57]

关于舜事迹的历史文献记载浩如烟海、比比皆是，但其中最权威的还是《尚书·舜典》。它简明扼要地记载了尧发现舜，并予以考察、任用，以及舜继位后所取得的政绩，舜流放"四凶"，直至舜去世的情况。《史记·五帝本纪》也多是以其记载为蓝本的。

该记载中有几点需要引起我们的注意：

一、尧禅位于舜，是两个族群领袖之间的权力交接，两帝之间没有血缘关系。这点和陶寺遗址考古鉴定结论是一致的。科技考古人员用国际通行的热电离质谱分析方法，对陶寺遗址中期包括王墓在内的两座墓葬的墓主，进行了人类牙釉质的锶同位素比值测定，结果是这两个墓主的釉质锶同位素比值都在当地的比值范围以内。也就是说，陶寺中期小城内王族墓地主人就是陶寺土著居民。而在陶寺中晚期人骨的种系分析中，头骨测量特征的多元技术统计分析表明，陶寺中晚期灰坑中的人骨与陶寺早期墓葬出土的人骨，形态相距较远。这个结果其实暗示着陶寺早期人群和中晚期人群有着不一样的族源。[58]

二、《尚书·舜典》提到"辑五瑞""班瑞于群后"等，这里所谓"五瑞"，是指班固《白虎通·文质》所言圭、璧、琮、璜、璋五种玉器。这五种玉器作为礼器，在陶寺早期和中期墓葬中都有大量出土。

还有一种说法是《尚书正义·舜典》中所谓"圭璧为五等之瑞，诸侯执之以为王者瑞信，故称瑞也"。玉圭因其首为尖锐形状，就像大地上小草只要到了春天就会破土而出一样，从不失信于大地，所以，玉圭就被当作"封国版图""管理属地"或用于官僚委任的信物。"班瑞于群后"就是说将玉圭作为委任信物颁发给四方诸侯君长——陶寺早期文化层里就出土过两件尖首玉圭。

▲ 陶寺早期文化层出土的尖首玉圭[59]

三、《尚书·舜典》提到舜"正月上日，受终于文祖""正元日，舜格于文祖"。文祖是尧的太庙，位于尧都即陶寺古城内。前者是说舜受命于尧治理国家的仪式是在尧的太庙内举行的，后者意为正月的一个吉日，舜回到尧的太庙，与四方诸侯君长谋划政事，打开明堂四门宣布政教，使四方见得明白，听得通彻。这一点，司马迁在《史记·五帝本纪》中记述舜继尧位时说得更为清楚："尧崩，三年之丧毕，舜让辟丹朱于南河之南。诸侯朝觐者不之丹朱而之舜，狱讼者不之丹朱而之舜，讴歌者不讴歌丹朱而讴歌舜。舜曰'天也'，夫而后之中国践天子位焉，是为帝舜。"

"之中国践天子位"就是到中国继帝位。"中国",正是指尧都陶寺古城。[60]

四、从《尚书·舜典》记载可以看出,尧舜的禅让交接虽然是在两个不同血缘族群领袖之间进行的,但并未出现互相打斗、血雨腥风的状况,而是在一种平和状态下完成的。从考古情况来看,陶寺早期和中期分属两个不同的政权。中期城址是在早期小城基础上进一步完善、扩大和发展而成的,两个政体之间没有出现断层现象,甚至其执政理念都一脉相承。从陶寺早中期大墓中出土的来自五湖四海的包含各种文化元素的随葬礼器以及"豮豕之牙"等,可以看出陶寺早中期的统治者都秉持了开放、包容、"协和万邦"的思想。

就此而言,文献记载的尧舜"禅让"与陶寺早中期城址的发展状况以及由此反映出来的治国理念是高度吻合的,《周易·系辞下》所云"尧舜垂衣裳而天下治",并非空穴来风。

除此以外,尧舜"协和万邦"思想在陶寺遗址中也有明确的体现。

"协和万邦"语出《尚书·尧典》:"(尧)克明俊德,以亲九族。九族既睦,平章百姓。百姓昭明,协和万邦。黎民于变时雍。"意思是说,尧能发扬大德,使家族亲密和睦。家族和睦以后,又辨明其他各族的政事。众族的政事辨明了,又协调万邦诸侯,天下众民因此也就相递变化,友好和睦起来。

陶寺早期不仅含有斝、釜灶、夹砂罐、鼎、折肩平底瓶等当地庙底沟二期文化因素,更主要的是还有高领折肩壶、折肩罐、折腹盆、大口缸、陶鼓、鼍鼓、钺、琮、璧等器类,以及陶、木器上的彩绘等大汶口—龙山文化因素。这二者亦即所谓的典型性文化因素,共同构成了陶寺文化的底色和主体。[61]

陶寺文化中还包含有其他大量外来文化因素，如那个举世闻名的彩陶龙盘，其中既有仰韶文化河南濮阳西水坡蚌壳摆塑龙的影子，也有辽河流域红山文化龙的特点，还隐隐呈现着湖北焦墩遗址卵石摆塑龙的特色；陶器中的三足袋器可能是河曲地区的文化元素；包括玉琮在内的大量玉器，则明显受到了良渚文化和海岱地区文化的影响。而像陶寺彩绘中的云纹、回纹、几何勾连纹等，甚至可以从远至6000年前西辽河流域的赵宝沟文化图案中找到原形。

至少从现在已经发掘出来的陶寺文化早期遗存里，我们还可以看到有来自渭河流域的客省庄二期文化，来自长江中游的屈家岭文化、石家河文化，来自长江下游的崧泽文化，以及来自大河之南的王湾三期文化等因素。

到中期，陶寺文化在继承早期的基础上，又进一步吸纳了辽河流域的红山文化、黄河中游的三里桥文化、西北地区的老虎山文化和石峁文化等文化因素，使其生命力更加旺盛，更显得摇曳多姿。各种器形均出现了明显的变化，而且出现了鬲这个新器形。另外，像陶寺墓葬出土的尖首玉圭，最早是见于甘肃秦安大地湾仰韶文化晚期的殿堂式建筑中。

陶寺人的眼光还穿越北部寥廓的沙漠地带和西面高耸的喜马拉雅山系，瞄上了欧陆大草原和中亚、西亚先进的文明与技术。他们引进了绵羊、山羊、黄牛，还引进了红铜以及相关的铸造技术。

对各邦国甚至对西方文明的接纳、吸收，表达的是陶寺统治者对各种文明的尊重和包容。这种尊重和包容还表现在陶寺统治者不搞文化殖民主义。尽管陶寺古国文明的发展水平在同时期的中华大地上已臻"君临天下，傲视群雄"的高度，但陶寺统治者似乎并没有大肆侵略扩张，将他人的土地纳入自己的领域范围。其最直接的表现就是陶寺文化布局狭小，北不过霍山，南不渡黄河，东不过垣曲，西不至吕梁，基本上局限在临汾盆地和运城盆地局部。

不仅如此。考古工作者还发现，在陶寺中期元首墓壁上，以被拔掉獠牙的公猪下颌为对称轴，左右两侧各摆放了3把玉钺。玉钺在古人观念中是军权和战争的象征，而被拔掉的公猪獠牙就是所谓的"豶豕之牙"。在这座王墓的东南部还挂着5组去掉箭杆的由鹿角磨制的3支箭镞，原本是装在布箙即放箭的布袋内的。鹿角镞的西侧则摆放着一张折断的漆木弓。

▲ 陶寺中期王墓壁"豶豕之牙"情形[62]

这一场景不由让人想起了帛书《周易》中《昭力》篇里那段话：

又问："豶豕之牙，何胃（谓）也？"子曰："……上正（政）陲（垂）衣常（裳）以来远人，次正（政）櫜弓矢以伏天下。《易》曰：豶豕之牙，吉。其豕之牙，成而不用也。又（有）笑而后见，言国修兵不单（战）而威之胃（谓）也。"

意思是说,"獠豕之牙"象征着统治者施行上政的理念,远方有客人来要穿戴整齐去迎接,——面对长有锋利牙齿的猪,将它阉割,这样就可以制服它的烈性,使其驯服,可获大吉。而折断弓箭"伏而不用",正是要以德服人,这是所谓的次政。"獠豕之牙"和"櫜弓"同时出现在陶寺中期城址最高统治者的墓葬里,其休兵不战而屈人之兵,对外以开放的和平姿态示人的德政理念象征,可谓不言而喻了。

陶寺中期统治者通过"獠豕之牙"向天下宣告,他们追求的是包容、和谐的和平理念。"协和万邦",靠的是他们兼收并蓄、开放包容的胸怀,他们敢于大胆地接受一切外来文化为我所用,汇聚四方,融合多元,这种吞天纳地的气魄最终促成了集多元于一体的最早中国的诞生。

正是因为文献记载、考古成果和陶寺当地人文遗址、传说风俗"四重证据"达到了高度的统一,陶寺遗址是曾经的尧舜都城已经成为考古和史学界的共识。

2015年4月14日至15日,尧文化暨德廉思想研讨会在山西省临汾市隆重举行,来自中国社会科学院、中国科学院、北京大学等全国知名科研院校的专家学者,以及山西省和临汾市文化文物社科界专家参加了研讨会。这次会议取得的一个重要成果就是,基本确认临汾曾是帝尧之都,是中华民族的重要发祥地之一。[63]

两个月之后的2015年6月18日,中国社会科学院又在北京举行"山西·陶寺遗址发掘成果新闻发布会",向公众介绍了山西省临汾市襄汾县陶寺遗址考古的重大成果。时任中国社会科学院考古研究所所长王巍指出,一系列的考古证据链表明,陶寺遗址在年代、地理位置、文化内涵、规模和等级以及它所反映的文明程度等方面,都与尧都契合，所以，陶寺遗址很有可能就是尧的都城。虽然对于陶寺遗址一系列考古发现的性质和功能，学术界在认识上还存在一些分歧，但不容否定的事实是，尧都正在通过我们的考古发掘和研究，走出传说时代，逐渐向信史转变。[64]

二里头遗址是传说中的晚夏之都

从文献记载看,夏朝是中国第一个朝代,但在考古学日益发达的今天,夏早期都城仍然无法完全确定,学界有不同意见。不过,二里头遗址是传说中的晚夏都城斟鄩,则基本上达成了共识。

关于晚夏都城,典籍有零星记载,如古本《竹书纪年》:"太康居斟鄩,羿又居之,桀亦居之。"《史记·吴起列传》对夏帝桀所居斟鄩给出了更精确的位置:"夏桀之居,左河济,右泰华,伊阙在其南,羊肠在其北。"

河济亦称河沸,指河济平原。河济是黄河与济水的并称。

泰华即太华,指华山,因其西有少华山故称太华。伊阙,即今河南洛阳南龙门一带。"左河济,右泰华"是说其左邻黄河、济水,右靠华山。

羊肠坂是太行山古坂道名,因其在山间崎岖缠绕、曲曲弯弯,形似羊肠,故名。羊肠坂南起河南焦作沁阳常平村,北抵山西晋城泽州碗城村,全长约 4 公里。这里是太行陉最险要的一段路程,辖古京洛要道咽喉,地势险要,易守难攻,历来为兵家必争之地,具有重要的战略地位。曹操有诗云：

> 北上太行山，艰哉何巍巍。
> 羊肠坂诘屈，车轮为之摧。（《苦寒行》）

唐初魏王李泰主编的《括地志》对斟鄩也有同样方位的记载："故鄩城在洛州巩县西南五十八里，盖桀所居也。"

综合分析以上材料，并结合《国语·周语》所记"昔伊洛竭而夏亡"可知，伊洛交汇的洛阳盆地是夏人政治活动的中心，夏晚都邑遗址斟鄩，应该就在豫西伊、洛交汇之处的伊洛平原一带。

1959年，考古学家徐旭生先生到豫西进行夏墟调查，在洛阳偃师翟镇乡的二里头村发现了一处大型遗址。自此以后，新中国三代考古工作者们对这处遗址持续进行了数十次考古发掘。发掘和研究情况表明，这处遗址是公元前1800年后中国乃至东亚地区最大的城址，总面积达到了300万平方米。它拥有大型的宫殿建筑群、青铜礼器群及青铜冶铸作坊，是迄今为止可确认的我国最早的王国都邑城址。

关于二里头遗址的年代，20世纪后半叶检测到该遗址出土的几十个样品，碳十四数据显示为公元前1900～前1500年，但之后从对新密新砦和二里头获得的有机样品，用碳十四加速器测年，则显示为公元前1750～前1530年。考虑到2007年从二里头遗址南15公里处的灰嘴遗址出土的炭化种子中获取的一系列碳十四加速器测年数据支持前一个年代范围，本书采用二里头遗址发掘者的观点，取中间数据，以公元前1800年为二里头遗址起始年代。[65]

二里头文化可分为四期，但每一期的具体年代，考古工作者并未能形成一个统一的意见。本书对二里头城址中心发展过程的理解，是建立在对众多考古工作者40多年的田野发掘和研究基础上的。[66]

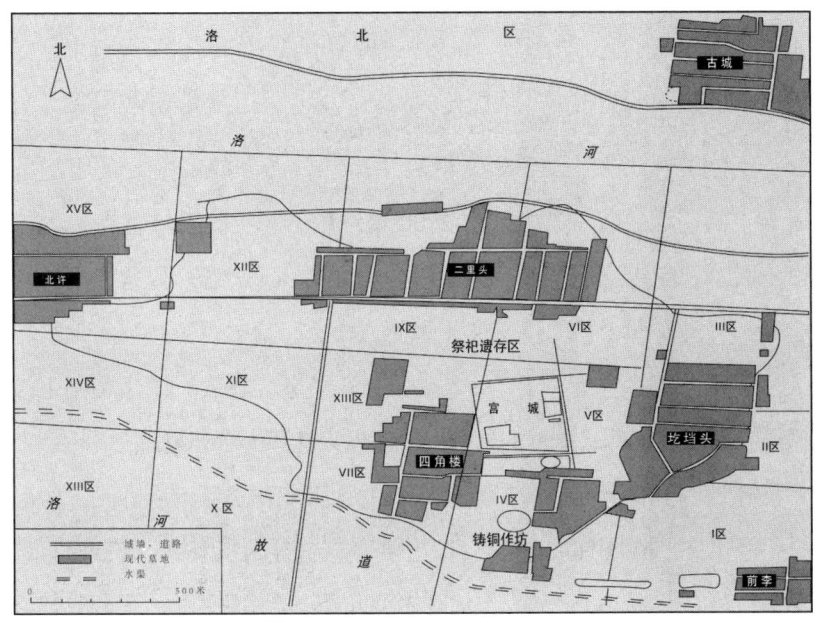

▲ 二里头遗址平面示意图[67]

二里头一期遗址总面积超过了100万平方米，是同时期伊洛平原最大的聚落中心，出土了大量属于特权阶层才能使用的高贵器物，如白陶、象牙、绿松石器、青铜器等。由于这一时期的遗物堆积破坏严重，故聚落结构显示不太明朗。但几种手工业作坊遗迹保存完好，有陶器、骨器和小型青铜器等手工业作坊。他们既能为权贵生产礼器和奢侈用品，也能为普通百姓生产日常用品。二里头一期遗址还有一个特点是，城里的居民既从事手工业生产，也从事农业生产。

二里头二期遗址总面积超过了300万平方米。遗址东南部发现一组被四条宽约20米、互相交叉、呈"井"字形道路分隔开来的大型夯土建筑群，布局复杂，结构类似于后世帝王的宫殿建筑。大型夯土建筑群以外的东北和西南，分别发掘出了中型夯土基址和墓葬群。

宫殿建筑群内，有两个挨着的夯土基址和一个木结构的排水系统，南部还有一大片夯土。宫殿有院落，院内发掘出两组有丰富随葬品的高级墓葬。其中一座出土了一具年龄大约在30~35岁的男子骨架，骨架周围散布着青铜器、玉器、漆器、陶器和子安贝等。令人惊讶的是，骨架上部还摆放着一条大约由2000块绿松石和一些玉料制成的"龙"——联系到陶寺遗址早期四座大墓中出土的四个龙盘，以及中国历史上所谓"真龙天子"的传统文化思想，那么，这很可能意味着该墓主人生前是二里头王国"王"一类的人物。此外，还发现了多座墓主被截肢、砍头但随葬有陶器的墓葬和一座多人乱葬的合葬墓。

遗址内制作陶器、骨器和青铜器的手工业作坊区继续存在，但已是一个由夯土墙包围的独立空间，位于整个遗址内东南部、宫殿建筑群南边道路以南约300米处。作坊区内靠近青铜器作坊的地方发现有数量不一的房址以及儿童和成年人的墓葬，表明从业者及其家属都集中住在这个区域。从整个手工业作坊区作为独立区域存在于遗址内宫廷建筑附近，以及该区域的不少产品见之于"国王"墓葬中来判断，这些生产活动应该是由国家来控制进行的。在所有出土的工具中，农具占有42%的比例，说明农业生产是二里头王国这一时期主要的经济生产活动。

二里头文化三期持续着二期以来的繁荣，总体布局没有什么太大的变化，道路网、宫殿区、围垣作坊区等重要遗存的位置和规模一如前期。出现变化的主要体现在四个方面：

一是在宫殿区大路偏内侧增筑了宫城城墙，城墙围起的面积超过10万平方米。

二是宫城内第一、二期宫殿被废除，新建了六个大型建筑。其中，在宫城南大门中轴线上兴建的 1 号宫廷建筑群，面积达到了 1 万平方米。两个时期的建筑格局虽然有一些变化，但又保持着统一的建筑方向和建筑规划轴线。

三是宫城内的生活设施数量出现了锐减现象，如水井、储藏窖等数量都少于前期，说明宫城已成为专供一小部分特权阶层活动享受的特殊区域。

四是围垣作坊区的北部，一处面积不小于 1000 平方米的区域被用作绿松石器的生产。同时，铸铜作坊开始生产作为礼器的青铜容器。联系到大型宫室的营建，不排除流行于后世的宫廷礼仪就发端于此。

二里头文化四期，遗址规模和建筑布局一如既往，但增建了至少三个新型建筑，墓葬中出土的青铜器数量、种类明显增多，质量也有了显著提高。工具数量，除了那些用于家庭手工业的工具外，其他也有明显的增加。尤其引人注目的是，箭镞数量比前几期增加了很多，意味着，二里头文化四期时，战争的频率开始增加。

《诗经·长发》记载，夏末，成汤发动灭夏总战役前，先是率领殷师歼灭了夏桀死党韦、顾、昆吾三个方国："韦顾既伐，昆吾夏桀。"韦在今郑州市区（**一说在今滑县东南**），属豕韦氏故地；顾在滨于黄河和沁水的郑州西北，今原阳、原武一带，属于有扈氏故地；昆吾在今新郑一带。三国均在夏王朝都邑二里头遗址的东面，可谓夏东疆一道坚固的防御屏障。剪除这三个方国，意味着商师进军夏王朝政治、经济、文化中心所在的二里头盆地的道路已经打通。

《吕氏春秋·慎大览》记载，当成汤准备发出与夏决战号令的时候，头脑异常清醒的伊尹拦住了他。伊尹请求让他再前往夏都斟鄩侦

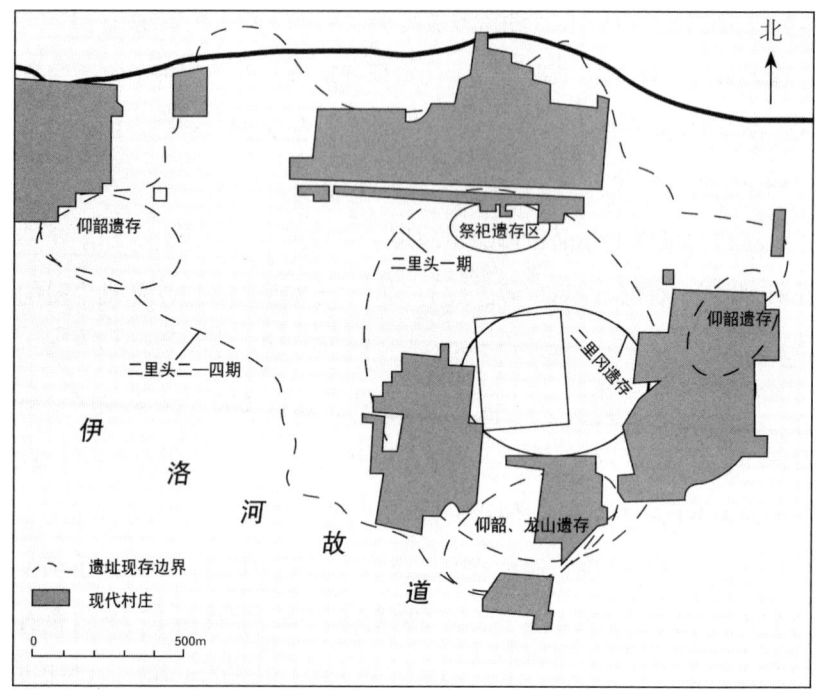

▲ 二里头聚落变迁示意图[68]

察一下情况再做决定。

伊尹潜入斟鄩，设法见到已被桀遗弃而心生怨恨的妹喜。妹喜对伊尹说："天子梦见西方和东方都有日出，两日相斗，结果是西方日取得了胜利。"伊尹明白，桀曾对他自诩为日，桀谓两日相斗，西方日胜，意思是说，在西方夏同东方商两国的较量中，夏人会取得最后的胜利，说明桀对天下局势并没清醒的判断，没有做好即将到来的大战准备，还处于高枕无忧之中。伊尹及时返回商，把这一情况上报给汤。

彼时，商国正值大旱，汤没有顾忌这个情况，而是决定立刻发兵，同桀做最后的决战。也许是考虑到桀有"西方日胜"的心理准备，不排除桀在伊洛河平原东部地区有重兵部署，在这种情况下，商师从之前灭亡昆吾后占据的新郑地区集结，然后向西进入原来禹都所在的登封地区，最后再沿登封西北山间小路，出其不意地出现在巩县西南，让毫无心理准备的桀措手不及。[69] 桀仓皇之中放弃斟鄩而向北逃往晋南安邑，即今夏县一带。汤不费吹灰之力就取得了"未接刃而桀走"（《吕氏春秋·慎大览》)的胜利，顺利占领了斟鄩。

在二里头遗址二至四期文化层中，迄今没有发现有战争焚燹或烧杀抢掠的"改朝换代"迹象，也在一定程度上说明了这种记载应该是出之有据。晋南夏县是二里头文化东下冯类型所在地，是夏中晚期统治者的一块重要势力范围，有着广泛而雄厚的历史文化基础。山西本就是一个具有"表里山河"地形地貌的堡垒，而晋南又在灵霍大峡谷、太岳山、中条山与吕梁山铜墙铁壁似的围裹中，造成了一个大封闭区中的小封闭区。从战略高度考虑，这里是一个十分利于防守并休养生息、积蓄力量的战略要地。所以，桀"未接刃"而逃至安邑，目的是带着他的有生力量，避开商师的锋芒，在此先韬光养晦，然后"东山再起"。

东下冯夏代遗址[70] 位于鸣条山以西、夏县埝掌镇东下冯村青龙河两岸台地上，面积30万平方米左右，时间大体同于偃师二里头遗址。东下冯夏代遗址晚期——相当于二里头文化三四期——时，经济文化尤为繁荣。聚落周围还修建有明显防御性质的回字形双层壕沟。壕沟内壁上修有窑洞式房屋和储藏室，沟底是经过修整的路面，能看到上面有长时间的踩踏痕迹。在沟壕围护的近1.8万平方米范围以内，分布着密集的窑洞式房屋居址、水井、陶窑和墓葬。另外这里还发现有不少乱葬墓，死者大多系非正常死亡，战争痕迹明显。联系到《尚书·商书·汤誓》所记"桀都安邑"，且鸣条"地在安邑之西"，再考虑到二里头文化以后，这里还出现了一座商代城址，同时，在附近的垣曲盆地上还修建有垣曲商城，不难判断，东下冯夏代遗址和"桀都安邑"有千丝万缕的联系。

斟鄩即二里头遗址是桀的正都，"桀都安邑"反映的可能是，安邑曾作为桀的"辅都"而存在，更确切一点说，安邑只是桀逃亡至此后的一个临时避难场所或驻跸之地。

汤灭夏建立商王朝后，大概曾想过把夏社从夏都斟鄩迁出去，以示新的王朝诞生就要和旧的世界做个了断。夏社是夏人敬神和供奉祖先的宗庙，神圣不可侵犯。或许是受伊尹等大臣劝阻，考虑到夏先人功高盖世，为了凝聚人心，不让夏遗民有被清算的惶恐，汤最终还是保留了夏社，并做了《夏社》《疑至》和《臣扈》三篇昭文，向天下宣告：新政权的执政理念是宽以待人、以德治国。

从现有考古资料看，二里头遗址一至四期早段是一个连续发展的过程。虽然二、三两期的建筑格局有些差异，但基本上保持着统一的建筑方向和建筑规划轴线[71]，说明其前后两期主人是具有共同信仰的同一个群体。

▲ 二里头1号宫殿复原图

二里头遗址这种分布格局一直延续到二里头文化四期早段，但在四期晚段时被破坏掉了。[72] 彼时，宫殿区内的大型建筑开始废弃，宫城城墙倒塌，作坊也逐渐废弃，作坊区围垣出现重修迹象，尤其是迄今所知规格最高、作为夏王朝王权社稷象征的1号宫殿也在同一时间被毁，二里头遗址的都邑功能开始逐步消失。但总体而言，所有建于二里头文化三期的宫城宫室建筑、绿松石器作坊、铸铜作坊及其外围的围垣设施，以及四条垂直相交的大路都沿用至此期末段，均未见遭遇毁灭性破坏的迹象。此外，至少兴建了3座新建筑，围垣作坊区的北墙得到加固增筑，随葬青铜和玉礼器的贵族墓也频频出现。这一时期，二里头仍然集中有大量人口，存在贵族群体和服务于贵族的手工业。[73] 这一现象应该就是商汤推翻夏王朝统治后没有对夏遗民实施大规模屠杀，而是继续保留夏社以安抚这些夏遗民的反映。

作为开国领袖，汤有着居安思危的深谋远略，不会对这些遗民听之任之，放任不管，让他们随意勾结而密谋复辟。所以，汤派官吏或商师进驻，一方面继续保持了这些夏遗民的贵族身份和地位，但实施了一定程度的监管；另一方面又为商朝的经济复兴着想，在进行一些新的建筑项目时有意保护了原来冶铜等手工业作坊的持续运营，这才使得在二里头文化四期晚段遗址都邑功能逐渐消失的同时，一些手工业能继续保持兴旺发达，还出现了一些新型的建筑基址。或许正是这种情况，才有了《吕氏春秋·慎大览》这样的描述："汤立为天子，夏民大悦，如得慈亲，朝不易位，农不去畴，商不变肆，亲郼如夏。"

从以上说明可以看出，二里头遗址已经完全具备王都气象，其所存在的时间、地点，以及其中所体现出来的文化内涵，与历史典籍记载的夏晚期都邑的斟鄩高度吻合。

至于古本《竹书纪年》所说"太康居斟鄩，羿又居之，桀亦居之"，由于太康系启的儿子，太康和羿的活动时间至少应该在公元前1900年以前，所以太康和羿所居斟鄩，不应该是二里头遗址这个斟鄩，而应另有他处，这个地方很可能就是前文所述新密新砦城址。夏都多迁，这些文献又是夏亡国1000年之后的传说记载，错漏讹误在所难免，但这些记载在大框架上是对的。

偃师商城和早商之都

汤经过20年的征伐,推翻了夏桀残暴的统治,建立了商王朝,向各诸侯国君宣布了他的第一道旨令——后世称之为《汤诰》,要求各诸侯国君要为民众谋功立业,努力做好自己的事情。汤从正反两面列举了大禹、皋陶、后稷"三公咸有功于民,故后有立"和蚩尤与其大夫"作乱百姓"以致上帝不降福于他们的例子,谆谆告诫诸侯国君,要他们努力按照先王的教诲去做,否则就不允许他们回国:"不道,毋之在国,女毋我怨。"(《史记·殷本纪》)随后,汤令咎单作《明居》,告诉民众应该遵守国家制定的法律法规。

但汤遇到了一个棘手的问题,那就是该建都于何处?如前文所述,汤大概曾想过把夏社从夏都斟鄩迁出去,但夏社是夏人敬神和供奉祖先的宗庙,神圣不可侵犯。从长计议,汤最终还是保留了夏社,重新"作宫邑于下洛之阳"(《春秋繁露》)。

考古发现,在二里头文化四期偏晚阶段,二里头文化区域外属先商遗存的下七垣文化和属东夷遗存的岳石文化因素,在二里头文化区的北部和东部相继出现和增加,随后又逐渐推进至二里头遗址所在的洛阳盆地，由此导致二里头都邑相关遗存相继废弃，原有的聚落体系也在朝夕之间崩溃。之后，西距二里头遗址仅 6 公里的偃师商城小城和大城陆续出现，区域内新的三级聚落体系开始构建，偃师商城因而成为区域聚落中心和短暂的二里岗早商文化聚落中心。这一新旧聚落体系相代的过程就是二里岗早商文化介入并取代二里头夏文化的过程。[74] 二里岗文化就是早商文化，因 1950 年首先发现于郑州老城东南 1 公里处的二里岗遗址而得名。

显然，考古学这一发现，和文献记载的汤率领商夷联军灭夏并建立商朝的过程、路线如出一辙：汤率领商师连年伐夏，"汤始征，自葛载，十一征"（《孟子·滕文公下》），"凡二十七征"（《帝王世纪》）。接二连三的大规模战争给整个社会带来毁灭性的灾难。

一项考古学区域系统调查结果表明，二里头遗址所在的洛阳盆地中东部，在二里头文化四期有 96 处大小聚落，而到了二里头文化四期晚段及其以后，即二里岗早商文化前段，聚落数量锐减为 40 处，减少了 56 处，减幅高达 58.3%。[75]

进一步调查发现，二里岗早商文化早期聚落的遗存仅在偃师商城和二里头等少数遗址内有发现，其他聚落发现的遗存多为晚段。这从另一个侧面说明，在夏朝末年，大量的聚落毁于战争，而只有作为夏都斟鄩的二里头遗址及其周围聚落，由于夏桀"未战而游走"，才免于战火的焚燹。

大量聚落消失，意味着大量人口的死亡，也意味着刚建立的商朝是赤地千里，百废待兴。汤作为这一切灾难的"制造者"，大概感受到了一种"负罪"的煎熬，再加上天下人对夏桀暴政的痛恨，让他从骨子里由衷生出要做一个贤明统治者"赎罪"的思想理念。这从汤刚"践天子位"即对"三千诸侯"发出要"有功于民，勤力乃事"(《尚书·汤语》)，以及着意保留"夏社"的举措中，可略窥一斑。

《吕氏春秋》《书传》等记载，汤在建立商朝后，遭受了千年不遇的旱灾，连续五年大旱。《国语》甚至说："昔伊洛竭而夏亡。"夏朝灭亡之年，也正是汤"践天子位"之年。掌管祭祀的史卜谏汤"应该用人牲献祭上天以作祈祷"。汤于是"剪发断爪，自以为牲，而祷于桑林之社"。汤对天祷告说："我一人有罪，不要祸及百姓。百姓有罪，都在我一人身上。不能因为一人有罪而伤及无辜百姓。"话音刚落，倾盆大雨就从天而降，"民乃甚悦"(《吕氏春秋·季秋纪·顺民》)。

《史记·殷本纪》还记载了一件汤对鸟兽施行仁义的事，就是那个著名的成语"网开一面"的故事。

关于汤的这些记载，未必全是事实，但既然能众口一词，广为流传，并成为后世儒家德政思想的重要来源，也在一定程度上反映了汤治国理政以德为本并身体力行的传说并非完全是向壁虚造，应该有一定的历史根据，只是被过度美化了而已。

此前，根据伐夏战事的需要，汤将战略指挥中心从先商族群居住的豫北濮阳、内黄一带的郼亳，迁至豫东商丘谷熟的北亳，之后又在同夏师决战前匆匆迁至今郑州市区尚未成形的郑亳。商代夏，意味着殷商成为新的"中国"，所接收的不仅是夏朝的地盘，还有夏朝统治"天下"的传统理念和安邦治国策略。这其中，最重要的一条就是，新王朝的都邑也必须位居"天下之中"，如此方能统治四方，控御天下，收获人心。

汤想将夏都斟鄩改造为商新都也是人之常情，因为斟鄩作为"天下之中"已经深入人心，何况刚建立的商王朝，经过长年战争后，整个社会已满目疮痍，人烟稀少，又遇上了罕见的五年大旱。在这种情况下，再大肆修建新都，人力和财力都不允许。但是，把夏都改造为商都，代表夏人祖先的"夏社"和夏遗民该如何处置？作为商都，毕竟无法允许"商社"和"夏社"同时存在。然而，以大禹为代表的夏人曾经为元中国[76]的延续和发展做出过突出贡献，商此前还是夏的臣国，如果轻易毁掉或迁走代表夏人祖先的"夏社"，那么以继承夏人"天下"传统自命的商王朝，其建立和存在就失去了合法的理论根据。这使汤既不能改夏都斟鄩为商新都，又不得不设都于夏都附近，前者是为了接受"天命"，承续夏禹之绩；后者则是为了继续占据"天下之中"。

汤和大臣们几经考察、商议，最终将新都址选在了夏都斟鄩即二里头遗址东北6公里处今偃师尸乡沟一带，这里正是董仲舒《春秋繁露》所谓"汤受命为王""作宫邑于下洛之阳"的洛水下游向阳之地。因该都邑位于前述商人鄣亳、郑亳以及南北两亳西边，后人遂称之为西亳。[77]

偃师北依邙山，南临洛河，地势平坦，交通便利。有伊、洛等多条河流萦绕其间。尸乡沟区域地势高亢，既紧邻洛水，又不易遭受水患，且东西地面空旷，便于农耕和交通，同时所选都址东南角还有一条蜿蜒而过的小河，便于供水和排水。

鉴于商开国时由于天灾"人祸"所造成的困顿局面，汤就只做了面积为80多万平方米的都邑建设规划。要知道，相距咫尺之遥的夏都斟鄩总面积都达到了300万平方米，而且是各种功能的建筑一应俱全，奢靡至极。当时的具体情况，我们已不得而知，但从考古揭示出来的场景看，后世传诵的商汤"行大仁慈，以恤黔首，反桀之事，遂其贤

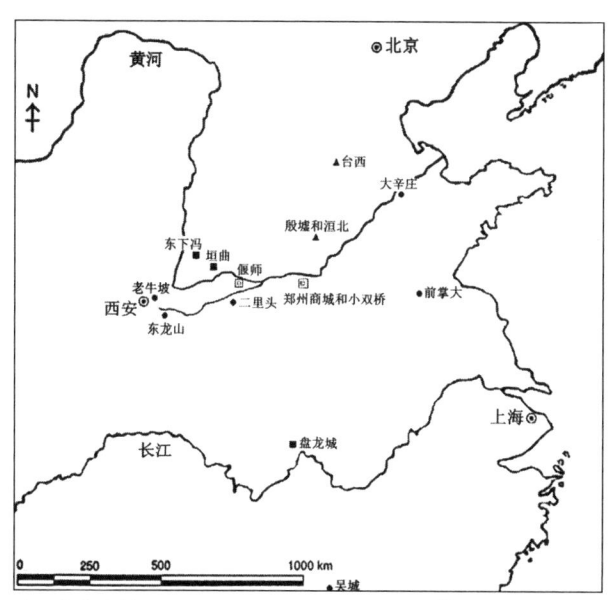

▲ 偃师商城和早商时期主要遗址分布示意图[78]

良，顺民所喜，远近归之"(《吕氏春秋·季秋纪·简选》)的行为，也不一定全部都是空穴来风。

偃师商城[79]是一处包括大城、小城和宫城三重城垣在内的二里岗文化早商时期遗址。小城位居大城内西南部，平面近似长方形，南北长1100米，东西宽740米，面积80多万平方米。宫城位居小城正中略偏南一点地势较高的地方，自北向南分为三个区域，分别为池苑区、祭祀遗存区和建筑基址区。

最初，宫殿区的四周有一道围墙，围墙之南墙正中开有一座宽敞的大门。围墙内有十余座夯土建筑基址。整个宫城平面呈正方形，总面积约4万平方米。宫城内南面发现有偃师商城文化一至三期三个不同时段的11座宫殿宗庙建筑基址。该建筑群基址北面是祭祀区，主体部分由东向西绵延，分为三个区域，面积分别为200、800和1200平方米，其中后面两个区域在布局、形制和结构方面基本一致，平面为长方形，四周均有夯土围墙，南围墙中部设一门道。

祭祀区的北面是王宫池渠遗址，由位于宫城北部池苑中央的水池和东西两头进水的水渠组成。水池平面为长方形，东西长 130 米，南北宽 20 米。水渠东西两端，各连有一条石砌渠道通往宫城外的护城河。2019 年在偃师商城西城墙南段位置发现了穿城而过的石砌水渠 1 条，同时还发现了引水入城的水源——偃师商城西城墙外 200 米处的南北向古河道。[80]

在小城西南隅，也是宫城外西南方向，发现有用围墙圈起来的被称为"府库"的 1 号建筑基址群。所谓"府库"就是国家用来储藏粮食、兵器等物资的库房重地。整个建筑群内分布有 6 排房基，每排约为 16 座，总数达 96 座之多。类似的建筑，在宫殿区的东北方、小城东墙外侧，以及宫城西侧、上述"府库"建筑群之北也有发现，只是面积略小。

在小城西北部半闭合区域内发现有 23 处夯土基址，其中在东北角和西北角选择 3 处进行清理后，发现基址形状为圆形。发掘者推测这些圆形建筑应该为二里岗文化时期的仓储设施——囷仓，该区域很可能是偃师商城的仓储区。始建年代在偃师商城二期早段至三期初。

另外，在宫城外南部也发现有两处大面积的夯土基址，但具体什么性质、何时建成尚不清楚。

▲ 偃师商城出土的青铜尊

考古工作者将偃师商城遗存按时间先后分成了三期七段,其中第一、二期各分为早晚两段,第三期分为早中晚三段。这三期时间分别相当于二里头夏文化第四期晚段和二里岗早商文化下层、上层两个阶段。城址的发展和布局变化大体与此同步,分别为初建、兴盛和衰落三个时期。[81]

初建期大体在偃师商城文化的第一期早段,相当于二里头文化四期晚段。这个时期在一处规模较小的二里头夏文化聚落的基础之上,建造了宫殿区、小城、1号府库及相关建筑。其中4号宫殿始建于一期之初,可以看作是偃师商城最早的一座宫殿。[82]

依照夏商周断代工程所给出的年代框架,偃师商城一期早段约为公元前1600年至前1560年,刚刚进入商代纪年,正是汤建商朝初期。彼时,经济凋敝,百废待兴,人力、物力相对短缺,但新都的建设又刻不容缓,只能仓促上马,所以总面积只有80多万平方米的小城,说都不像都,说邑又不是邑。城墙倒是挺宽,有6~7米,可那是因为城

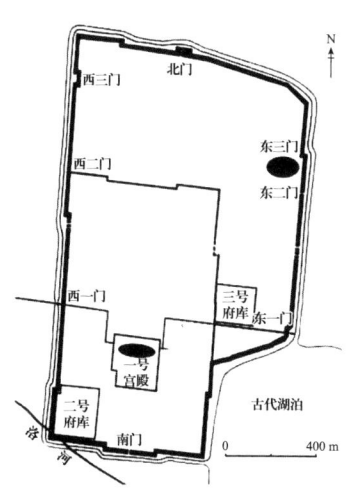

▲ 偃师商城主要建筑平面图[83]

偃师商城和早商之都

墙基槽太浅，只有0.5米左右。城墙的高度现在无法精确计算，但也不可能很高，因为0.5米的基槽不足以支撑起太高大的城墙。从残存的东、北城墙来看，高度大多为0.5～0.7米，南墙和西墙被包夹在后起的大城城墙之中，保存高度也只有1.5米左右。整个都邑形制上的设计，虽然体现了军事防御方面的考虑，如北墙和西墙的中段向内凹进，东墙的中段向外凸出，类似于后世不给敌人留有死角负隅顽抗的"马面"，但总体来说，缺乏规模。或许这正是汤致于王道、以民为本思想的集中体现。

偃师商城从二期开始，在小城的北面和东面进行扩建，把小城环抱在内，形成大城。小城的南城墙和西城墙自南向北约2/3分别成为大城南墙和西墙的一部分。整个大城平面呈菜刀形，总面积达到了190万平方米。东西城墙各开两座城门，两两相对，中间有大道相通。城墙外还环以宽20米左右的护城河。墓葬主要安置在城墙内侧的环城道路上，冶铜、制陶等手工业作坊区和一般居住区则安置在城址内北部，与南面的宫城形成了古代所谓"面朝后市"的格局。

宫殿区有部分建筑基址和1号府库。二期早段，依小城东墙新建了2号府库和其他建筑。二期晚段，毗邻宫城南墙东段北侧新建了6号基址。三期早段大体沿用之前形成的城市格局，但对宫殿区南部的建筑基址分别进行了改建。至三期中段时，宫城、小城和大城遭到破坏，城邑的功能消失。

总体而言，偃师商城一期晚段，整体布局是宫城和小城并存的双重城垣结构。二期早段，在小城基础上扩建出大城，但是小城北墙和东墙北段并未平毁，形成宫城、小城和大城并存的三重城垣结构。三期早段，沿用既有格局，局部有改建、扩建现象。三期中段，宫城、小城、大城均已毁弃。遗存最为丰富的阶段为一期晚段至三期早段，气势最为恢宏的阶段应该为二期早段至三期早段。

可以说，偃师商城建筑布局规范，各种建筑防御设施完备，宫城、府库、王室池苑和地下注水、排水系统一应俱全，是商代早期一座比较完整的城邑，一代典型王都。[84]

偃师商城作为早商成汤至太甲或沃丁时期的王都西亳，一尊独大，直至太庚在今郑州地区修建郑亳即郑州商城并投入使用后，也就是在偃师商城二期晚段开始，西亳才逐渐让位于郑亳，退居辅都的地位，早商由此开始进入"两京制"时期。[85]

文献记载，成汤、外丙、中壬、太甲和沃丁在位时间分别为13年、2年、4年、12年和19年，太庚、小甲、雍己和太戊四王在位时间分别为25年、17年、12年和75年，总历179年。[86]如果按照夏商周断代工程，商代夏的时间是在公元前1600年的话，成汤至太戊，大体是在公元前1600年至前1421年。

根据碳十四测年和遗存情况，偃师商城商文化各期年代大致对应如下[87]：

第一期为公元前1600～前1560年。

第二期为公元前1560～前1500年。

第三期为公元前1500～前1460年。

这样一来，与上边的计算就有了39年的差距，考虑到文献记载、考古测年都有一定的误差，出现这样的差距也算正常，或者说是在允许的误差范围以内。太戊在位75年，应该经历了偃师商城二期至三期早段或中段。

郑州商城和中商之都

一

商代可以分为早商、中商和晚商三个时期,其中,早商经历了成汤至太戊9王,考古学上的表现是二里岗文化前三期(对应偃师商城文化一至三期);中商经历了中丁至小乙12王,考古学文化上的表现是二里岗四期、洹北商城早期和晚期,晚商经历了武丁至帝辛(商纣)9王,考古学文化上的表现是殷墟一、二、三、四期。[88]

郑州商城就是传说中的中商都城——隞,学界也称之为郑亳,系经太戊之手改造、扩建而成。太戊,名密,商王太甲之孙、太庚之子,小甲和雍己的弟弟。太戊以伊尹后人伊陟和臣扈为卿士,"严恭寅畏,天命自度,治民祇惧,不敢荒宁"(《尚书·周书》),君臣励精图治,国家恢复生机,呈现出繁盛的景观:"三年之后,远方慕明德,重译而至者七十六国,商道复兴"(《竹书纪年》),史称"太戊中兴"。

商王朝综合国力得以大幅度提升,作为国君的太戊首先想到的是扩建彼时的商都向天下宣威,毕竟80多万平方米的都城,别说同前朝

300万平方米的夏都相比，就是同七八百年前280万平方米的尧都相比，差距也过于悬殊。偃师商城正是从太戊所处的二期开始，在小城的北面和东面进行了扩建，使得小城被环抱在内，形成大城，面积由原来的80万平方米扩展至190万平方米。偃师商城作为早商西亳，其时才算勉强有了一点儿都城的样子。

但事实上，190万平方米远远不是太戊心目中都城的规模。据考古探测，偃师商城东南部有一方圆1.5公里的湖泊；东北部城外有一条西北至东南向的河道，当时的洛河位于城址南2公里左右；城址的北部面向低矮的丘陵山区。显而易见，是特定的地理环境决定了偃师商城既有的规模。这一点在大城的规划修建中表现得也很突出。由于没有足够的空间可以利用，以至于将大城城墙的东、西墙南段和南墙同小城城墙合二为一。而大城的东北部也因河流横亘而不得不往回收缩，东南部则因面临湖泊而骤然内收。[89]

雄心勃勃的太戊当然不满足于此，大约在扩建偃师商城小城的同时，太戊还实施了一项更为宏大的工程建设，那就是在东面的郑州地区建立了一个他理想中的大都邑。3500年后的今天，我们自然无法得知他的想法，但根据文献记载和考古学所揭示的彼时中原场景观察，这一方面可能是因为商取代夏已经站稳了脚跟，商的正统地位得到了天下的认可，商王朝需要东扩以控制更大的范围；另一方面是因为郑州东南紧邻豫东和鲁西，这一带主要为东夷族团所控制，不安定因素太多。

郑州地区是商汤联合东夷族团起兵伐夏的根据地，郑州商城内城东北部宫殿区内曾发现有先商时期几座宫殿基址，推测就是商汤战略指挥中心所在。商朝建立后，这里顺势变成了商设在东境的军事重镇。

太戊在原来汤王使用过的几座宫殿基址上，进行了超乎常人想象的大规模扩建，经过几十年时间，最终建成了一座总面积超过 1300 万平方米的特大型都邑——郑州商城。

▲ 残存于地表的郑州商城城墙[90]

因为郑州商城遗存最早是 1950 年发现于郑州老城东南 1 公里处的二里岗遗址，所以考古界按就地命名的原则称之为二里岗文化，可前后分为四期[91]：

第一期：二里岗下层一期，郑州商城初创阶段。

第二期：二里岗下层二期，郑州商城进入初步繁荣时期。

第三期：二里岗上层一期，郑州商城人口较多，进一步繁荣时期。

第四期：二里岗上层二期，郑州商城衰落时期。

考古显示，在二里岗下层早商文化第一期末到第二期的时候，相当于偃师商城二期早段，也就是公元前 1500 年前后，郑州商城遗址出现了周长约为 7 公里的城墙，从而形成了面积达 300 万平方米的内城。[92]

现在人们看到的郑州商城遗址是由内城和外郭城共同组成。[93]内城建于早商时期，城墙上发现有大小不同的缺口 11 处，因为其中也包括了商城废弃后被人挖土损毁所造成的缺口，所以还难以确定具体哪些缺口属于城门遗址。内城墙外侧发现有城壕遗存。内城布满大大小小几十个夯土基址，还有水井、池苑等遗迹，专家判断为宫殿区。另在沿城墙的多个区域发现有小型房址。

根据现有的资料观察，内城东北部的基址属于先商时期所建，进入早商后，这一带作为军事重镇也住有贵族。当周长约为 7 公里的内城墙修筑起来后，内城的中部和南部也出现了宫室之类的建筑。就总的情况而言，内城的东北部不仅有大型的宫殿建筑，到了二里岗上层一期，也就是商代早期晚段，还出现了大型池苑，说明内城东北部主要是王室和宗庙所在地。

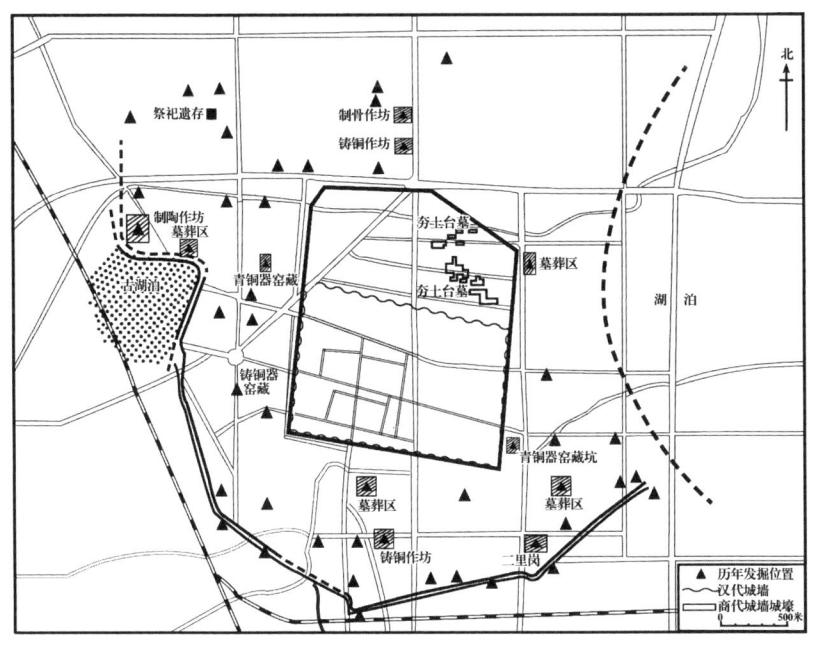

▲ 郑州商城布局示意图[94]

从城墙的规模看，郑州商城的内城比偃师商城的大城大 1/3 还多；

从宫殿区的规模看，郑州商城是偃师商城的 8~9 倍，不过，郑州商城虽然筑起了恢宏雄伟的城墙，但宫殿周围的附属建筑大都是小型夯土台基，还难以构成都城所必需的大型宫殿建筑条件。所以，此时的郑州商城应该还是作为军事重镇而被继续使用。[95]

外郭城墙是在内城墙修筑之后不久建成的，大体上可视为同一时期。外郭城总面积达到了 1300 万平方米，平面近似圆形。东部和北部为湖泊。外城郭和内城之间的环形区域，分布着普通民居、墓葬和重要的手工业作坊遗迹。手工业作坊遗迹有铸铜、制陶、制骨等，其兴建和使用年代大致同小城城墙修筑年代同时或稍后，规模都不大。大约在宫殿区出现大型池苑的时候，这些手工业作坊也开始出现扩展和繁荣现象。除此之外，在这些区域还普遍发现有掷埋人骨和兽骨的祭祀遗迹，时间大约为二里岗下层二期。如在商城北城墙外的制骨作坊遗址东南部同一时期的文化堆积层中，就发现有被掷埋的人、猪骨架各 5 具。

可以说，从偃师商城建成外城和郑州商城建成内城时起，直到偃师商城废弃时止，商王朝一直是处于两都并存而以偃师商城为主的时期。作为商王的太戊应该是往返于偃师和郑州之间处理国事。

根据夏商周断代工程的研究成果，商代始年约为公元前 1600 年。郑州商城是在二里岗文化一期开始建造的，当为公元前 1500 年左右，而偃师商城宫城和小城的修建年代是在偃师商城一期[96]，年代为公元前 1600 年左右，比郑州商城早约 100 年。从成汤到太戊，9 王在位时间总为 179 年，减去太戊在位的 75 年，是 104 年，考虑到测年和文献记载的误差因素，应该说这个数字同上述测年结果已经是"精准"吻合了。

二

太戊驾崩后子中丁继位。中丁，亦作仲丁，子姓，名庄，商朝第十任君主。中丁即位以后不久，遇到了一件棘手的事情，就是此前与商交好的某些东夷部族忽然不再向商朝贡，并且屡屡挑衅商的权威，滋生事端。《后汉书·东夷传》记载："至于仲丁，蓝夷作寇。自是或服或畔，三百余年。"蓝夷是古东夷族群的一个分支，春秋时为"滥邑"，位于汉代东海郡昌虑县境，就是今山东滕州市东南一带。

中丁在这种情况下被迫出手，征伐蓝夷。从考古资料观察[97]，商人在建国之初，就开始向北、西、南三方大举扩张，但对曾经是伐夏盟军的东夷人却手下留情，在东方没有什么大的军事动作，商东疆基本处于扩张停滞状态。中丁之前，豫东地区不见有二里岗商文化的存在。但至二里岗第四期时，商文化开始向东方扩张，先是扩张到了豫东地区西部。在这一地区的诸多遗址中，如东山子、牛牧岗、李岗、鹿台岗、周龙岗、孟庄、栾台和三里堌堆等，均发现有这一时期的商文化遗存。随后又扩张到今天的济南、滕州一线，泗水尹家城、济南大辛庄等遗址中都发现有二里岗上层商文化。但奇怪的是，同时期的豫东地区东部不见商代的前期文化，说明这种扩张是跳跃式的，乃典型的军事扩张表现。

中丁即位时，商朝"两京"制已经存续了很长时间。中丁征伐蓝夷，在作为西亳的偃师商城亲自挂帅，由于距离遥远，已经很不方便，而且从防御东夷外患和进一步发展郑州地区的政治、经济和文化的角度考量，都城东迁势在必行。彼时夏王朝已经覆亡100多年，作为夏都斟鄩的二里头遗址也已废弃多时，商在伊洛河地区的统治已经非常稳固，后顾无忧，所以在此背景下，中丁开始把都邑从西亳迁到了郑亳，亦即从偃师商城迁至郑州商城，这就是《尚书·序》所云"仲丁迁于隞"。

隞，也称作敖、嚣，得名于彼时郑亳西北、黄河以南的隞山，亦即现在的邙山，包括东面的管国故地。也有说隞是因为颛顼曾经在此居住而得名，因为颛顼号大敖。

▲ 今日邙山（隞山）一隅

从现有考古资料看[98]，二里岗上层商文化晚期，亦即偃师商城三期中段时，偃师商城已出现衰落的迹象，而等到三期晚段就完全废弃，呈现出一片残垣断壁的荒凉景象。但在同一时期，郑州商城却跨越式地跃进到鼎盛时期。这一时期的郑州商城，遗迹、遗物最为丰富：四面城墙进行了维修，外城投入使用；宫殿区与商王室活动有关的大型宫殿基址继续使用。新出现多处大型水井、蓄水池、输水管道。原有的铸铜、制陶、制骨作坊继续运营，还新建了紫荆山北铸铜作坊等。另外，在祭祀的窖藏坑中，还发现成双成对的大型青铜方鼎和其他青铜礼器，说明彼时的商王朝已经结束了郑亳和西亳的"两京制"运转，政治中心完全转移到了郑州商城。

放眼观察[100]，二里岗一期商文化主要集中分布于豫西、豫中、伊洛河至郑州一线以及晋南和关中东部地区。到二里岗二期时，商文化分布范围又进一步向东南和南方发展。河南省周口地区、安徽江淮地区西部和湖北东北地区都发现了这一时期的商代遗存。进入二里岗三期后，商文化无论在数量上还是在分布范围上又都大大超过了前一阶段。首先是周口、江淮和鄂东北地区新增加了很多商人聚落点，而且从空间上有更向外扩大的趋势。其次是商文化的扩张重点转向了北方。太行山东麓一带，甚至是太行山以北的壶流河流域，都发现了大量的商文化聚落遗址。再次是豫东和鲁西地区也发现了一定数量的商人定居点。

▲ 郑州商城出土的兽面纹铜钺（李飞 摄）[99]

彼时，偃师商城和郑州商城均处于繁荣时期，晋西南的东下冯商城、垣曲商城，鄂东北的盘龙城商城和冀中藁城台西等遗址，都已成为区域性控制中心，商王朝的发展达到鼎盛时期。

但当商人的脚步迈进二里岗四期时，商文化出现了重大转折。首先是最早建造的偃师商城由盛转衰，进而被废弃，作为商王朝边境控制中心的山西东下冯商城、垣曲商城和湖北盘龙城也同样相继衰落、废弃。而东边则与此相反，呈现出了另一番繁荣的景象，以济南大辛庄为据点的商文化迅速向东、北、南三面扩张，菏泽安邱堌堆、泗水尹家城、曹县莘家集等遗址都发现了这一时期的商文化遗存。

这一幅清晰的早中商文化势力消长图景表明，到了商文化二里岗三期时，商人的扩张重心就已经转移到了豫北、冀中南和鲁西南地区，郑州商城和相关商文化呈现出空前的繁荣景观，有学者测算出彼时的郑州商城内城人口有8万之多，加上外城人口则达到了15万～18万，而昔日作为商都繁盛一时的偃师商城，人口最多时也不过5.5万[101]，已经满足不了商王朝发展和向东、向北扩张的需要，政治中心向东转移是必然趋势。

三

郑州商城时期，先后经历了中丁、外壬、河亶甲、祖乙、祖辛、沃甲、祖丁、南庚、阳甲和盘庚10位商王，著名的"比九世乱"（《史记·殷本纪》）就发生在这个时期。"比九世乱"就是连续九世混乱的意思。

商朝的继位制度是"长子继承"和"兄终弟及"两种制度的结合，但"兄终弟及"制最后也还要循环到原来君王长子的头上，就是说，某一代君王死后，由君王的大弟继位；大弟之后，由二弟继位；二弟之后，由三弟继位……直到最小的一个弟弟继位去世后，这个王位就由原来君王的长子来继承。长子出现死亡或其他变故，就由次子来继承，如此后推。商代开国君王成汤驾崩时，由于太子太丁意外早逝，太丁之子年龄尚小，因此就由太丁之弟外丙继承了王位，开了"兄终弟及"的先河。"兄终弟及"虽然是"长子继承"制的辅助形式，但在中丁以前基本上形成了一种制度，大家都能够自觉地贯彻执行。譬如，太丁"大弟"外丙继承了成汤的王位，外丙去世后就由"二弟"中壬继承，中壬去世后，商朝王位就击鼓传花似的传到了成汤的长孙、太丁的长子太甲手里。但是，这种制度在中丁时疑似遭到了破坏。

按照甲骨卜辞的周祭祀谱,商王太庚三子的继位次序是小甲、雍己和太戊,根据"长子继承"和"兄终弟及"王位继承制度,太戊死后,应该把王位传给小甲之子,但是最后继任君主之位的却是太戊的儿子中丁。显然,中丁即位是采取了暗箱操作的不正常手段,或许是一场血流成河的宫廷政变也未可知。后面的事实是,中丁即位当年就将都邑由西亳偃师商城迁到了隞亦即嚣的郑州商城。这一迁都之举,如前所述,一方面是由当时商朝抗夷的形势所决定,另一方面也不能不说和中丁有意避开可能由他制造的血腥政变有关。

中丁非正常即位的情况,在祖丁去世后又重新上演了相似的一幕。按照商世系表,阳甲是祖丁长子、祖辛的"嫡长孙",但阳甲并未能继承祖丁的王位,而是由沃甲之子南庚继承了祖丁的王位。南庚继位不合乎祖传规矩,显然是通过非正常手段夺到手的。如果按照中丁死后传子的先例,南庚死后应该由他的儿子继位,但却是祖丁之子阳甲继承了他的王位。这意味着,阳甲也很可能是通过非正常手段重新夺回了属于自己的王位。[102]

可以说,从中丁开始,中间历经外壬、河亶甲、祖乙、祖辛、沃甲、祖丁、南庚,直至阳甲,一连九世,都是在"废嫡而更立诸弟子,弟子或争相代立"(《尚书·商书》)的非正常状态下获取王位的,其间的骨肉相残、血雨腥风,史籍虽然没有具体详细的记载,但我们也不难想象。商王朝连续九世都处在混乱不堪的状态中,甚至连各方诸侯都不来朝拜。

"比九世乱"的一个显著特征是都邑屡迁,"不常厥土"(《史记·殷本纪》)。《尚书·盘庚》记载,"殷人屡迁,前八后五"。"前八",是指在先商时期,自商始祖契至成汤建立商朝前,共有八次大的族居地

▲ 郑州商城出土的玉璋

迁徙行为。"后五"是指终商一朝，共有五次迁都行为。其中四次都发生在"比九世乱"期间，分别是上述中丁迁都于隞，河亶甲迁都于相，祖乙迁都于邢，南庚迁都于奄。还有一次迁都，是盘庚迁殷，虽然这一次迁都不是发生在"比九世乱"期间，但也是紧接着"比九世乱"后进行的，和"比九世乱"密切相关。

从中丁到阳甲，九世共历100多年的时间就迁"都"四次，可想而知，会对大商王朝的国力造成怎样的破坏！都城是需要讲究排场和气势的，作为隞都的郑州商城，总面积就达到了1300万平方米，之后的殷墟则更是达到了前无古人的3600万平方米，甚至作为商王离宫别馆存在的郑州小双桥遗址也达到了144万平方米。即便河亶甲之"都"相、祖乙之"都"邢和南庚之"都"奄，规模、面积都远小于郑州商城，但考虑到路途遥远等各方面因素，三者加起来所耗费的人力和物力也是一个庞大的数字。关键的问题是，迄今为止，还没有发掘出相、邢和奄为一国之都的任何证据材料，这些所谓的都，可能就像《史记》里提到的祖乙所迁之耿、庇一样，其实就是这些商王临时的驻跸之地或战略中心。彼时商王朝的正都还是被称作隞的郑州商城。

殷人屡迁，"不常厥土"，原因众多，譬如说，有水患的因素，有商人游牧、游农习俗的孑遗影响，有镇抚东夷的需要，等等，但这些都是一些外在因素,主要原因应该还是商王室内部由于王位继承问题发生了内讧,这些商王不得不离开是非之地,抛弃一些"心怀鬼胎"的旧臣,起用新人,试图重新开始一段新的航程。

(注:还有一种观点认为,郑州商城不但是中商之都,同时还是早商之都,这种观点的缺陷在于如上文所述,郑州商城作为早商之都,没有发掘出相应的宫殿建筑基址等遗迹、遗物,更重要的是,没有相应的历史文献做支撑,我们暂时存疑。是为大确定前提下的小不确定。)

洹北商城和盘庚迁殷传说之殷

盘庚名旬,是商王祖丁之子、阳甲之弟,商朝第19任君主。

盘庚即位时,正值九世之乱末期,商王朝一方面政治腐败,党派纷争;另一方面,贵族不思进取,奢靡成风,外加频繁的水灾人祸,朝野沉疴宿疾,积弊丛生。盘庚意识到,要想改变这种万马齐喑的沉闷局面,蜕故孳新,就必须抱有壮士扼腕的决心,再次迁都,远离派系纷争的政治旋涡,抛弃陈腐的政治利益集团,任用新人,在一个新的地方开创新的局面。

盘庚把新都址选在了商族发祥的故地殷。契至汤14任商公,都活动在今豫北冀南一带,其中商侯冥活动中心就在包括殷在内的古黄河流域,而王亥所迁之"殷"也在安阳一带。[103]

但盘庚迁都的意愿遭到了既得利益贵族集团的强烈反对,他们认为自中丁开始迁都,短短几十年时间,已经劳民伤财,迁"都"多次,现在又要长途跋涉,跨越黄河,费尽周折地把都城迁往遥远的殷地,实在是不能答应。他们不但内外勾连,结成一股反对盘庚迁都的强大势力,还拉拢、煽动平民聚集闹事。

《尚书·盘庚》记载,盘庚对此洞若观火。他把所有大臣和反对者召集到王庭,当面予以训诫。

盘庚说:"我要把大家带去新都,是以百姓为重,不至于被人为的灾难伤害。如果我们大家不能互相救助,即使占卜结果有利,在此生存下去,又有什么好处?先王定下规制,要我们后人虔诚地遵从天命,不是一定非要长久地居住在一地。正因为如此,连这次迁徙算在内,我们已经有了五次迁都的经历。如果我们不继承祖先的传统,不明白上天的意旨,哪里还谈得上什么继承先王的伟业!树木砍倒在地,树根仍会重新萌发新枝。上天是要我们在新邑永葆民族生命,复兴伟业,安定四方!"

盘庚说到这里,话锋一转,直指那些反对迁都的王公贵族:"我郑重地告诫、教导你们,是为了去除你们的私心,不要傲慢无礼,贪图安逸。过去,先王们总是考虑任用世家旧臣,同他们一起治理国家。先王向他们发布命令,他们都没有隐瞒不发,先王因此对他们十分重视。他们不讲不负责任的话,百姓的生活和社会秩序因此有了较大的变化。现在你们大吵大闹,编造阴险、似是而非的谣言,我不明白你们究竟要做什么!我并没有丧失道德,只不过是你们埋没了我的好意,不向下传达。对于你们的情况我心知肚明,但我并没有对你们采取严厉的措施,没想到你们就放肆起来了。

"把网眼连接在网纲上,整个网才会有条不紊;农夫只有努力耕种田地,到秋天才会有收获。这种道理,你们该懂。如果你们去掉私心,把迁都的好处传达给你们的亲友和民众,你们就可以大胆宣称:你们是积有善德的!你们没有考虑到你们不负责任的话会毒害远近的百姓,就如同那些懒惰的农夫,不努力耕作,不整治田地,将来怎能有好的收成?

"你们不向百姓传达我迁都的好意，是在犯罪！你们所做的坏事已经败露，如果这样下去会自招灾祸的。你们既然要引导百姓作恶，那么就要遭到惩罚，承受痛苦，届时悔之晚矣。看看那些老百姓，他们还顾及我的善言，还恐怕说错话，可你们又是怎样做的呢？何况我还掌握着你们的生杀大权！你们为何不据实告我，却以流言惑众？流言的蔓延就像大火燎原，难以靠近，怎能扑灭？人心的浮动完全是因为你们妖言惑众所致，不是我的过错！"

盘庚略微缓和了一下语气，继续说："迟任讲过，'人惟求旧，器非求旧，只有求新，才能立于不败之地'。过去，先王和你们的先辈一起同辛劳、共安乐，我岂敢违背祖宗法规来惩罚你们？倘若你们能够继承你们祖先世代勤劳的传统，我也不会埋没你们的德行。现在我要祭祀先王，你们的祖辈也会陪着接受祭祀。善有福报，恶有祸报，祖宗自会做出决定，我也不敢违反成规随意赏罚。

"我告诉你们，做好事很难，就像射箭必须要射中目标一样，不是轻而易举就能取得成功的。你们不可欺侮年老的人，也不可轻视年幼弱小者，要各居其所，勤奋努力，不要有所保留。听我安排，令行禁止！"

盘庚最后告诫大家："所有的人，无论亲疏，犯了罪就要严惩，做了善事就要奖赏。国家兴盛，要靠大家共同努力；国家遭遇祸乱，我一人承担。你们要把我的话转告所有遇到的人。从此以后，你们要努力做好各自的事情，恪尽职守，认真负责，管住你们的嘴，不要胡说八道，否则，惩罚就会落到你们身上！"

——无有远迩，用罪伐厥死，用德彰厥善。邦之臧，惟汝众；

邦之不臧，惟予一人有佚罚。凡尔众，其惟致告：自今至于后日，各恭尔事，齐乃位，度乃口。罚及尔身，弗可悔。(《尚书·盘庚上》)

▲ 盘庚所迁殷之宫城复原图[104]

盘庚做了这番训示之后，情况有所好转，但还是不尽如人意，那些顽固守旧分子还在不断地散布流言，搬弄是非。于是，盘庚在迁都前，再次把那些不服从的臣民召集到王庭前给予训诫。

他说，现在的情势就好比大家都坐在同一条船上，若不诚心合作想方设法渡过去，那结果就只能是一起沉下去。不能协同一致，只是自己怨怒，对大家都没有什么好处。所以我们要做长远打算，多想想可能降临的灾害后果，要防患于未然。

盘庚最后对那些心怀鬼胎的异己分子发出严正警告："现在我告诉你们：不要轻举妄动！要永远警惕大的灾难，不要互相疏远！你们应当恭顺于我，各人心里都要有个是非标准。假如有人包藏祸心，不走正道，违法不恭，欺诈奸邪，为非作歹，我就要把他们全家杀绝，不给他们留下后代，不让他们这些坏人在新都延续种族！"

——呜呼！今予告汝：不易！永敬大恤，无胥绝远！汝分猷念以相从，各设中于乃心。乃有不吉不迪，颠越不恭，暂遇奸宄，我乃劓殄灭之，无遗育，无俾易种于兹新邑。（《尚书·盘庚中》）

盘庚采用软硬兼施的手段，最终顺利完成了迁都计划。然而，政治斗争并没有结束，众人迁徙到一个新的地方，由于各种生活设施配套都不齐全，好多方面都不能一下适应，不免又心生怨言。那些和盘庚暗中作对的政治势力趁机捣乱，煽动大家要求迁回老家去。盘庚明察秋毫，知道这些遗老已经不能对新都的建设造成麻烦，但顾念他们和他们的祖先曾经为商王朝的建立和发展做过贡献，便手下留情，没有大开杀戒，而是命人把众大臣和诸侯召集到一起，再次对他们进行了训诫和安抚。

盘庚说："现在我们的臣民由于洪水动荡奔腾而流离失所，没有固定的住处，你们反而问我为什么要惊动众人迁徙。你们要明白，这是上帝要复兴我们高祖的美德，光大我们的国家！我遵从上帝的旨意，奉命率领你们迁徙。居住在新都，是为了大家能够长久安康。我不是不听从你们的意见，而是要遵行上帝的旨令；不是敢于违背占卜的兆示，而是要发扬光大祖先传下来的美德。"

盘庚谆谆告诫大家："诸侯、官长以及全体官员，你们都要掂量一下。我会认真而严格地考察你们是否尊重民众以及治理的情况。我不会任用贪财的人，只任用注重经营民生的官员。我只敬重那些能够养育民众并且能够给他们谋求安居的人。现在我已经把心里话告诉你们了，请大家恭顺执行。不要聚敛财宝，要经营民生，建立功勋！要把恩惠施给民众，永远与民众同心！"

——呜呼！邦伯师长，百执事之人，尚皆隐哉！予其懋简相尔，念敬我众。朕不肩好货，敢恭生生。鞠人谋人之保居，叙钦。今我既羞告尔于朕志，若否，罔有弗钦！无总于货宝，生生自庸。式敷民德，永肩一心。（《尚书·盘庚下》）

盘庚迁殷虽然艰难，但成功避开了水患和宗族内部斗争的混乱局面，并在一定程度上遏制了奢靡之风，稳固了商王朝的统治，为后来的武丁中兴奠定了坚实的基础。

盘庚所迁殷就是 1999 年发现的位于河南省安阳市洹河北岸，与殷墟宫殿宗庙区隔河相望的洹北商城。[105] 该商城地处太行山东麓山前平原，南滨洹河，北临漳河，东望黄河（古道），西南紧邻后来的殷墟，二者略有重叠。

洹北商城在选址上充分体现了营建者对生态环境、自然资源、地理位置等因素的全盘考虑。在修建时，又有意识地进行了功能区的划分，利用自然资源和城墙，有针对性地设置了防御设施，形成了有效的防御体系，但在布局上尚未出现成熟的中轴线系统。

洹北商城由外城、宫城、西南角小城以及城内的大型夯土建筑群组成。外城平面略呈方形。城墙南北长 2200 米，东西宽 2150 米，面积约 473 万平方米。宫城位于外城南部略偏东，平面呈长方形，方向与外城一致，城墙南北长795米，东西宽超过515米，面积40余万平方米。宫城内已探明有30多座大型夯土建筑基址。城址北部、宫殿区以北近200万平方米的范围内，分布有密集的居民点。房址、墓葬、灰坑、水井等密布其间。城外西南部侯家庄西北冈和武官村一带是王陵区，因其部分墓葬时间可早至洹北商城时代，所以，不排除在这个时期，这一带已开始作为王陵区使用了。

洹北商城遗址的年代略晚于洛阳偃师商城及郑州商城的早商文化，早于传统意义上的殷墟晚商文化，与盘庚及其之后的小辛、小乙属于同一个时代。换言之，洹北商城作为盘庚所迁殷亳，先后经历了盘庚、小辛、小乙三个时期。

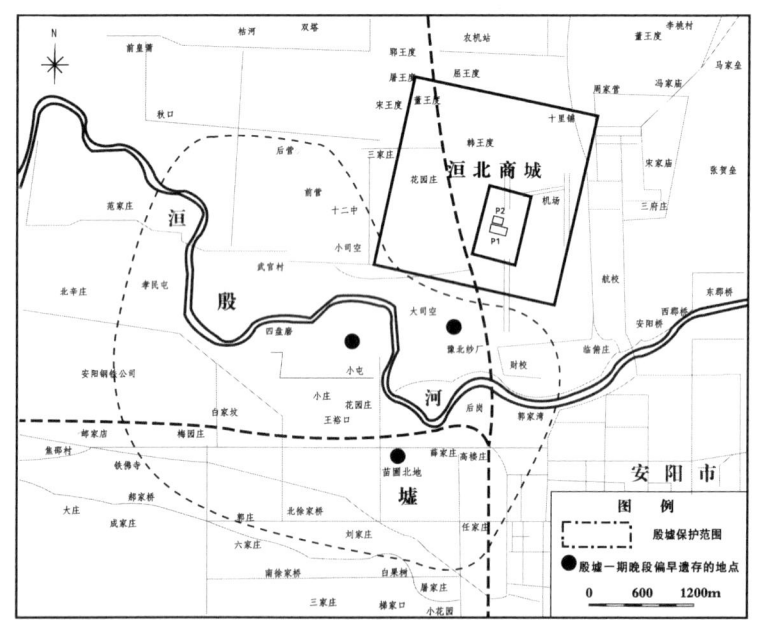

▲ 洹北商城与殷墟位置示意图[106]

根据《古本竹书纪年》，盘庚迁殷是在盘庚十四年，殷都的营建是在盘庚迁殷之后第二年，所以从营建程序来说，必然是先营建宫殿、宫城，及其外围居住点，最后才是外城。也就是先要建筑盘庚及其王族所要居住和办公的王室、宫廷，再建造一般贵族和平民居住的房屋，最后才考虑外围城墙的建设。事实上，从现有的考古资料看，洹北商城的营建确实是这么一个顺序。107

或许正如盘庚告诫众官员时所说，由于水患问题不得不迁都，所以盘庚把洹北商城定为新都时，首先考虑的问题就是防止水灾。安阳洹滨一带，地势北高南低，洹北商城恰恰处于地势较高的洹水北岸花园庄一带，这让我们隐隐约约地看到了盘庚那种"一朝被蛇咬，十年怕井绳"的心理阴影。但是这种远离水源的城建虽然成功避免了水灾，但却疏忽了防火的基本要求，以至若干年后，这座承载着累累文化基因的大都邑，竟被一把火烧成了一片废墟。

《尚书·盘庚》记载，盘庚迁殷后，在建设新都时做的第一件事就是奠居正位，即用人、兽作为牺牲奠基并测定建筑物方位。洹北商城西城墙基槽中就发现有集中放置的完整的狗骨架、猪头骨和卜骨等。

考古工作者通过对洹北商城一、二号夯土基址布局的复原以及对所发现的大量祭祀遗存的分析，并结合对武丁卜辞的考证，推断面积达1.6万平方米的一号宫殿基址是盘庚为成汤至祖丁等九王所建的宗庙，面积5992平方米的二号宫殿基址则是后来武丁为阳甲、盘庚、小辛和小乙四王所建的宗庙。108

还有一种观点认为，郑州小双桥遗址为中丁所迁之"隞"，洹北商城为河亶甲所居之"相"，但这种观点难以解决盘庚至帝辛8代商王在殷墟具体时段划分等问题，自相矛盾之处甚多，在学界难以获得广泛认同，暂时存疑。

殷墟和晚商之都

19世纪末叶，甲骨文被发现以后，中国学人一直致力于寻找甲骨文的出土地，但那些贩卖甲骨文的古董商人为了从中渔利，故意隐瞒甲骨出土地，谎称来自河南汤阴。后来罗振玉经过多方打探并亲自下去查询后，才在1908年确定了甲骨的出土地是在安阳洹河之滨的小屯村。

在以傅斯年为首一批中国学人的推动下，1928年，中央研究院成立历史语言研究所考古组，由董作宾、李济、梁思永等人主持带队，对小屯村一带进行了长达10年15次的考古发掘，不仅先后发现了总计24900多片甲骨，而且发现了晚商时期的宫殿、宗庙和王陵区，出土了大量珍贵的铜器、玉器、陶器等，从物质文化上提供了殷墟为晚商王都的证据，商朝也因此由传说变成了信史。殷墟的发掘还成为中国考古学诞生的标志。1937年夏，因抗日战争爆发，殷墟的发掘工作才不得不告一段落。

1950年，新成立的中国科学院考古研究所（中国社会科学院考古研究所前身）恢复了中断13年的殷墟考古发掘工作，并由郭宝钧主持发掘了著名的武官村大墓。

1958年，中国科学院在安阳设立考古研究所安阳工作站，专门负责殷墟的田野勘探与发掘工作。至2022年，经过数十次连续不断的发掘，发现了相关的遗址、遗迹，出土了数以万计的文物，一个大致完整的殷墟面貌开始呈现在世人面前。[109]

▲ 安阳殷墟

殷墟位于安阳市西北郊，脚跨洹河两岸，东北部有一小部分与洹北商城略为重叠，因《史记·殷本纪》等古籍称该地为"殷"而得名。广义上的殷墟包括洹北商城在内，是盘庚至帝辛8代12王所在都城，狭义上的殷墟不包括洹北商城，是指武丁至帝辛7代9王所在都城，"夏商周断代工程"推定时间为公元前1250~前1046年。

殷墟遗址总面积大约3600万平方米，比郑州商城大了将近2倍，是成汤西亳偃师商城一期面积的42倍，相当于5042个105米×68米的国际标准足球场。宫殿宗庙区设置在遗址中部靠北小屯一带，南北长1100米，东西宽650米，面积约70万平方米。宫殿区迄今已经发现大大小小的基址 100 多处、道路遗迹 6 处、苑池遗迹 2 处,其中一处苑池遗迹面积达到了 5 万平方米。还发现有复杂多样的祭祀遗存、大型活动场所、防御性环壕、青铜器等各类手工业作坊区、倾倒生活垃圾的灰土堆积区,以及数量众多的灰坑、窖穴、水井、半地穴式房基和中小型墓葬等。王陵区位于洹河北岸西北冈上,周围分布有一些贵族墓葬和祭祀坑。

殷墟作为晚商大都邑,同此前作为早商都邑的偃师商城和郑州商城有着明显不同的特点,一是迄今没有发现城墙,但却在宫殿区周围和遗址其他地方发现有壕沟环绕的遗迹,说明商人在殷墟时期可能已经不再建筑城墙而利用壕沟作防护了。这一方面固然是省时省力,另一方面可能也同当时的商王朝取得绝对统治地位变得强大自信有关;二是除了宫殿区稍微特殊以外,整个遗址没有明确的功能区划分,似乎是由几十个功能小而全的居民社区组成,每个社区均具备房屋、窖穴、水井、道路、排储水系统等要素。另外,像制造青铜器、陶器、玉石器和骨器的作坊也都是遍布于整个遗址的各个小区。

这种布局是一种大邑聚落的形态,也就是说,殷墟是通过星罗棋布的小族邑环拱着王族宫殿区而构成的一个都邑系统。王族宫殿区是殷墟大邑商的核心,是都城的心脏。在王族宫殿区周围近 3000 万平方米的王畿范围内向心式地层层分布着各族族邑,这层层族邑互相沟通联结,形成了一道道看似没有但实际存在的聚落人墙,起到了城墙才能起到的屏障防御作用。

殷墟城内的各个族邑,都是相对独立的聚落单元,每个族邑都有一定的势力范围。在近年来的殷墟勘探和发掘中,发现不少沟状遗迹,可能兼具各族邑聚落的空间划分和防御功能,包括王族城邑在内的各个族邑都是居住区、生产区和墓地的综合体,换言之,这些分别属于不同族邑的人生前聚族而居,死后也同样合族而葬于其所属邑区。目前所见,唯一例外的是殷墟西北冈的王陵区,这是一处专门埋葬商王、贵族,以及用来举行祭祀礼仪的场所。

1967~1977年,在殷墟西区近30万平方米的范围内,曾陆续发掘939座小型墓葬,其中分布在8个不同墓区的900座墓,都随葬有数量不等的物品。各个墓区之间界限分明,其葬俗、随葬器物特征和铭文都各不相同。出土的数百件青铜器中,有43件刻有铭文,大多为图形文字,有一些和商代的族名相同,因此基本可以判定,这些图形文字就是所在区域的各族族徽。[110] 譬如,距离殷墟10公里左右的辛店村墓地,除了发掘出居址以外,还出土了铸铜作坊。墓葬铜器"族徽"显示,这里是一个与"天""戈"相关的族邑所在地。再如邵家棚遗址,位于殷墟宫殿区南部约2.5公里处,是一处商代晚期聚落,遗址内发现由18座房址组成的三组多进式院落,以及由1座"中"字形大墓、23座中小型墓葬、4座车马坑组成的墓地,墓葬内出土多件带有"册"字铭文的青铜器,显示邵家棚遗址可能为晚商时期史官"册"族居住地。[111]

这些墓葬绝大多数有棺,除了随葬有青铜器外,还和其他低一级的墓一样,随葬有陶觚、陶爵等礼器以及兵器、工具等。少数还有1~2个殉人,说明其主人可能是中低级贵族,也是这一族邑的首领。他们有权利代表本族参与商王朝重大的政治、宗教活动。

殷墟除发现大量的青铜器、玉石器、象牙器和骨器外,最重要的是发现了甲骨卜辞和青铜铭文所揭示的完备的文字系统,这在中国历史上是第一次,表明中国已经进入了有文字记载的历史时期。甲骨卜辞的出土印证了古代文献关于商王朝世系的记载,也给我们展示了晚

▲ 殷墟青铜器所见铭文主要是族徽

商时期丰富多彩的社会图景。

从殷墟发掘的墓葬情况观察，晚商社会是个高度分层的社会。墓葬类型表明，在殷墟至少存在着 6 个不同的社会阶层。位于宫殿宗庙区的妇好墓就发现有 1928 件随葬品，包括青铜器、玉石器、陶器、蚌器和象牙器等。另一座位于王陵东区之南编号为 M260 的墓，虽然已被盗掘，但这座墓内所剩随葬品种类和部分器类数量，仍然大大超过了保存完好的妇好墓。

M260 墓内劫余 7 种骨雕器物，妇好墓仅有 5 种；M260 墓有 251 颗骨质箭头，而以军事才能闻名的妇好才有 29 颗；M260 墓有 38 位人牲殉葬，而妇好墓只有 16 人；M260 墓中随葬的司母戊大方鼎从体积大小和铸造技术上说，也是妇好墓中的司母辛方鼎所难以比肩的。总体而言，M260 墓的墓葬形制、容积、墓道，在规模和档次上，都超过了妇好墓。[112] 因司母戊大方鼎内壁有"司母戊"三个字，学界一般认为墓主人是武丁另一个妻子妣戊，即妇姘。"司"同"祀"，是祭祀的意思。(也有学者认为"司"应为"后"，"司母戊"应该是"后母戊"，后即帝王正妻的意思。) 因司母戊大方鼎是武丁之子祖庚或祖甲即位以后为祭祀其母所铸，所以这座墓也应当是祖庚或祖甲为其母妇姘所建。[113]

从这个意义上讲，妇妌墓的规格超过妇好墓也在情理之中。毕竟，"王后"和"亲母太后"的分量还是不太一样。

另外，像发现在花园庄的 M56 号墓葬，主人是一军事首领，其随葬品也达到了 1600 件之多，主要还都是属于高等级的青铜器、玉器一类礼器。[114] 殷墟平民墓大多是以氏族或家族的形式在族邑内成片分布，墓葬等级差别明显。青铜器这一类礼器大部分出土于大中型贵族墓葬，少量出自祭祀坑，除了司母戊鼎和司母辛方鼎外，著名的还有牛方鼎、鹿方鼎、妇好三联甗、戍嗣子鼎等。

从已有材料看，殷墟主要的居住方式为半地穴式建筑和较小型的地面夯土建筑，只有贵族才能居住于大型地面"四合院"式住宅或高等级宫殿之中。

以殷墟遗址为代表的晚商文化层系长时间堆积而成，大致可以分为四期。

第一期，约当盘庚至武丁早期，其中早段为盘庚、小辛、小乙时期，晚段为武丁早期。

第二期，约当武丁晚期至祖庚、祖甲时期，其中早段上限到武丁晚期，晚段为祖庚、祖甲时期。

第三期，约当廪辛、康丁、武乙、文丁时期。

第四期，约当于最后两任商王帝乙、帝辛时期。

在殷墟第一期早段末，也就是小乙和武丁交接前后时，洹北商城宫殿区出现了失火现象。或许是商城距离洹河较远，没有更多的水源可以用来及时扑灭大火，致使这场大火越烧越旺。我们无法想象当时在这场火灾中有多少生命被烧成了灰烬，但 3250 年后的考古场景，也还让我们有些不寒而栗：洹北商城宫殿区夯土基址上至今还普遍存在着大面积的红烧土，而且洹北商城在城墙及其他功能区还未建成时就被弃置不用，重新把宫殿区规划在了洹河以南小屯一带。

▲ 殷墟Ⅰ号宫殿基址（航拍）

▲ 殷墟Ⅰ、Ⅱ号宫殿建筑复原图

小屯在洹北商城时期，属于殷都的外围地区，仅是个包括居住区、小型墓地和手工业作坊在内的普通居民点。殷墟一期晚段，也就是商王武丁前期，都城重心才由洹北商城迁到了这里，属于宫殿区的大量基址开始出现。[115]

把殷墟和洹北商城做一对比，我们会发现，二者选址的理念和建筑的构思还是有些不同的。二者均选择地势较高的区域作为宫殿区，对水患有明确的预防意识，不同的是，洹北商城的选址虽然考虑到了水患的影响，但似乎并没有对防火采取足够的措施，而殷墟宫殿区内不但有建筑考究、纵横交错的给排水系统，而且是临河而建。显然，洹北商城失火给了武丁铭心刻骨的教训。

另外，从殷墟遗址的分布图中可以看出，在殷墟的东北部和洹北商城交界地方，殷墟遗址明显是向内收缩，似乎在有意避开原来洹北商城，二者虽有重叠，但面积极小。商人讲究迷信，或许他们认为洹北商城被大火焚烧，不吉利，故此要极力避开。

殷墟自早到晚经历了规模由小到大，人口由少到多这样一个过程。第一期时，面积只有400万平方米，小屯是宫殿区所在的都邑中心。各族邑在这一时期分布较为稀疏，族邑聚落间出现了很大的空白地带；第二期遗址面积扩大，宫殿区西北侯家庄王陵区启用，同时新增了许多居民点，苗圃北地和孝民屯的铸铜作坊以及大司空村的制骨作坊，也都陆续出现。由于居民点和手工业作坊的增多，各个"点"逐渐连成"面"，形成了整个都邑平面的基本布局；第三、四期时，宫殿王陵区仍然是整个遗址的中心，王陵区出现了多座大墓，铸铜作坊的规模也明显扩大，还出现了新的制骨作坊和玉石器制作场。居民点数量和遗址面积进一步增加，整个殷墟面积扩展到3600万平方米以上。遗址内复杂的道路将宫殿区、众多的族邑和手工业作坊相互勾连，形成了一个庞大的城市网络系统。

商代 17 世 30 王

《左传》云："国之大事，在祀与戎。"意思是说，在上古时期，国家最重要的两件大事是祭祀与战争。"祀"即祭祀，是指祭拜天地和祖先，目的是感恩并祈求上帝和祖先神灵的护佑；"戎"即战争，是用来保卫国家不为外敌所灭，乃国家走向强盛的必要条件。

祭祀祖先就得记住诸祖先传承顺序及其各自的名号和功德，这就是后人所谓的世系。因为梳理、记忆并宣传世系的工作十分重要，所以在人类社会早期，这些工作主要是由氏族部落首领兼巫师通过口述来完成，由此世代相传，生生不息。

进入文明社会以后，社会分工逐渐明确，史官、瞽蒙也从统治阶级上层分化出来，专掌世系记载、整理和祭祀等事宜。

瞽蒙，是古代乐官，更确切一点说，是盲人乐官。《诗经·周颂·有瞽》云："瞽，蒙也。以为乐官者，目无所见，于音声审也。"换言之，瞽蒙就是以歌舞形式唱诵国家或宗族世系历史的官员。通过史官、瞽蒙记载或口耳相传流传下来的有关典籍便称"世"或"经世"。

《国语·鲁语上》说:"工史书'世',宗祝书'昭穆'。"古代"工"与"巫"相通,"工史"即巫史。"宗祝"是主管祭祀的官员。"昭穆"是宗庙或墓地的辈次排列规则。一般是始祖居中,左昭右穆。父居左为昭,子居右为穆;二四六世为昭,三五七世为穆;先世为昭,后世为穆;长为昭,幼为穆;嫡为昭,庶为穆。如此等等。工史将"世"讲清楚了,宗祝就能在祖庙里排列好诸祖先的左右顺序。

《周礼·春官》记载,小史的职责是"掌邦国之志,奠系世,辨昭穆",瞽蒙的职责是"讽诵诗,世奠系,鼓琴瑟"。这里的"志"是书籍或记录。概而言之,瞽史的工作就是记诵氏族的世数,以便于后续祭祀其祖。《庄子·齐物论》云:"《春秋》经世,先王之志。"《春秋》就是关于先王世系和史事记载的书。

从文献记载和考古观察,自人类进入酋邦直至古国、王国社会以来,族权、王权基本上是由王侯子弟世袭而传,因此,作为政权标志的世系便成了他们抢权接班的法定象征,也因此,接受其所在宗族或古国、王国的世系教育,便成为他们的必修课程。《国语·楚语》记载了春秋时期楚国公族申叔时论贵族教育的九门课程,其中就有"世系":"教之《世》,而为之昭明德而废幽昏焉,以休惧其动。"课程的教授任务主要是由瞽史来承担的:"瞽史教诲,耆艾修之,而后王斟酌焉,是以事行而不悖。""耆艾"在这里是指知识渊博的老年尊长。

为什么"而后王斟酌焉,是以事行而不悖"?那自然是以古为鉴,掌握历史发展的规律,顺潮流而动了。是以卫武公到了95岁,都还要接受"瞽史之导":"昔卫武公年数九十有五矣……临事有瞽史之导,宴居有师工之诵。史不失书,蒙不失诵,以训御之。"(《国语·楚语·左史倚相儆申公子亹》)瞽史的重要性由此可见一斑。

大约到了战国末期，有好事者将各诸侯氏族流传下来的世系合成一书，就是我们今天看到的《世本》，也称作世、世系、世纪、世牒、牒记、谱牒等。"世"是树之枝叶，指世系；"本"是树之根本，表示起源。"本"与"叶"合在一起就构成了一种氏族部落的姓氏树谱。"各部族或国家的历史因此而得以展开，子孙后代据此可以寻根念祖。宗庙祭祀因世系而续，国家政权因世系而存。世系断，则宗庙毁、国家废。"[116]

《世本》全书可分《帝系》《王侯世》《卿大夫世》《氏族》《作篇》《居篇》和《谥法》等十五篇。《帝系》篇记载的是黄帝至尧舜禹等世系；《王侯世》记载的是夏、商、周三代和鲁、齐、晋、秦、楚、宋、卫、陈、蔡、曹、郑、燕、吴等20多个诸侯国的世系；《卿大夫世》记载的则是各诸侯国卿大夫的世系。

西汉时司马迁编纂《史记》，就把《世本》作为了最重要的原始资料，甚至其写作方式也都受到了《世本》的影响。《史记》中的"本纪"即《世本》之"本"，"世家""列传""世表"则是《世本》之"世"。

尽管在文字产生之前，各族群、酋邦和古国的世系大都是口耳相传，但由于中国人自古以来就把祭祀祖先当作日常和政治生活中最重要的一件事情来对待，且有专门的瞽史来掌管，所以基本上能够保证列祖列宗世系传诵的真实性，何况根据《尚书·序》的记载，早在八九千年前的伏羲时代，伏羲氏即"始画八卦，造书契"；并且"结绳以记事"了。

"书契"即刻画符号，是文字的最初形式。河南舞阳贾湖、浙江义乌桥头，以及杭州市萧山跨湖桥等这个时期的遗址都出土了大量具有表象、表意和记事功能的契刻符号，说明这些记载并非空穴来风。我们现在看到的甲骨文、金文和传世文献，各族群的世系之所以如此明了有序，应该与古人对"书契"的发明、使用有一定关系，而不纯粹是靠口口相传。

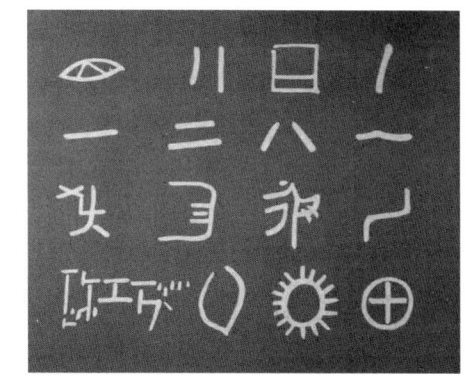

▲ 贾湖遗址出土的龟甲及其刻符

但在文字出现以前，尽管古人已经使用了契刻符号，但这种契刻符号大多为瞽史一类史官所垄断，对其基本含义的释读也只有他们才比较清楚，这可能导致了传承过程中的异变，更多的时候还是得靠一代又一代的口耳相传来补充和校正，这样一来，像错记、漏记、讹传等就难以避免。

20世纪初殷墟甲骨文的发现，为研究文献所记商代世系的正确与否提供了契机。1917年，王国维就是通过用甲骨文证伪《史记·殷本纪》所记殷商世系的方式，先后写成了《殷卜辞中所见先公先王考》及《殷卜辞中所见先公先王续考》两篇著名的论文。随后又在《古史新证》一书中，将这两篇文章的观点系统化，对殷商先公先王世系，做了详尽的考证和阐释，从而证实了《史记·殷本纪》所记殷商先公先王世系大体上是正确的，也就是说，《史记》所据之《世本》全是实录，只是在个别环节上出现了一些问题。[117]

首先是商代先王人数问题。《史记·殷本纪》记载商代从商汤立国至帝辛（即商纣王）灭国，总计有17世31位商王。王国维通过甲骨文记载，又对比《三代世表》及《汉书·古今人表》等古文献，最后得出结论：有商一朝总计先后传承了17世30位商王，其中有14位是通过兄终弟及而上位的。

《史记·殷本纪》之所以错记成31位商王，是司马迁将商汤的长子太丁记在了商王数列之中。实际上，太丁虽是法定的继位人选，但由于早夭，就由其弟外丙继位了。这一点，《史记·殷本纪》也有明确记载："汤崩，太子太丁未立而卒，于是乃立太丁之弟外丙。"

这是一个美丽的错误——某种意义上说，甚至不能叫错误，因为在商代祭祀礼仪中，未即位而夭折的太丁也是排在享受祭祀的商先王序列中的。换句话说，太丁虽未即位，但他是法定的即位人选，潜在的商王名号不能丢。

王国维还考证出，有商一代30位王中，其中在甲骨文中没有现身的有仲壬、沃丁、雍己、河亶甲、沃甲、廪辛、帝乙、帝辛八王。甲骨文出土于殷墟，属于晚商时期，是盘庚至帝乙时所刻祭祀、占卜一类卜辞，没有帝乙、帝辛之名当在情理之中。

其次，《史记·殷本纪》记错了个别先商公的位次顺序。《史

▲《合集》35406：[118] 甲戌翌上甲，乙亥翌匚乙，丙子翌匚丙，□□翌匚丁……

记·殷本纪》记载："（上甲）微卒，子报丁立。报丁卒，子报乙立。报乙卒，子报丙立。"王国维根据商王祖甲创立的"周祭"制度，通过甲骨卜辞研究发现，在商人祭祀商先公先王的顺序中，上甲微之后是报乙，报乙之后是报丙，报丙之后才是报丁："甲戌翌上甲，乙亥翌匚乙，丙子翌匚丙，□（此为缺字，下同，不再声明）□翌匚丁……"

"匚"，是一种祭祀的名字，《史记·殷本纪》也称作"报"，所以匚乙、匚丙、匚丁就分别是报乙、报丙、报丁。翻译过来，这句卜辞大意就是说，甲戌日祭祀名为上甲的祖先，乙亥日祭祀名为匚乙的祖先，丙子日祭祀名为匚丙的祖先。遗失的两个字，当为丁丑，也就是丁丑日祭祀名为匚丁的祖先。

司马迁弄错了这几位先商公的顺序，他说报丁是上甲微的儿子，报乙是报丁的儿子，当然是不对的。根据上述甲骨文刻写的顺序，匚（报）乙才是上甲微的儿子、匚（报）丙的父亲，匚丁是匚（报）丙的儿子、上甲微的曾孙。

"周祭"制度是商王朝第 24 任君主祖甲对旧礼制进行改革的成果。商人提倡报效祖先恩德，因此特别重视对祖宗的祭祀，但之前的祭祀仪式，所祭对象和顺序都比较混乱，没有一定的准则。周祭制度的创立在一定程度上改变了这种状况，其要点有四[119]：

一是周祭先王要按照各先王即位次序的先后顺次进行。

二是所祭祀的商先王、先妣，其祭日的天干日必须与王名、妣名一致。

三是祭祀对象不仅包括所有直系先王及其法定配偶，而且包括旁系先王及虽未继位但确定为王位继承者的王子。

四是轮番祭祀一周，要在一个太阳年之内完成。

从周祭祀谱来观察，商王父系祖先是从第 8 任先商公上甲微开始的。祖甲这一改革应该是确有所本，因为商先公先王名号自上甲微发生了明显的变化，即上甲微以后，殷人先公先王都以天干为名。而上甲微以前诸先公，无一例是以天干为名者。

需要说明的是，就十天干而言，甲、乙、丙、丁之后，是戊、己、庚、辛，然后才是壬、癸。商王的出生日不可能按照十天干自然排序，死亡之日也不可能按照十天干自然排序，所以，这里的商代先王名都是祭名，也就是后世所说的皇帝死后追赠的谥号。王国维因此认为，以上甲微为界，之前的商先公属神话传说性质，而之后的商先王则是史实。

再次，《史记·殷本纪》所记先商公世系中漏记了王恒一世。《史记·殷本纪》载："冥（王季）卒，子振（王亥）立。振（王亥）卒，子（上甲）微立。"但王国维根据甲骨卜辞和《山海经》《楚辞》的记载指出，司马迁在冥（王季）和子振（王亥）之间少记了一个商先公王恒。王亥和王恒乃兄弟关系。

综合清华简《保训》《竹书纪年》《山海经》等记载，冥死后，或许是因为原封地商丘毁于洪水，无法居住，后继的先商第七任首领王亥便率领族人迁至殷地。王亥在部落农业快速发展的基础上大力驯养牛、马，并开始使用牛车作为运输工具，促进了贸易的发展，有效缓解了农牧产品过剩问题。王亥开创了商业贸易的先河，这成为"商人"一词的肇始。

有一次，王亥同其兄弟王恒等，驾上载着货物的牛车，前往北方有易部落所在的易水一带去"做买卖"。王亥在有易放牧牛羊，以干舞引诱有易女。有易君绵臣在盛怒之下杀死王亥，并抢走了王亥的牛车和货物。但之后不久，绵臣却把抢走的"仆牛"还给了王亥的弟弟王恒。王恒安全返回，继承了王亥的王位。

王恒继位4年，考虑的都是如何谋求"大国"的公认，坐稳王位，不见有为王亥复仇的任何动向。王亥之子上甲微觉得事情蹊跷，就下决心前往有易部落进行调查，要为父王的死讨个说法。

《天问》记载，上甲微沿着王亥行商路线追查王亥死因，让有易君绵臣惶恐不安。王亥被害4年以后，上甲微最终查清了王亥系绵臣所杀，而且同王恒有一定关系，便借河伯之师讨伐有易，纵兵虐杀，有易部落就此绝灭。上甲微凯旋，从王恒手中夺回王权，成为商族新一代领袖。

王国维的考证，总体上证明了《史记·殷本纪》等古文献所记载的殷商世系大体上是可靠的，从而肯定了殷商民族自先商时期的上甲微开始，直至商亡共六百余年文明史的真实性。

王国维之后，吴其昌、董作宾、郭沫若、陈梦家、胡厚宣等人，结合不断新出的考古成果，对甲骨卜辞和文献中的商代世系作了进一步的深入研究，从而使得越来越多的殷商史实呈现在世人面前。

商代的吃人习俗

从文献看,商代的食人传说集中在商纣王的身上,主要有四件事,一是商纣杀梅伯而制肉酱;二是商纣杀鬼侯而制肉干;三是商纣将九侯之女杀掉制成肉干,并烹杀九侯,又因鄂侯为九侯强辩而将鄂侯杀死制成肉干;四是杀掉周文王长子伯考邑制成肉羹,逼迫周文王吃下去。

商纣杀梅伯而制肉酱一事,屈原的《天问》和吕不韦主编的《吕氏春秋·行论》都有记载,但都很简单,就一句话,分别是"梅伯受醢,箕子详狂"和"(纣)杀梅伯而醢之"。

文中的"梅伯"是商王朝的一位诸侯。"醢"是把人杀死后剁成肉酱的一种酷刑。

商纣杀鬼侯而制肉干一事,也是来自《吕氏春秋·行论》:"杀鬼侯而脯之。""脯"在这里作动词,就是制成肉干的意思。

商纣将九侯之女杀掉制成肉干,并烹杀九侯一事,主要来自东汉王符的《潜夫论》:九侯听说纣好色,就把自己的女儿献了出去,纣王惊为天人,喜不自禁。妲己害怕因此失去纣的宠爱,就对纣说,九侯不道,欲以此迷惑君王。王若不诛之,何以为后人表率?纣闻言大怒,立即令手下将此女杀死,制成肉干,同时"烹九侯"。"自此之后,天下有美女者,乃皆重室昼闭,唯恐纣之闻也。"

"烹"是一种制作菜肴的方法,就是用锅煮,或者是先用热油炸或煎,然后加入调味汁,在旺火中迅速搅拌,使汁液快速收干。

对这件事,时间更早的司马迁在《史记·殷本纪》中的记载与《潜夫论》有所不同:"九侯有好女,入之纣。九侯女不喜淫,纣怒,杀之,而醢九侯。鄂侯争之强,辨之疾,并脯鄂侯。"

《史记·殷本纪》一是仅提及商纣杀掉了九侯之女,并未说商纣将她制成肉干一事;二是说商纣将九侯剁成了肉酱,并非"烹"杀;三是特别增加了一个鄂侯为九侯发声而被商纣制成肉干的情节。

关于商纣杀掉周文王长子制成肉羹逼迫文王吃下去一事,见于《帝王世纪》等典籍,内容大同小异。《帝王世纪》云:"囚文王,文王之长子曰伯邑考,质于殷,为纣御,纣烹为羹,赐文王,曰'圣人当不食其子羹'。文王食之。纣曰'谁谓西伯圣者?食其子羹尚不知也'。"大意是说,商纣派人把文王囚禁起来,彼时,周文王的长子作为人质羁留在商王廷,为商纣驾车。纣为了教训和试探文王,就把文王的长子伯邑考杀掉,并且烹为肉羹,赐给文王吃。纣说:"圣人应该不会吃用他儿子肉做的羹汤。"文王还是强忍悲痛吃了下去。纣阴笑着说:"谁说西伯是圣人?吃了用他儿子肉做的羹汤还不知道。"

关于商纣吃人肉的事情一般认为是传说,一是因为这些文献所记都是殷商亡国七八百年乃至千年以后的追记,本质上属于传说;二是因为吃人肉过于残忍,是远古野蛮社会才可能发生的情况,商朝已经进入生产力较为发达的文明社会,不太可能会有吃人的事情发生。所以后世的学者们普遍认为，商纣吃人肉完全是加在商纣王身上的污蔑之词。

商纣到底是不是有吃人的事情，现在还无法证明，但商王朝存在吃人的现象，甚或可以说是吃人的习俗，从近百年来的考古看，可能确有其事。

1984 年 9 月至 12 月，中国社会科学院考古研究所安阳队在殷墟王陵发掘了一座大墓、一座中型墓和数座祭祀坑。[120] 那座大墓编号为 260，位于王陵东区之南，虽然遭遇严重盗掘，但墓内劫余随葬品种类，仍然大大超过了保存完好的妇好墓，著名的司母戊大方鼎即出于此墓。因司母戊大方鼎内壁有"司母戊"三个字，学界确认墓主人是武丁的妻子妇妌，即乙辛周祭卜辞中的妣戊。

那座中型墓考古学编号为 259，位于妇妌墓东侧约 460 米处，墓口长 3.5 米，宽 1.6 米，墓室面积不到 9 平方米，远远低于妇妌墓室的 22 平方米。这座墓也经过了盗扰，墓主人骨架已被扰乱。墓中总计发现用以祭祀和殉葬的人骨架有 16 具，除 1 具为儿童外，其余都是成年人。这 16 具人骨中，有 14 具的人头骨依序摆放在墓内东西二层平台上，其残肢被横七竖八地乱扔在墓葬东西两边的祭祀坑内。

尽管经过盗扰，墓中还是出土了甗、鼎、盘、铸、钺、戈等青铜器 21 件。其中鼎、钺都是主人具有较高身份地位的标志，尤其是钺，在古代是握有军权的象征。联系到该墓处于王陵之中，且紧挨着武丁王后妣戊墓，说明墓主人是殷商王室内一个掌握军权的重要成员。

墓底出土了 1 件青铜甗，里面竟赫然放着一颗像是蒸煮过的人头骨！青铜甗的甗部已被压坏，大口，深腹，束腰，袋足分档。甗颈饰有三周的凸弦纹，袋足饰有兽面纹浮雕。高47.5厘米，直径34.3厘米。

甗是古代的一种蒸食炊具，可分为两部分，下半部是鬲，用于煮水，上半部是甑，即笼屉，笼屉底部带有网眼，用来放置食物，可通蒸汽。

这种情况，考古人员以前没有遇到过，都以为是摆放在二层平

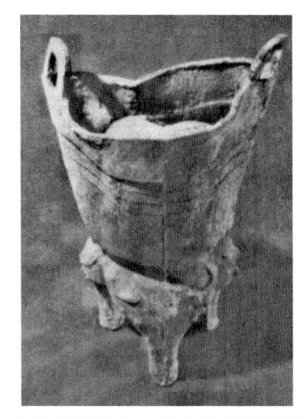

▲ 259号墓盛放一颗人头的青铜甗[121]

台上的人头骨滚落下来的结果，所以就没有当回事，没有对这颗头颅做进一步的鉴定。但这种刺激脑神经细胞的事情，他们怎么能轻易忘掉呢？

一晃15年就过去了，没想到，他们在殷墟发掘中再次遇到了同样的情况。1999年，中国社会科学院考古研究所安阳队在殷墟刘家庄北聚落遗址发掘出1座编号为1046的墓葬。[122] 随葬有各种铜器80多件，其中铜戈和铜矛就有50多件，此外，还有大量的玉器和陶器等。

这座墓共殉葬6人，编号为A、B的两具人骨架分别置于棺椁之间的南、北两侧。A是一具无头骨架，但在骨架头部位置放着一件青铜甗，里边也赫然放有一颗人头，面部朝上，下颌骨与A骨架的颈椎骨正好互相对应。考古人员由此推断，这颗人头就是A的头颅。A骨架呈仰身直肢状，双腿交错，两脚朝西。右臂上下发现有2贝和5文蛤的货贝。青铜甗内壁上刻有铭文"亚丮"，表明了墓主人的身份。一般认为，"亚"是商朝一种武官名称，通常由诸侯担任。"丮"为其族名。因为该墓随葬的方彝盖铭为"亚它丮"，所以"它"应该是墓主人之名

商代的吃人习俗

▲ 1046号墓盛放一颗人头的青铜甗

或其所在支族的名称。

由于殉人A、B位于棺椁之间，随葬品为贝、文蛤、铜箍一类，并不见兵器，考古人员判断这两人均为年轻女性，生前系墓主人的贴身侍女。

1999年刘家庄出土的这件盛放人头的青铜甗比起1984年在殷墟王陵发掘的那件，尺寸稍小一些，高36厘米，口部直径22.4厘米，其他大同小异。这种情况也符合一般常理，毕竟1984年在殷墟王陵发掘的那件青铜甗是商王室重要军事首领的随葬品，而刘家庄出土的这件主人只是一个部族首领，二者还是有等级差异的。

鉴定结果表明，刘家庄1046号墓出土的这颗头颅系一名十四五岁的少女的。她并非中原人，而是来自殷墟东南一带的淮河流域；她的牙齿也没有龋齿现象，意味着她在生前的主要食物属蛋白质一类而非淀粉，她应该是出生在一个贵族之家。[123]

淮河流域在商朝是夷人居住活动的主要地方之一，在大的分类上属于东夷族群，历史上一般称为淮夷。商王朝最后两任商王帝乙、帝辛（商纣王）时期，由于周人崛起成为商王朝在西北方的代理人，替商王守住了西北疆的大门，帝乙和商纣就逐渐将精力放在了征伐东南方叛乱的夷人身上。

文献和甲骨卜辞都有不少这方面的记载，文献方面，如《国语·晋语》记载，帝辛二年，纣发动大军攻打有苏氏部落。有苏氏抵挡不住商军进攻，就选择投降，献出美女妲己。有苏氏部落原初地在今河南省焦作市温县一带，属夷人传统的居住活动地区。《左传·昭公四年》记载："商纣为黎之蒐，东夷叛之。"《吕氏春秋·仲夏纪·古乐》也有这方面的记载："商人服象，为虐于东夷。"

甲骨卜辞显示，帝乙和商纣时期，商王曾对商东、南部的人方（夷方）、尸方进行了多次征伐，其中出征规模最大的一次是"十祀征人方"。[124] 从当年的 9 月一直持续到次年的 4 月，历时 7 个月方才凯旋。甲骨文记载这次征伐的地名中明确出现了"淮"字[125]，"淮"在这里当然只能代表的是淮河或淮河流域。

上述刘家庄 1046 号墓那个头颅被蒸煮的少女就是来自淮夷，意味着她很可能是殷师南征所虏获的淮夷某支反叛首领之女，而墓主人可能是俘虏她的那支殷师将帅。先是让她做墓主人的侍女，墓主人死了之后，又将她作为人牲殉葬。

问题是，为什么前后发现的这两颗头颅都同样盛放在作为蒸煮器的青铜甗里边呢？难道真是传说中的"食人"情况吗？仔细观察刘家庄 1046 号墓出土的这颗头颅发现，其颜色较为灰暗，断茬较为整齐，而一般情况下，殷墟出土的人头大都呈现的是光润的棕黄色，头骨断茬呈现的是高低起伏的锯齿状，说明这颗头颅是用开水煮过的。[126] 联系商纣王将九侯之女杀死制成肉干等传说记载来看，在商王室及其下属方国或部族贵族之中，可能真的存在食人现象。

给这一推测提供进一步证据的是老牛坡商代遗址出土的人体残骨。老牛坡遗址[127] 位于陕西省西安市灞桥区洪庆街办燎原村，南临灞水，北依白鹿原，面积约 100 万平方米，是一处跨越整个商代并以商文化堆积为主的大型遗址，是商王朝在关中地区设立的一个方国，但到底是哪个方国，目前尚无明确的答案。考古人员在老牛坡相当于商王武丁时期的 4 个垃圾坑里，发现了大量人骨与猪狗等动物骨头混杂在一起的现象。

编号为 H5 的垃圾坑有两具残缺的人体骨骸与残碎的猪狗骨头混埋在一起。H17 是一个完整的人头骨，紧挨在旁边的是一片草木灰，灰烬中乱扔着不少烧过的包括鹿角在内的动物骨骼和红烧土块。H19 是一具头颅和身体均残缺不全的人骨架，与其混杂在一起的还有鹿角、其他动物碎骨、河卵石和成堆的烧土灰烬。

最为特殊的是编号为 H8 的垃圾坑，这是由甲、乙两个垃圾坑连起来的一座大型垃圾坑，底部同样发现有许多人骨同猪、狗、牛等动物骨头混杂在一起。与上述垃圾坑不同的是，这座垃圾坑不仅在底层发现有人骨，而且是每层都有，这意味着，这种杀人行为伴随了垃圾坑整个的使用过程，是一个连续性的行为。更重要的是，"人骨都是零碎的，且和其他家畜骨骼混杂在一起，具有吃完以后被遗弃的特征。或许，H8 周边的人家有吃人肉的习惯，而且持续了很长时间，否则难以形成这种遍布垃圾的人骨堆积"。[128]

这个区域一般认为是商王朝殖民者贵族居住区，食人者主体当然也就是这些贵族了，但是因为垃圾坑中也发现了刀、镰、凿等石器工具和本地传统的花边口沿陶罐，不排除处于下层的当地土著居民也有过吃人肉的行为；但由于在该区域相当于商王武丁时期总共发现了 19 处垃圾坑，而有人骨混杂的只有上述 4 个，说明食用人肉者也只是少数一部分人。

▲ 新安庄遗址 2007AXAH221 号垃圾坑内人骨与牛马狗猪骨头杂乱地扔在一起 [129]

类似的情况，也发生在殷墟新安庄遗址中。[130] 新安庄遗址位于安阳市殷都区西郊乡、安钢大道南侧，是一处比较完整的商代某族邑居住生活区。在一座编号为 2007AXAH221 的垃圾坑第二层底部，发现有许多人骨与牛、马、狗、猪等动物骨头杂乱地扔在一起，几乎不见完整的个体。保存较好的有数具无头马骨和数具叠压在一起的不完整的人骨。第三层也发现了少量的人骨和一些陶片、兽骨。根据发掘简报，该垃圾坑最初可能是作为一处大型取土坑使用的，后来才变成了垃圾坑，其具体使用年代大概在殷墟三、四期。

不仅如此，商代末年青铜器"作册般甗"也给商代食人这一推测提供了更为有力的证据。其铭文记述了商末一次征伐人方（夷方）后，商王赏赐作册者"般"以货贝，"般"用这些货贝为父己铸造这件青铜甗的经过。器内壁铸有铭文 3 行 20 字：

王宜人方无斁。咸。王赏作册般贝，用作父己尊。来册。

商代的吃人习俗

▲ "作册般甗"及其铭文

"作册"是商代史官名称，"般"为人名。铭文大意是说，一名叫"无敄"的夷人首领成了商人的俘虏，被商王"宜""咸"掉了。"宜"，甲骨文字形像是案板上放着剁碎的肉渣，即剁成肉酱的意思[131]；"咸"，甲骨文字形像一把钺和一张嘴，表示剁肉吃。从这个意义上讲，"无敄"就是被商王剁成肉酱吃了。[132]

其实，在青铜甗发现人头骨这种情况不止上述两例，按殷墟主要发掘者之一何毓灵先生的说法，至少有三到四例，只是因为没有发表相应的考古发掘报告不为外人所知罢了。[133]

考虑到1984年发掘的259号墓属于殷墟二期——约为武丁晚期至祖庚、祖甲时期，1999年发掘的1046号墓属于殷墟四期——最后两任商王帝乙、帝辛时期，再联系到上述例子都发生在殷墟王陵和各诸侯贵族之间，那么，商王朝这种吃人肉的现象极有可能是流传在商王朝贵族阶层之间的一种久远的风俗。

人祭人殉和食人现象在世界各地文明发展过程中大都出现过。人祭就是献给上帝食用的人牲，是献祭者认为最高级的牺牲——供祭祀用的纯色全体牲畜。《国语·周语上》说："使太宰以祝、史帅狸姓，奉牺牲、粢盛、玉帛往献焉，无有祈也。"郑玄注："牺牲，毛羽完具也。"

在奉行武力镇压的商王朝统治者眼里，所有的敌人都是牲畜。在甲骨文中，"羌"字的写法，从羊，是一个男人的身子顶着一颗羊头。"姜"的甲骨文，也是从羊，是一个面朝左面羊头跪坐的女人，或者是一个跪坐的女人的身子顶着一颗羊头。《说文解字》云"姜，从女羊声。男羌为羌，女羌为姜"；"狄"字的写法，从犬，左边是个成年男子，右边是一条狗，似可看作一条豢养的猎狗。因为商人身上流淌有东方"夷"人的血液，与"夷"人拥有共同的祖先帝喾，所以，"夷"字的甲骨文写法，就是从大，从弓，意思是持弓的大人——所谓天大，地大，人亦大。

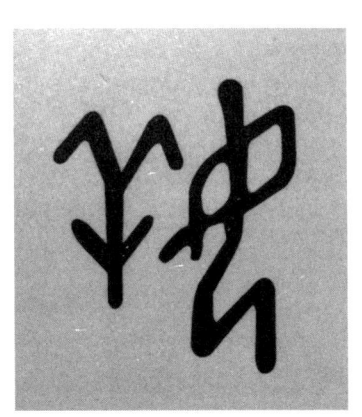

▲ "姜"的甲骨文写法

《竹书纪年》记载，周文王的父亲季历于商王文丁四年，率周师东进太行山南麓的晋东南地区，征伐余无戎，取得胜利，文丁听到这一消息，毫不犹豫，即刻赐封季历为"牧师"。牧在甲骨文中的字形为手执鞭子驱赶牛羊状，从牛或从羊，从彳或从攴，本义是指放牧牲畜。[134]

商人以"牧师"作为边国诸侯首领的称谓，其寓意显而易见，就是要他们替商王猎取"为害"商人的羌人和禽兽，作为牺牲祭献商人祖先，以求得一方平安。所以，晚商时期的牧师就是率领族人以及其他从属于他的人为商王服役，并且有自己武装力量的方国首领[135]，亦即商代地方的州长、伯一类。他们均受商王的统辖。

在商人的思维中，献给上帝的牺牲品质越高，上帝就越能福佑他们，而人无疑是所有牺牲中最高级的一种。在人牲中，也有相应的品级，地位越高、权力越大，他也就越受上帝的欢迎，献祭者因而受到上帝的福佑也就越大。以此逻辑推演，商王朝敌国的国君、州长、伯一类显赫人物及其家属，自然而然就成为他们祭献祖先和天神的首选目标。

一切彼岸的世界都是此岸世界在人们心中的折射反映。上帝喜欢食用的牺牲其实也就是现实中人们喜欢的肉食，因为在生产力水平低下的上古社会，高品质的肉食就是人类可以享用的最高级美味了。古人创造了人牲这个概念，事实上是已经将人肉视为可以享用的美味了，只不过碍于社会文明的制约和他们内心的恐惧负罪感，不敢轻易迈出这一步。但晚商时期，商王一改先王称"王"的习惯而改称"帝"，如帝乙、帝辛，将自己提高到同上帝平等的行列中，就意味着他们可以超越人间的文明法则和伦理说教，享受同上帝一样的待遇了。更何况，面对你死我活的敌人，将他们视作牲畜宰杀，献祭，再吃掉，似乎显得理所当然，不但可以震慑蠢蠢欲动的敌国，而且还能得到群臣百姓的衷心拥戴，激发民族主义情绪，可谓一举多得。

这看似荒唐野蛮的一幕，其实有着一整套潜在的理论依据，当他们迈开这一步的时候，实际上早已经为自己享用人肉打通了思想和心理上的逻辑通道。

血腥弥漫的商代大学

一

我国最早学校的设置情况,从文献看,可以追溯到虞舜至夏商时期。

《礼记·王制》记载:"有虞氏养国老于上庠,养庶老于下庠;夏后氏养国老于东序,养庶老于西序。殷人养国老于右学,养庶老于左学。周人养国老于东胶,养庶老于虞庠:虞庠在国之西郊。"

《孟子》又说:"夏曰校,殷曰序,周曰庠;学则三代共之,皆所以明人伦也。"

"庠"和"序"的最初含义都是养老的地方。"广"是房舍的意思,"广"下放羊,就是"庠",所以,"庠"最初就是指在原始社会中人们看守畜养牛羊的地方。原始社会有敬老的习俗,"庠"到后来便成为养老的机关。

由于这些被养的"老",不管是"国老"还是"庶老",都可以说是贵族统治阶级中有名望、有地位的人,具备一定的知识技能和道德威望，有着丰富的人生和社会经验，统治者便赋予这些老人看守并担负一部分教育儿童和青年的责任，这些地方也就逐渐演变成了有养老和教育双重意义的社会机构。

"序"原是指练习射箭的地方，《孟子》云："序者，射也。"《说文》对"序"的解释是，只有东西墙，没有房屋。因此，"序"在开始时只是有东西墙的一块射箭场地。"序"后来变为养老机构，是因为老年人可以在这里进行射箭锻炼，进而培养年青一代练习射箭技能，所以逐渐又有了教育培训的性质。孟子说"谨庠序之教，申之以孝悌之义"，就是把庠和序都看作了实施孝悌教育的学校。

"校"原是用木做栏格养马的地方，《说文》释之为木囚，后来演变为角斗、校猎、考校和检校等场所，最后才演变成现在意义上的学校，所以，孟子说："校者，教也。"

由于时间久远，关于虞舜时期和夏商周三代已经有了"庠""序"和"校"这些说法，在中国考古学诞生之前，都只是被当作一种传说来对待。即便是考古成果硕果累累的今天，虞舜时期和夏代是否设有学校，也还没有证实，我们暂时存疑。但商代有学校是得到了证明的，不但文献中有在学校任职的师保、大师和少师等名称，而且在甲骨文中也多次出现了"教""学""师"等字样。

这时的"教"已经不仅仅是只教人伦道德，而且还包括习刻文字；"学"既指学的内容、教学的活动，也指教学有一定的场

▲ 《屯南》60:136 于大学寻

所";"师",《尔雅》解释为"众"。人才是集众之所长者,是人们可以学习的榜样,因此可以称"师",乃为人师表的意思。

甲骨文中明确商代学校类型有"大学",如《屯南》60"于大学寻";《礼记·王制》云"殷人养国老于右学",郑玄解释"右学,大学也",所以大学也称为"右学"。《合集》20101"丁巳卜,右学",佐证了这一说法是正确的。

▲ 《合集》20101:丁巳卜,右学

《礼记·明堂》还记载商代有大学、小学之分:"殷人设右学为大学,左学为小学,而作乐于瞽宗。"不过,根据一些学者的考证,商代所谓的大学、小学同我们现在说的大学、小学完全不是一个概念。商代的小学是指地方诸侯或方国举办的学校,至今在考古中没有发现;大学是指中央政府设立的学校,包括"右学"和"瞽宗"。瞽,本意指盲人,《传》云:"无目曰瞽。"古代以目盲者为乐官,所以又成为乐官的代称。瞽宗,原为乐师的宗庙,用作祭祀的场所。祭祀中礼乐相附,瞽宗便逐步演变成了对贵族子弟进行礼乐教育的机构。

商代颇重礼乐教育,故有"商人以乐造士,而命之曰学,又曰瞽宗"(《读四书丛说》)的说法。商代人尚右尚西,把"瞽宗"设在国都南郊明堂西门之外,也就是右边,故也称"瞽宗"为"西学""右学"。

商代的大学在教育方法上更偏向于体验式的实践性教育,所以它的教学人员一般是有资望的年长者和现役的高级官员。《礼记·乐记》

血腥弥漫的商代大学

记载:"食三老五更于大学,所以教诸侯之弟也",郑氏注:"三老五更,互言之耳,皆老人更知三德五事者也。"《周礼·大司乐》也说:"凡有道者、有德者,使教焉。"

有甲骨文显示:"癸巳卜,其乎戍……其教戍。"这里的"教"就是教谕人员,占问商王要不要教谕人员出征、戍守、田猎和训练车马。[137]

甲骨文还有这样一条记载:"呼多束尹次于教·王族。""次",是"师"的初文,"尹"在商代指治理民众的高级官职,相当于后世的宰相,如商代开国名臣伊尹。这句话翻译过来大意是说,商王命令束尹认真负责地教育王族成员。[138]

▲《合集》5617:呼多束尹次于教·王族

商王是商代大学的总教习,相当于现在大学里的校长兼党委书记,不但要审核、制定大学建设、课程设置等规划,而且还亲自到教学第一线执教,如《殷墟花园庄东地甲骨》第37条卜辞,就记载了晚商王室贵族子弟的一次长时间习射及射礼活动。活动从甲午开始,经戊戌、乙巳、丙午、戊申、癸丑,至乙卯后,总计20余天,整个射礼仪程先后在三个地方举行。这条卜辞中有"丙弓""迟弓""疾弓",一般认为是指硬弓射、慢射、快射三种不同的射法,或三种不同类型弓箭的习射方式。习射的目标主要是射飞禽走兽。参加这次习射和射礼的人,有商王和各方贵族阶层成员。习射活动结束前还举行了判割牝牛豕牲并用美酒享祭先祖的盛大仪式。[139]

甲骨文还有一条说的是壬戌日占卜,贞人争问卦,贞问商王是否亲自参加陷猎麋鹿的活动,贞问是否让"多子"参加这次活动[140],说明商王亲自参与的这些涉猎活动,往往也要求贵族学子们一同参加。"多子"在这里指的是王室贵族学子,其中也包括王子或太子在内。

1973年,考古人员在殷墟今小屯村南发现了大量的刻字甲骨,其中一片后来编号为《屯南》662的两条牛骨卜辞显示是,彼时大学总教习留下的关于大学课程安排的事项记录。

第一条:"丁酉卜,今日丁,万其学?"大意是说,丁酉日占卜,今天是丁日,(学生)是学习万舞吗?

第二条:"于来丁乃学?"意思是说,下个丁日再学?

有学者认为,这个大学总教习应该就是商王本人。

或许正是因为有商王本人亲自领导并亲自执教大学,所以商代大学制订有严格的作息制度,学生们不能旷课。如《花东》181:[141]

……庚卜,子心疾,亡延。

意思是说,"子"因为患心疾,不能去学校,其父占卜得到"亡延"的结果后,去向学校请假。

二

综合甲骨文记载来看,商代大学的课程设置主要有以下几类:[142]

一是"舞"。《花东》474记载:"乙丑,子学。辛未,岁祖乙卺,子舞叔。""叔"是族名,在此指该族的舞蹈艺术。"子"是商代的贵族学子。这一记载说明,商代的贵族学子在大学不仅要学习舞蹈,而且还要学以致用,在像祭祀殷商先王这样重要的场合去参加舞蹈表演。

《屯南》662记载了一种叫"万舞"的舞蹈:"丁酉卜,今日丁,万其学?于来丁乃学?于右学。若呐于学。"这是某贵族学子对在这个丁日还是在下一个丁日学舞,以及在什么地方学舞进行的卜问。卜辞里的"万"就是万舞,是一种充满阳刚之气的雄壮有力的集体舞蹈。"今日丁"和"来丁"是指这一个丁日和下一个丁日;"右"是指建筑场所;"呐"是跳舞时的吆喝声。[143]

二是"乐"。"乐"就是歌乐。瞽宗作为对贵族子弟进行礼乐教育的机构,其实就是商代大学的一种。从文献记载看,殷商大学的音乐教育主要有三项功能,一是为统治者歌功颂德,二是为通达神明,三是为统治阶级提供享乐。由此可见,"乐"在整个商代大学课程设置中的重要性。但由于瞽宗没可以具体量化的特殊标志,至今没有发现瞽宗的相关遗迹遗址。不过,出土的甲骨文中却有关于商代贵族学子学习歌乐的明确记载:"甲寅卜,丁永,于子学商。用。丙辰卜,廷奏商,若。用。"[144]这句话的意思是说,"子"在甲寅日学习了名为商的祭祀歌乐,在丙辰日就进行了演奏。

关于"商",《礼记·乐记》记载:"肆直而慈爱者宜歌商;温良而能断者宜歌齐……故商者,五帝之遗声也;商人识之,故谓之商;齐者三代之遗声也,齐人识之,故谓之齐。"

甲骨文关于"奏商"——演奏商乐——的记述很多,如《花东》86、150,《合集》4338、33128等都是这类。《合集》30032记载的是一次"奏商求雨"的过程。

甲骨文关于"奏商"的这些记载印证了文献上的说法并非空穴来风。这类祭祀歌乐都是贵族子弟必须学习的课程,而且往往是根据祭祀实际所需来学习的，实践性很强。

三是擒拿格斗。其中有一种，甲骨文称为"舞戉"，是一种群体性的实战演练，有己方的团队，也有俘虏过来而作垂死挣扎的敌人，参加演练者甚至有伤亡的可能。一条卜辞显示："子弓（勿）惠舞戉，于之？若用，多万有灾……"145 "戉"通钺，是一种古代兵器，似斧而大，刃口呈弧形，长柄。"万"是一种舞蹈，"多万"就是多个舞蹈队员。这句话翻译过来意思是，"子"这次不应该去参加舞钺，因为队员们会遇到灾害。

为避免在"舞戉"中受到伤害，参加"舞戉"的学子们都要事先卜问一下，他们该站到哪个位置更保险一些，是左边、右边，还是中间。占卜结果是，"丁亥卜，子立于左。"146 就是说，"子"立于左边更保险一些。而另一条卜辞显示的是，这次不应当立在队列中部，也不适合砍杀："甲午卜，弜（勿）立中，重（惠）学，弜（勿）示伐"。147

四是骑马。中国最早的驯马和战车发现于殷墟，时值晚商时期，应该还没有骑兵这一说。不过，骑马代步可能已经成为当时王室贵族身份和自身修为的标志。骑马在商代大学可能还是一门很重要的课程，是贵族学子必备的一项技能。因为甲骨卜辞显示，骑马技艺是由商王亲自传授的："王弜教马，亡疾。"商王执教前还要卜问一下天气情况，

▲《合集》13705：王弜教马，亡疾

选择在晴天去教:"庚寅卜,争,贞王其教,不遘(雨)。"[148] "丙寅卜,允贞翌丁卯王其教不冓雨。贞其冓雨,五月。"[149]

五是射箭。习射和射礼是商代大学教育的重要组成部分,甲骨文对此记载较多,也较为详细。上述《安阳殷墟花园庄东地甲骨》第37条卜辞所记晚商王室贵族子弟的一次长时间习射及射礼活动,就是一个经典的例子。

不过,"多子"参加的这些田猎活动虽然收获颇丰,但猎物却多是麋、鹿、鸟等中小型一类动物,不见虎、豹、兕等猛兽。一般认为,这是因为捕获猛兽难免会出现意外,不适合还处于学习阶段的青少年学子们。《合集》10405 就记载了一个"车祸"的故事:甲午这一天,商王去追逐兕牛,小臣调协车马时歪倒了,子央驾驭商王的车子时,也坠落下来。这则卜辞反映了追捕兕牛的凶险情况,也从另一个侧面体现了商王对"多子"的爱护,即大学射礼教育要根据学子们的身体发育情况,区别对待,循序渐进。

根据这些记载可知,习射和射礼不仅仅是作为商代大学的一门重要课程而存在,而且还往往是商王和各贵族阶层成员都要参加的一项军事政治活动。二者常常合二为一,表明商代大学培养学生的目标就是让他们成为未来国家建设的政治军事人才。

六是食礼。甲骨文中有"食多子"[150] "飨多子"字样,可能不仅仅是吃的意思,而是有更深刻的含义,那就是教授这些贵族子弟以"食""飨"之礼仪。这与《诗经·绵蛮》中所谓"饮之食之,教之诲之"有异曲同工之妙,证明《礼记·内则》"凡养老,有虞氏以燕礼,夏后氏以飨礼,殷人以食礼,周人修而兼用之"这一记载并非空穴来风。

"食""飨"之礼仪是殷礼的重要组成部分,举办宴飨活动可以起到礼政教诲与人伦教化的双重目的。举行食礼或飨礼一般在大学之中,《礼记·乐记》记载:"食三老五更于大学,所以教诸侯之弟也。""三老五更"是古代统治者所设群老之席位,用来尊养老人。"弟"同"悌",本义是敬爱兄长,引申为顺从长上。这句话的意思是说,在大学里宴请三老、五更,是为了教育诸侯懂得敬重、顺从长上之道。

▲ 《合集》27649：飨多子

甲骨文中举行宴飨礼的地点多在斈,实际上就是殷商大学的射技训练场所,如《合集》27647:"贞叀多子飨于斈";《合集》27124:"大乙史王饗于斈";《屯南》2470:"甲午卜,王其右祖乙王饗于斈";等等。

"斈"字从"宀"从"射",有学者认为就是后世"榭"的初字:台上架木起屋,故名之榭。"小斈"即为殷商时期的"小序",其构型是"宀"下加"射",因形推意,这个房屋应该就是专供贵族学子们射技训练的场所。[151]

商代的大学可能还设有医学的课程。甲骨文中有一条卜辞显示:"丙子卜,贞多子其(征)学疚,不冓(遘)大雨。"学者过去大多认为这句话的意思是,殷代贵族子弟每日去上学,卜问其返回家时是不是会下雨的事情,也有认为是殷商子弟连续去"征"地学习,卜问会不会下雨。

血腥弥漫的商代大学

阴崔雪博士经过仔细研究考证后认为[152]，上述释读是错误的。她给出的解释是，"征"在这片甲骨中是连续之意，疚是一种针对治疗腹部疾病的祭祀。从多片卜辞的排谱分析看，之所以有此次卜问，是因为商王武丁在甲戌日生了病，需要举行疚祭消除疾病。这为"多子"提供了难得的学习机会，于是（在武丁的允许下），乙亥、丙子连续两日，"多子"学习（治疗腹部疾

▲ 《合集》3250：丙子卜，贞多子其（征）学疚，不菁（遘）大雨

病的）疚祭，为商王武丁祈福。

三

从甲骨文看，商代大学建在"入"地："岸（作）学于入，若。""入"，有学者解释为内，指王宫之内。但"入"在这里解释为"汭"即水滨似乎更合理一些，这与文献记载商代大学设在郊区临水地带也比较相符。

殷墟王宫区南侧、洹河边上，曾经发掘出一座大型"凹字"形建筑基址，考古人员命名为"丁组"，考古编

▲ 《合集》16406：岸（作）学于入，若

号为54。[153] 李硕认为，这个"丁组"建筑就是当时大学的遗址。[154]

"丁组"所处地理位置是殷墟王宫区地势最低的地方，东滨洹河，

北邻祭祀区（王室宗庙乙区和祭祀天地自然神的丙区），西南200米就是前述今小屯村南发现大量刻字甲骨——包括那片大学课程安排卜辞甲骨——的地方。

从"丁组"发掘的地层观察，该基址建在武丁即位初年，只是一组中小型房舍，未用人殉奠基。彼时，武丁设在洹河岸边的王宫也还未落成。这意味着，彼时的"丁组"并非一个长期项目，仅是过渡性的临时大学校舍。

大约20年之后，新王宫落成，"丁组"也随之进行了改造和扩建。首先是在原来建筑南北各新建了一排平行的殿堂，即"丁二"和"丁一"，长度分别为75米和65米；随后又在原来建筑的西面新建了一列殿堂，即"丁三"，将"丁二"和"丁一"连接起来，形成了一组向东面对着洹河的"凹"字形建筑；然后筑起围墙，就是一个面对着粼粼水波的庭院——一个风光旖旎的美好读书环境。

前述那片关于大学课程安排的事项记录的甲骨，在前面两条卜辞之下，还有两条记录，分别为"于右庠学？"和"若内学？"。这是关于学子们学习万舞场所的卜问，意思是，在"右庠"学，还是在"内"学？显然，大学的场所分有左右两个大厅，在整个建筑的中后部还有"内"。比照这个描述，那么，"内"就是"丁三"，因为"丁三"正对着的是庭院的大门和大门之外的洹河，所以"丁三"右侧的"丁二"就应该是右庠。"庠"在甲骨文中的字形，上面像是屋顶，下面像是一束捆绑起来的羽箭，其意可理解为室内射箭的场馆。"丁二"长度达到了75米，有着很大的空间，不论是学习射箭，还是学习"万"舞，都绰绰有余。

▲ "丁组"建筑平面示意图[155]

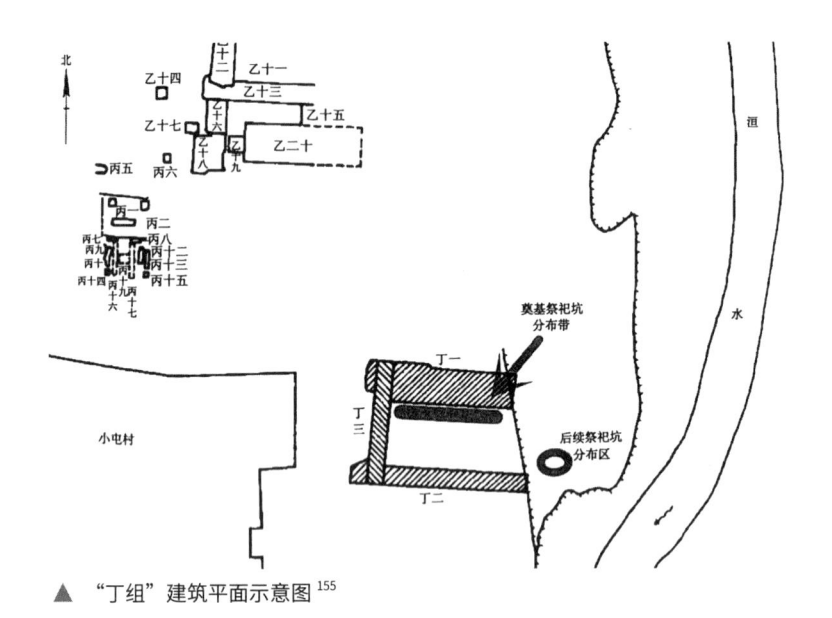

商朝之后的西周大学,主要机构是"辟雍",金文写作"璧雝",又称"大池""璧池"。辟雍的外形酷似玉璧形状,外围是一个人工修建的圆形大池,叫"灵沼"。中心是圆形的高台,古文献中称为"灵台"或"台榭",也是狭义的"辟雍"。高台上建有高大而没有墙壁的"宣榭"和宗庙。灵沼之西岸修建有"灵囿",养有飞禽走兽,是"大学"辟雍射击的对象,也是用来祭祀上帝和祖先神的祭品;"辟雍"台榭靠船只或舟梁与外连接。

《论语》云:"殷因于夏礼,所损益可知也;周因于殷礼,所损益可知也。"西周大学是在殷商大学基础上发展起来的更为成熟的大学形态,所以它不仅是在课程设置、教谕人员等方面沿袭了殷商大学的基本做法,就是在大学场所的选择上也应该是继承了殷商大学一些积极的因素,其中重要的一点就是临水环境。其好处不仅仅是风光优美,适合读书学习,更重要的还在于可供学子们进行驾船技术和水战演练学习——甲骨文关于"子"的辞条里就显示有准备船只的内容。

殷墟"丁组"面对着洹河,周边是河滩芦苇湿地,也许在其西、北、南三面还有流水环绕——这虽是猜测,但目前确实没有证据可以排除这种可能的存在。

商代大学的一大特色是,学生清一色来自王族子弟,其中包括未来天子法定接班人的太子,可以说大都是天子及其王公大臣的子侄们,都是将来要挑起治理国家重担的重要人选,所以这也就可以明白为什么商王亲任大学总教习,还要亲自执教了。"国之大事,在祀与戎",祀就是祭祀天地祖先,天地之神看不见摸不着,而祖先是实实在在的血脉先人,因此在商代,尤其在晚商时期,祭祀祖先的重要性远远超过了祭祀天地。大学是教化未来国家接班人的神圣场所,祭祖一类的感恩教育就成为它最主要的职能之一。这也就是"丁组"北邻祭祀区——王室宗庙乙区和祭祀天地自然神丙区——的最重要的一个原因。

不只如此,大学殿堂里面还要设置近两三代先君和对本朝做出过卓越贡献的君王的木主牌位,以每天皆可见到的春风化雨的形式不断教化并激励青年学子们继承祖先遗志,光大祖先精神,担当起未来国家栋梁之大任——"丁组"建筑里面北边的"丁一"基址体量最大,当是"丁组"主体建筑。

▲ "武父乙"铜盉线图及其铭文拓片[156]

血腥弥漫的商代大学

里面曾出土了一件刻有铭文的铜盉，铭文内容是"武父乙"。武丁的父王是小乙，这件铜盉显然是武丁给自己父亲制作的祭器；"丁组"建筑里面还建有供奉小乙王及其两个兄弟盘庚王和小辛王的"三父"宗庙。花园庄东出土的关于"子"的卜辞显示，学子们常常会带着祭品到这里献祭。这也就意味着，商代大学还是学子们祭祀商代先王即其祖先的一个特殊场所。

商代大学建在"入"地，甲骨文里有学生在"入"祭祖的记载，如"甲午：宜一劳，伐一夷？在入。一二三。"[157]"劳"在这里是指牛。甲午这日卜问，适宜用一头牛祭祀，再杀死一个夷人？（祭祀地点）在"入"。再如"己酉夕：伐羌一？在入"[158]，己酉日傍晚卜问，杀一个羌人（祭祀）？地点在"入"。

随随便便就能杀一个夷人或羌人，说明不可能是在战场上，而应该是早就从战场上带回来的俘虏。这种卜辞又不像是对一次大型祭祀活动的卜问记录，而更像是一个学生的个体行为，所以大概率意味着这些俘虏为该学子所在的王室某个家族所拥有。这也就是说，有些人牲并非大学所提供，而系学生自备。

"丁组"基址里发现了祭祀坑十座，目前已发掘八座。"丁一"有数座南门，这些祭祀坑就分布在各南门两侧。每坑都埋有被斩首者三四人，大多是俯卧，头颅放在死者肩部。能够辨识的躯体，一律都是青壮年男性。

奇怪的是，一半的祭祀坑都发现有骨制的箭镞，数量从一至四枚不等。箭镞所在位置，要么是死者的腿部，要么是死者的臂部，要么是死者的肋部或腰部，均非致命部位。这种情况意味着，死者是在急速奔跑过程中中箭的，而且很可能就在附近，因为如果是在战场上中箭的，从遥远的边疆战场上将伤者带回，箭伤处发生外部感染，导致死亡的概率很大，那就不可能作为人牲埋在这里了。

考古人员进一步观察发现，这些箭镞都还是磨损过的。考虑到这些祭祀坑里的箭镞均为骨制而非铜制，那么，这些死者就有可能是大学生们的真敌陪练。他们真正的身份是被带回殷都的外族俘虏，是在陪练不敌逃跑时被学生们射中，然后砍下头颅，作为人牲埋进了祭祀坑——不用铜制箭镞是防止杀伤力过强，导致陪练者早早丧命，失去训练价值。当然也不乏出于防止误伤自己或同伴的考虑。出土箭头有磨损现象，可能是训练者反复使用的结果。

因为大学生们学习训练是一个长期的过程，应该不断地有"陪练"者被杀死当作人牲埋在祭祀坑中，所以祭祀坑应该不止"丁一"建筑下面的十座。果然，考古人员经过钻探后发现，下面还有不少祭祀坑，至少用了 40 个人牲。但为了保证基址的完整性，考古队没有再往下发掘。

除此以外，在"丁组"建筑东南方的空地下面，还发现了排成一列的六座祭祀坑，其中 M10 发掘出了三具骨骸，俯卧，肢体相对完整，只有一人缺少手脚。另外，在坑脚两个地方还发现有死者散落的牙齿，发掘者推测，是当时被打落的。

与上述祭祀坑发现多枚骨制箭镞不同，这三具骨骸上下及四周都没有发现有骨镞存在，但有肉搏战用的刀和斧。刀是环首铜小刀，长约 20 厘米，发现三件；斧是青铜材质，长 7～14 厘米，发现四件。联系到前述甲骨卜辞所说，"舞钺"者要分左、中、右三方练习，推测应该是将模拟实战中的敌人围拢在中间进行搏击，而 M10 发掘出的三具骨骸极有可能就是被围在中间的那些敌人的。

血腥弥漫的商代大学

进一步观察发现，上述四件青铜斧并不是殷商的风格，而是来自燕山以北、流行在草原地区的"管銎斧"，殷墟地区很少发现。发掘报告因此认为，M10坑中三人应该是来自北方草原的战俘。

但这样一来，就出现了一个问题，既然M10坑中三人是来自北方草原的战俘，那么为什么他们还能随身携带他们一贯使用的"管銎斧"呢？发掘报告和李硕都没有回答这个问题，笔者推测，这些战俘原先是被缴械了的，当他们临时被作为大学生陪练者的时候，为了使训练更为逼真，让训练者面对真正的敌人及其一贯使用的武器，教练们就将在战场上缴获的这些武器发给了作为陪练者的战俘。

当然，商代的大学让学生们学习"舞钺"，也并非一味地是真刀真枪真敌人，殷墟花园庄东出土的"子"的卜辞里就有"学商"[159]和"学羌"[160]字样，表明这种训练有时也要学生来扮演羌人将士等假想敌。

商周时期的邮驿系统

邮政在古代叫邮驿，也叫驿传，其运行特点是，官府在不同地方设置驿站，利用马、车、船等交通工具传递官方文书和军情。

传说周代已经有了笔直而平坦的道路，《诗经·小雅·大东》说"周道如砥，其直如矢"；《左传·襄公五年》引《诗》云"周道挺挺，我心扃扃"。这是用周道的平直来比喻一个人心志的高洁。官府和民间还在道路上设置了馆舍，供旅客停脚，休息养神，恢复体力："凡国野之道，十里有庐，庐有饮食；三十里有宿，宿有路室，路室有委；五十里有市，市有候馆，候馆有积。"（《周礼·地官·遗人》）意思是说，在道路每10里、30里以及50里的节点上，设置庐、路室和候馆三种不同的馆舍，以便旅客休息。

庐最为简易，"列树以表道，立鄙食以守路"（《国语·周语中》），就是在路边摆个饮食摊；路室比庐要好一点，"舍（路室）有委"（《逸周书·大聚解》），就是建有房屋，旅客可以夜宿休息；候馆的设施最为周全，有室，有高楼亭榭，可以供客人候望观眺，还有储备的"禾米薪刍之属"（《周礼正义·地官·大师徒》）。但是对于利用观望乘机

行窃者,则要求毫不留情地予以击杀:"若有宾客,则令守涂地之人聚柝之,有相翔者则诛之。"(《周礼·秋官·野庐氏》)

驿传是随着社会政治、经济和文化发展到一定程度上兴起的一种特殊的交通现象。夏商时期有没有相关的驿传情况和制度,文献无载,但周代是有明确记载的,如《周礼·秋官·行夫》就说:"(行夫)掌邦国传遽之小事,……虽道有难而不时,必达。"意思是,行夫负责乘车前往诸侯国传达小事,即使在道路上遇到了困难不能按时到达,但一定要到达。这里的"行夫",就可看作是最早的邮差。

为了节省人畜力量,加快驿传速度,周代采取的办法就是利用上述交通上庐和路室的设置,节级运送。但由于《周礼》成书时间,从西周至东汉末年,众说纷纭,莫衷一是,这也使得它的真实性打了一定的折扣,其中很多记载被认为是凭空捏造,或者是将后世才发展起来的新生事物嫁接到了周代,其中就包括周代的邮驿制度。不过,这种说法在近几十年被不断推陈出新的考古成果给击破了。

先是1975年,湖北云梦睡虎地秦墓4号墓出土了两片书信木牍。这两片木牍出土时置于墓主头箱中部,一片保存完好,长23.4厘米,宽3.7厘米,厚0.25厘米;另一片略有残缺,长16厘米,宽2.8厘米,厚0.3厘米,两片木牍总计527个字。字虽然不多,但却具有特别的意义,这是东周末年秦灭六国战争中,从军在外的两兄弟——二弟黑夫和三弟惊给大哥衷写的信,反映了两名普通士兵及其家庭在烽火连年的漫长岁月里的日常生活,是我国迄今为止所发现的最早的底层百姓的家书实物,弥足珍贵。这两封家书的具体内容及相关详情,我在《秦始皇麾下普通士卒的两封家书》[161]中已有详细叙述,这里不再累赘。总之,这两封家书能够在战火纷飞的战国末年顺利抵达两兄弟家中，并被死后的大哥随葬在墓中，说明周代，至少到战国时期，已经有了相对发达的邮驿系统。

陈治国在《中国历史文物》2007年第1期发表《从里耶秦简看秦的公文制度》指出，战国时期，由于社会发展迅速，各诸侯国行政管理手段变得丰富多彩，公文的数量因此大幅增加，公文的应用更加普遍，政府机构之间传达政令、交换信息也因此变得更为频繁。从近几十年出土的秦简来看，秦时公文的分类详细，用语固定，不但设立了传送公文的专职机构——邮，为保障文书安全与准时地传递，还制定了规范文书传送的法律——《行书律》，并设有专门保管往来文书的

▲ "迁陵以邮行洞庭"木牍[162]

机构——书府，说明战国时期的秦国已经有了相对成熟的邮驿、公文制度。

2002年，考古人员在湖南省湘西土家族苗族自治州龙山县里耶镇里耶古城1号井发现了37400枚秦简，其纪年从秦始皇二十五年（前222年）开始，至秦二世二年（前208年）结束，也就是从战国末年至秦帝国灭亡前一年，总计15年。其中有一枚竹简上面写有"迁陵以邮行洞庭"7个古隶文字，还盖有"酉阳丞印"。"迁陵"是里耶镇在秦代的县邑名称，"洞庭"是指洞庭郡，辖域包括今湘江中下游地区，湘东北地区，沅、澧流域以及乌江流域部分地区，郡治在临湘，即今长沙。

专家认为，写在这枚秦简上的"迁陵以邮行洞庭"7个字，相当于

我们现在所使用的邮签；而"酉阳丞印"就是当时人们在发送信函时用胶泥盖在封口上的印记，相当于我们现在使用的密封条。这是当时官方传递信函所必须经过的一道程序，目的是保证邮件能安全送达目的地。[163]

"迁陵以邮行洞庭"竹简的发现在集邮界引起极大的轰动，为纪念这一发现，2013年4月在中华全国集邮联合会第七次代表大会召开之际，中国邮政特意发行了由赵玮先生设计的2013-10M"中华全国集邮联合会第七次代表大会"小型张1枚，小型张票图选取的就是"酉阳丞印封泥"和"里耶秦简"。

▲ 2013-10M"中华全国集邮联合会第七次代表大会"小型张[164]

原北京大学历史系教授吴荣在释读里耶秦简时发现，秦朝的一份邮书在寄发之前，必须履行缄封、登记等手续。在邮书运行期间，一旦出现误期、封泥破损等现象，都要追究责任。各区间要互相配合，做好邮书性质、数量、种类、收文者、发文者、传递者、受付时间，以及封泥是否完好等方面的记录；邮书送达目的地后，要签收登记；拆发邮书须作启封记录。如此等等。

吴荣教授还在里耶出土的一枚具有邮书性质的秦简上发现了"快行"两字。他认为，这意味着秦朝已经拥有了现在人们所说的"特快专递"。[165]

钟炜先生通过里耶秦简所载洞庭郡的邮路史料，全面复原了洞庭郡的公文传递路线：从迁陵出发，可经水陆干道或间道通往巴、南、苍梧等郡。[166]

战国至秦代，驿传系统这么发达其实是得力于商代晚期驿传制度的初步确立，虽然传世文献没有这方面的记载，但在甲骨文里却出现了很多这方面的信息，如商王武丁的王妃妇好在出外带兵打仗时，武丁就常常卜问妇好的情况，问随从妇好有无信件送达。甲骨文中还经常出现"逗"或"径"一类字眼，其实就是专门传递信件的信使或驿使。商王出行时，身边往往要带几个逗，他们的任务就是随时准备奔赴各地去传达商王的最高指示。那些依附于商的方国也会经常派逗送信，向商王汇报情况。[167]

商朝还没有建立起像周代"节节设点"那样分段传递邮件的驿传制度，消息、命令以及相关邮件一般是由一个驿使传送到底，这样就难免会出现一些凶险的情况，如武丁时的一片甲骨文记载，一个年龄偏大的驿使去送邮件，竟然在路上走了26天，行程达到了600里，结果还没有到达目的地就死掉了。还有一片商王祖庚时期的甲骨文记载说，有位驿使去送邮件，从某天黄昏出发，居然在路上走了整整48天，才最终到达目的地。[168]

从甲骨文零零星星的记载看，商代驿传已经初步确立了驲传制度，设立了专门的驿传人员。驲传就是关于定期将各地的大小事情报送给商王的相关制度，目的是让商王及时了解国内外形势，采取相应的措

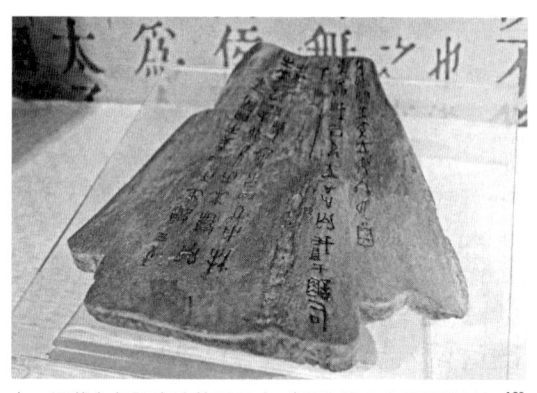

▲ 记载有邮驿事迹的甲骨文（现收藏于宁夏博物馆）169

施，制定相应的政策。商代的驿传人员主要有两类，一类叫递、驿，是指乘车传递信件、物品的驿传人员，还有一类叫驲、传，是指乘马传递的驿传人员。170

商代能初步建立起驿传制度，是因为彼时已经有了相对发达的经济发展水平，譬如晚商时期的都邑"殷"，就是现在我们所看到的殷墟，其遗址总面积达到了惊人的3600万平方米，足足相当于晚夏都邑斟鄩即二里头遗址面积的12倍。这说明至迟在晚商时期，商朝的农业、畜牧业、手工业和商业就已经比较兴旺发达，国家有了足够的硬实力。这种情况的出现意味着商王朝应该修建了不少的道路，给商业贸易、内外交流、互相往来提供了一定的便利条件。

近几十年的考古成果在这方面也有所反映。据观察，殷墟内城外就修建有纵横交错、四通八达的11条宽广笔直的道路，其中还有专供车马行驶、由整齐石板铺成的"马道"。结合甲骨文提供的材料和各地商代考古成果，殷墟通往各方国的道路，主要有以下几条：一是通往东南徐州、淮北地区，一是通往南方湖南、江西一带，一是通往西边的渭水流域，还有一条是通往陕北甘肃地区。

三星堆遗址是传说中的古蜀国

一

从文献记载看,最早提到"蜀"的是《尚书》,牧野之战中在周武王伐商的八国同盟军中,就有蜀国。西汉末年蜀郡成都人扬雄所著《蜀王本纪》和东晋蜀郡人常璩所著《华阳国志》对蜀有更详细的记载。但遗憾的是,《蜀王本纪》已经失传,现在能看到的是北宋时期《太平御览》的片段辑录。

《蜀王本纪》记载,蜀王的祖先名叫蚕丛,其后为柏濩,再往后名为鱼凫,三个时期各持续数百年,最后都修化成神,"其民亦颇随王化去"……后来有一男子名叫杜宇,自立为蜀王,号曰望帝,统辖着今汶山下邑郫一带。望帝统治大约有100余年。荆地有一人名叫鳖灵,杜宇先是提拔他做了相国,后来自以为德薄,不如鳖灵,就效法尧舜禅让,把国家交给鳖灵治理,自己飘然而去。鳖灵即位,号为开明奇帝,"生卢保,亦号开明……蜀王据有巴蜀之地,本治广都,后徙治成都"。

《华阳国志·蜀志》记载，颛顼帝曾封其支庶于蜀，世代为侯伯，历夏、商、周三代，还参与了武王伐纣战争。蜀侯蚕丛，纵目，始称王。死后，用石棺、石椁装殓，后来的人们就以石棺椁为纵目人的坟冢。蜀国第二任王名叫柏灌，第三任王名叫鱼凫。鱼凫曾耕猎于湔山，忽得仙道，升天而去，蜀人思念鱼凫，就为他立了祠庙。后来又有王叫杜宇，迁徙到郫邑、瞿上。传说郫邑即今彭州市北，瞿上在今成都市双流区一带。"七国称王，杜宇称帝，号曰望帝，更名蒲卑。"杜宇的相国开明"决玉垒山，以除水害"，杜宇可能觉得开明比自己贤能，遂禅位于开明。"开明立，号曰丛帝……九世有开明帝，始立宗庙"，开明王后来又迁徙到了成都。大约在周慎王五年时，开明氏亡国。开明氏作为蜀王传承有12代。

《华阳国志》所说蚕丛—柏灌—鱼凫"世为侯伯，历夏商周"三代，实际上就是《蜀王本纪》所记蚕丛—柏濩—鱼凫三代各数百年，"灌"应为"濩"的转音。按武家璧先生说法这三代可称为古先蜀，后来的"杜宇—开明"两朝可称为古后蜀。古后蜀从两周交接之际延续至秦惠文王后元九年，即公元前316年，为秦大将司马错所灭。[171]

古蜀人在四川留下了很多与鱼或鱼凫有关的地名，如乐山市鱼涪津、眉山市彭山区鱼凫津、宜宾市南溪区鱼符津、叙永县鱼凫关、成都市温江区和灌县的鱼凫城、奉节县的鱼复城等，这些都是文献记载的"故鱼国"旧址。

"鱼凫"不仅仅是指捕鱼的水鸟，也指捕鱼的渔梁。鱼或鱼凫极有可能是古蜀鱼凫族人的图腾，而这些地名就是鱼凫族人图腾记忆的孑遗。鱼凫又作鱼妇、鱼符、鱼涪、鱼腹、鱼复等。《山海经·大荒西经》记载有互人之国，为人面鱼身，"有鱼偏枯，名曰鱼妇"，与此暗合。

蜀王柏灌，或许就是《山海经》所记不死羽民"伯鹳"。鹳字金文，是戴花冠的鸟，作观望状。"此鸟劲捷，虽羿亦不敢射也。"也就是说，鹳鸟是柏灌族人的图腾。

蚕丛、柏灌和鱼凫，最后都修化成神，"其民亦颇随王化去"，表明这是一个神权占主导地位的古国，即所谓神国。

由于关于古蜀国的记载十分凌乱，留下的片段还都是云遮雾绕，充斥着"神""仙""化民"一类字眼，与被视为神话传说的《山海经》有千丝万缕的联系，因此，长期以来人们都将古蜀国当作是只存在于《山海经》里的神话和传说。但近几十年的考古颠覆了人们这一认识：古蜀国不是虚无缥缈的传说，更不是凭空杜撰的神话，而是一个真实的历史存在。

二

周原周文王时期的甲骨文有"伐蜀"[172]"克蜀"[173]字样。"克"在这里是征服的意思。

"蜀"在商王帝乙之前的甲骨文中也屡有出现，共发现有50余条（含残辞，下同），其中武丁时期有48条，廪辛、康丁时期有3条。武丁时期带有"蜀"的卜辞，主要内容有四项[174]：

一是记载了蜀人"贡王事"，就是蜀人为商王做事，说明古蜀国早在武丁时期就归附了商王朝。卜辞显示，古蜀国或古蜀族的首领人物在商王朝中大都身居要职，而且地位颇高。因为能被商王关心而卜问的人，一般都是臣服于商的各氏族或方国首领。

二是记载了蜀人保护商王、警卫王畿的一些军事事件和其他相关内容。其中有三条卜辞联系起来显示：甲寅这一天卜问从蜀征调人是

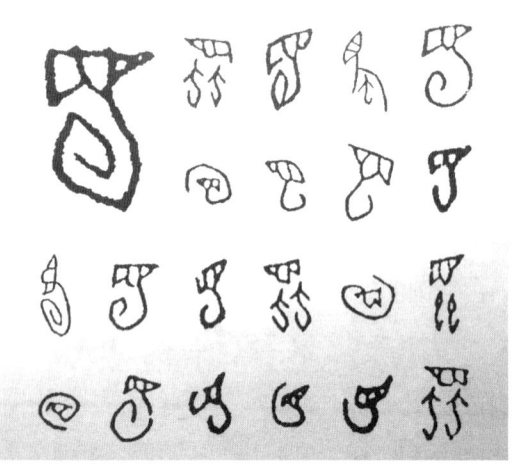

▲ 甲骨文"蜀"字写法

否吉利。甲寅至丁卯共 14 天，可能是从蜀征调攻伐缶的人员还没有到达或没有到全，所以二月丁卯这天又卜问，从蜀调来的兵员伐缶能否取胜。并连卜两次，都是吉兆。过 14 天后到庚辰这天，商王又再一次占卜了伐缶之事。[175]

"缶"是一个居地在今晋南永济西北一带的方国，因常与商王朝为敌而屡被商王征讨。由此可知，从商王准备派人伐缶到从蜀征调兵员，这些被征调兵员再从蜀长途跋涉至缶地，大概需要 28 天的时间。

三是记载了商王武丁为祈求蜀国的农业能有好收成而占卜的事情。能让商王关心到一次又一次地为其年景卜问祈祷，说明蜀在商王朝附属国中占有十分重要的地位。

四是卜问到蜀国或在蜀国逗留是凶兆还是吉兆。这一类卜辞大都发现于武丁后期，大约有 12 条，说明两国来往频繁，关系密切。

武乙、文丁时期 3 条卜辞记载的内容同武丁后期类似，也主要是占问商人到蜀国停留之事。

武丁后期至武乙、文丁时期，商人到蜀国如此频繁，说明商王朝很有可能派人在蜀国担任了一些重要的官职。

神国的一个重要特点是把兵器竖立当作一种习俗，而不是作为武器使用，其制度是神道设教，就是以神为最高主宰，以事神、拜神、修炼成神作为宗旨，其政权之牢固虽可"与天地存久"，但这种神权国家，由于没有军队，或军队不是主导力量，很难抵御外部势力的入侵。

武丁及其以后，古蜀之所以屈服于商王朝，当与其武装力量薄弱、难以抵挡商王朝的强势入侵有关。

《华阳国志·蜀志》记载，古蜀国作为"神化"国家，最大规模的一次"神化"是鱼凫王在湔山耕田时成仙，蜀民随鱼凫王"神化"而去，此后经历一段很长的空白时期，导致古蜀国历史断裂。直至杜宇自立为蜀王，才有了"化民往往复出"这一景观。

这段空白期约自周初至春秋时期。蜀王"神化"之前将宗庙祭器悉数瘗埋，可能就是著名的"三星堆祭祀坑"形成的原因。[176]

三

三星堆遗址[177]位于四川省广汉市西北鸭子河南岸，面积约12平方公里。因遗址边上一片叫作月亮湾的月牙形土地旁边分布有三个土堆，像三颗星星排列起来一样，乡人遂称之为三星堆。三星堆遗址文化堆积可分为四期：第一期在新石器晚期，第二期大致在夏至商早期，第三期在商代中期或略晚，第四期在商代晚期至西周早期。

三星堆遗址是1929年当地一名叫燕道成的农民在清理自家院墙外水沟时发现的。当时，燕道成只发掘出一些玉器和石器。他将这些文物大部分捐给了华西博物馆（今四川大学前身），将一小部分当作礼品馈赠给了亲朋好友,有的甚至因此流传到了国外。1932年(也有说是1933年或者1934年)春天,由华西博物馆馆长葛维汉和林铭钧率领考古队首次对三星堆遗址进行了为期10天的发掘,出土了陶器、玉器、石器等器物共600余件,其中玉器有玉珠、玉刀、玉凿、玉剑等。

1950~1960年,文物部门对三星堆遗址进行了多次调查、试掘;1960~1970年、1980~1984年,四川大学历史系、四川省文管会、四川省博物馆等单位,又先后对三星堆遗址进行了发掘,由于受当时各种条件所限,收获并不是很大。惊喜来自1986年。专家、学者结合以前发掘获得的资料,对三星堆遗址内东、西、南三面,连续进行了六次发掘,清理出了由土坯垒成的古城墙遗址。东城墙长约1090米,南城墙长约1150米,西城墙长约650米。由于是残遗,原来的城墙实际可能更长一些。城址内发现有房址、祭祀坑、作坊遗址和墓葬等。其中最重要的发现是,在1号和2号两个祭祀坑中发掘出了大批的青铜器、金器、玉器、石器和象牙器等。

2019年11月至2020年5月,考古人员对三星堆遗址再次进行了发掘,新发现6座"祭祀坑",出土了金面具残片、鸟形金饰片、金箔、眼部有彩绘的青铜头像、青铜面具、青铜神树、象牙、精美牙雕残件、玉琮、玉石器等大量重要文物。此次新发现的6个器物坑与1986年发掘的两个坑,都分布在三星堆台地东部,周围还分布有与祭祀活动有关的圆形小坑、矩形沟槽和大型沟槽式建筑。

这次新发现的6座"祭祀坑"的形制与方向,同1986年发掘的1、2号坑相似,出土文物也大同小异。考古团队在4号坑的灰烬层面和3号坑的青铜器表面还发现了丝绸的遗迹——在早期中国时代,最高级的丝绸大都用于祭祀等隆重场合。5号"祭祀坑"清理出多件金器和数量众多的带孔圆形黄金饰片、玉质管珠和象牙饰品。初步判断，这些金片、玉器与黄金面具是有规律的缀合，系古蜀国王举行盛大祭祀仪式时所用器物。[178] 对 4 号祭祀坑进行最新碳十四测定表明，时间在公元前 1200～前 1000 年，相当于晚商至西周初年。[179]

1 号祭祀坑是个长 4 米、底宽 2.8 米的长方形土坑，里面出土了各类器物 420 件，其中铜器就有 178 件，有人头像、跪坐人像、面具、人面像、龙柱形器、虎形器、虎形饰、戈等。与铜器同时出土的还有金器、玉器、陶器、石器、骨器，以及大量的象牙、海贝、骨渣等。这些器物，尤其是铜器，均有火烧的痕迹。

▲ 三星堆遗址出土的青铜戈

2 号祭祀坑也是个长方形土坑，长 5 米，宽 2 米，出土各类器物 1300 件，其中铜器有 735 件。除了一些器物和 1 号坑雷同外，铜器还有立人像、兽面具、眼形器、眼泡形器、太阳形器、神树、神坛、神殿等。令人惊讶的是，2 号坑同 1 号坑一样，很多器物也都有火烧过的痕迹。2 号坑出土的青铜大立人像和青铜神树疑似被砸烂后才瘗埋——青铜大立人像上下断成了两截，而青铜神树上的各种装饰配件，诸如树叶、太阳神鸟等装饰配件散落得四处都是。另外还有不少人面具也被砸成了一堆烂铜，其中有一些经过火烧后已经熔化得不成样子。

考古人员在对两个祭祀坑的器物摆放位置进行观察以后发现[180]，1 号坑中大部分器物堆叠在坑南端，玉戈、玉璋等外形较大的玉石器分

三星堆遗址是传说中的古蜀国

布在坑东处。像玉凿、玉锛、玉斧等形体较小的一类玉、石器则堆放在坑的西角。青铜人头像、人面像分布在坑中部到西北一线，而铜器则混杂于骨渣之中。2号坑的器物摆放情况与1号坑大同小异，很明显地分成了三层：上层是排列整齐的60根象牙，象牙之下是大中型青铜器，下层是诸多的小型青铜器和各色饰件及一些玉器。

显然，在瘗埋这些器物之前，瘗埋者先对这些器物进行了砸打和焚烧，然后按照相关礼节程序，分类摆放后，才开始掩埋。器物过火，极有可能是甲骨文所提到的"燎祭"，即将祭祀物品放在柴堆上焚烧。两个坑中的骨渣残骸，经鉴定均为大型动物，没有人骨，基本符合甲骨卜辞所记"卯牛""卯羊"一类祭祀方式。更为重要的是，这些器物大都是礼器一类，专用于祭祀，因此可以确定这是古蜀先人祭天祀神的一种特殊礼仪。

2号坑共出土6棵青铜神树，2大4小，其中最大的1号神树通高达3.96米，树干高3.84米。神树由底座、树干和飞龙组成。神树的底座是圆锥形，绘有太阳和云雾的图案，象征高耸的神山，神山顶上就是树干。树干上"长"出来的树枝，由上而下共分三层。每根树枝上都饰有花果和神鸟。树旁还有一条马面飞龙正张牙舞爪，俯冲而下。这会使我

▲ 2号坑出土的大型青铜神树[181]

们很自然地联想到《山海经》神话中的昆仑、扶桑、若木和建木。在这个神话中，太阳每天以金乌形象出现，沿扶桑升起，傍晚再沿若木下降，进入羽渊和黄泉，从地底绕回扶桑，第二天再从扶桑冉冉升起。

在《山海经》另外一则华夏神话中，昆仑是作为天地之中柱出现的，"方八百里，高万仞，上有木禾，长五寻，大五围"。这里的木禾即所谓若木、建木，是长在昆仑之上的神树。人间帝王就是通过攀缘若木上天，来领受天帝旨意统治人间。神树的树枝由上而下共分三层，可能还意味着华夏神话中的神域、人间和地域三重境界，每根树枝顶端都饰有花果和神鸟，表达的正是天庭仙果飘香、神鸟歙忽的仙境情景。

三星堆几乎每件遗物及其摆放秩序，都散发着浓厚的宗教气息，无一不反映着上述文献所记古蜀国作为神国所特有的神秘。2号祭祀坑出土了铸有大小两种不同青铜人像的神坛，大者手握一瑞枝祥草，小者手持前端呈禾芽状的玉璋。最高大者，连同基座高2.62米，重180公斤。该立人像体形细长，头戴一顶兽面纹冠冕，兽面的眉心有一象征太阳的圆形装饰。太阳常被古人喻为天眼，兽面双目与太阳图像同在，或可称为"天目冠"。[182]人像腿部带有脚镯，赤足站在一个由四个龙头支撑的方形底座上。立人像身着龙纹左衽长襟，双臂环抱胸前，双手中空，呈持物状，身穿衮衣，完全是一副通天彻地的王者和宗教领袖姿态。小人像有多尊，均为跪坐。其中典型的一尊，通高仅13.3厘米。该人像"头戴平顶双角冠，左腿弯曲，右腿单膝跪地，手按腹部，很像在恭恭敬敬地向青铜大立人跪报"[183]。

这些大小不同、姿态各异的青铜人像，隐隐向我们透露出了古蜀国一丝信息：这是一个存在着严格等级制度的神权社会。古蜀王在古蜀国是集神权、王权和军权于一身的"超人"，他高高在上，而其他人只能是匍匐在他身旁服务于他的奴仆。

四

在三星堆1号和2号坑中，还出土了包括金杖、金面罩、金虎、金叶、金璋、金带等在内的上百件金器。这些金器数量多，型体大，制作也十分精美，可见古蜀人对金矿的冶炼、制作和加工技术已经达到了一个非常高的水平，形成了一种特殊的"黄金文化"。

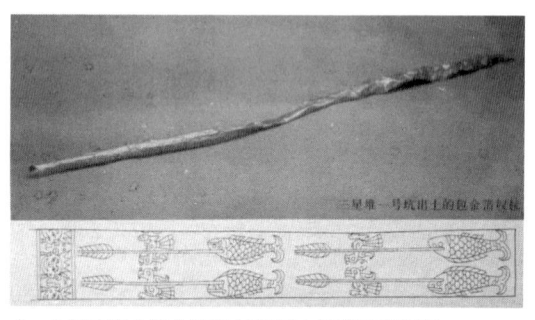

▲ 1号坑出土的金箔权杖及其上柏灌射鱼图案

在所有的黄金制品中，最富有特色的就是1号坑出土的金杖。这根金杖长143厘米，直径2.3厘米，重约500克，系用纯金捶成金皮之后包卷木杖而成。不过由于经过了3000多年时光的涤荡，内芯的木棒已经腐朽碳化，只留下了被压扁变形的金皮，向人们述说着岁月的沧桑。但令人惊喜的是，这根只剩外面金皮的权杖上端约46厘米处还铸刻有三组清晰可辨的图案：上面两组是两只羽箭穿过鸟和鱼，下面一组是前后两个对称的头戴王冠的人头像。

前述鹳鸟是柏灌（鹳）族人的图腾，所以，这幅图案的寓意显然就是柏灌射鱼的意思：柏灌族和鱼凫族政权交替之时，柏灌族在某一次战争中战胜了鱼凫族，或者说是柏灌族为战胜来犯的鱼凫族，特意在这枚象征至高神权的金杖上铸刻了柏灌射鱼图案，以鼓舞士气。

另外，《淮南子·时则训》说："季冬之月……命渔师治渔，天子亲往射鱼，以荐寝庙。"国君射鱼一般用作宗庙祭品，射鱼要在渔梁上进行。从这个意义上讲，这根金杖实际上就是一柄标志着王权、神权和经济、社会财富垄断之权的权杖，为古蜀国政权的最高象征物。

1号坑从坑内器物年代观察，相当于盘庚至武丁早期，因此，1号祭祀坑很可能就是柏灌王时期的祭祀遗存和器物坑。[184]

2号祭祀坑从坑内器物年代观察，相当于武丁后期至西周早期，与新发掘的4号坑同属一个时代，应该是鱼凫王时期的祭祀遗存和器物坑。坑内出土了三件蜀王蚕丛"纵目"青铜人面像。所谓纵目，是指眼睛如圆柱一样从眼眶中突出。其中略小的一件，宽77.4厘米，眼柱突出眼眶竟有9厘米，鼻梁上方还有根高达68.1厘米的装饰物，整体高82.5厘米。

蚕丛之所以"纵目"，可能和他原来居住在岷山上游的汶山郡有关。此地水土严重缺碘，很容易导致人罹患眼球向外凸出的甲亢病症。所以，有专家推测蜀王蚕丛很可能是一个严重的甲亢病患者，于是便有了眼球异常凸出的"纵目"形象。古蜀人没有觉得蚕丛"纵目"是生理缺陷，反倒是在这个问题上大做文章，用更夸张的手法向外宣示，他们信奉的祖先神具有"极目通天"的神性。[185]

▲ 2号坑出土的"纵目"青铜人面像

三星堆遗址是传说中的古蜀国

武家璧先生的研究表明[186]，古先蜀与后蜀之间出现的空白期就是《蜀王本纪》所谓的"神化"期，即世俗社会宗教化，世俗政权隐入山中，完全蜕变为宗教神国，全体国民"化"为教民。古先蜀三代王蚕丛、柏灌和鱼凫都曾"神化"，前两代"神化"之后，都有新蜀王继续统治没有"随王化去"的蜀民，但最后一代鱼凫王"神化"规模空前，化民甚众，以至于数百年都未能产生新的蜀王。

"神化"就意味着鱼凫人在人世间生活的结束，意味着得同过去有个了断。碳十四测年鉴定，三星堆八个祭祀坑所出土的器物，除了极个别是原来的生活用品外，绝大多数如神像、青铜和玉石礼器等，原本都供奉在三星堆古城的宗庙之内。从1号坑中的器物观察，年代最早的是玉璋、玉戈等，可以早到二里头夏文化时期；青铜器可以早到早商前期，晚的也在晚商早期，这意味着这些器物是长期存放在宗庙中的礼器。宗庙祭祀既然到此终止，为防止世俗对神明的亵渎和破坏，就必须对宗庙祭器进行瘗埋。瘗埋之前举行了最后一次燎祭，实际就是毁器。这也就是我们今天看到的三星堆几个祭祀坑中的器物大都有火烧或砸打痕迹的原因。考古也表明，三星堆这八个祭祀坑所埋器物尽管年代不一，但就每一个器物坑而言，均系一次性埋藏。[187]

五

蜀王蚕丛至鱼凫都是在湔山"神化成仙"的。[188]湔山就是位于今成都平原西缘的茶坪山，实系龙门山和玉垒山的连体，乃湔江发源之处。湔江是沱江上游三大支流之一，彭州关口以上称湔江，以下进入平原分为"湔江九河"，包括流经三星堆古城北的鸭子河、穿城而过的马牧河等。

湔江发源地茶坪山，自古以来就被认为是"神仙"居住的地方，现在依然还被乡人称为"神仙岭"。据考察，鱼凫王前往湔山神化的路线大致为：从三星堆遗址出发，自东向西沿今鸭子河—马牧河—小石河到达关口，由此穿越两山夹江的天彭阙，然后从南向北沿湔江到达龙门山麓，再自西南向东北进入龙门山以东宽阔的湔江河谷，最后溯流而上，攀缘至海拔高达4700余米的目的地——神仙岭。

处于中转站的今彭州市天彭阙，因两山相对，地形险要，遂成为鱼凫王"升仙路"东西—南北向的转折点，是所谓人间与鬼神冥界的分界线。龙门山东的河谷是"化民"们赖以生存的渔猎采集区域，而高山峻岭则是修仙的理想场所。

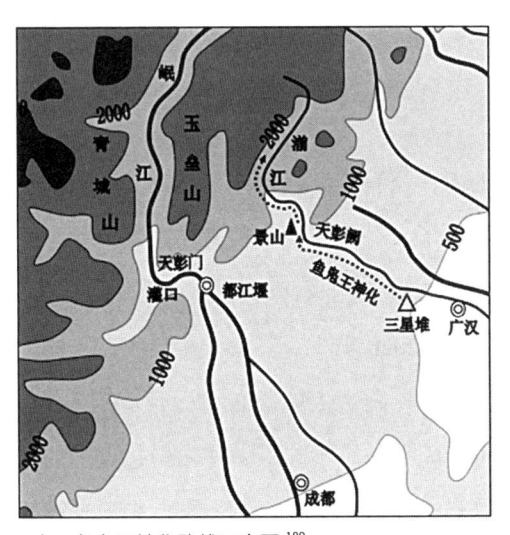

▲ 鱼凫王神化路线示意图[189]

鱼凫国王率领国民进入湔山"神化"以后，留下的一部分鱼凫人向东迁徙，在成都地区形成了具有三星堆文化明显特征的十二桥文化；还有一部分往北经陕西汉中城固进入今陕西宝鸡地区，在西周时期建立了"弜"国——陕西省宝鸡市茹家庄发现有西周"弜"国墓地,铭文"弜"从弓、从鱼,就是射鱼的意思,另外,还发现有与三星堆近似的青铜立人像[190],暗示二者有渊源关系。

城固出土了一件属于晚商时期的青铜三角援戈,这种外表呈等腰三角形的援戈,又被称为"蜀戈",多分布于蜀地及汉中,尤以蜀地为多,在中原极为罕见。[191]这或许正是周文王"伐蜀""克蜀",古先蜀人臣服于周后,双方进行交流的物质遗存。其中可能包含着大量的古先蜀人向北迁徙的文化信息。古先蜀鱼凫国"神化"消失后,鱼凫遗民能北上建立"弜"国,大概正是受了这部分先民迁徙的影响。西周"弜"国位于秦蜀古道"陈仓道"北端,而城固正好位于古道中枢位置,所以,西周"弜"国大概率是三星堆古国遗民经城固迁徙后所建。

六

根据现有的考古资料观察,早期三星堆文化除继承了当地宝墩文化因素外,还吸纳了大量的其他外来文化因素,如中原夏商文化、江汉平原晚期石家河文化和陕北石峁文化等。[192]

2019年11月至2020年5月,考古人员对三星堆遗址进行发掘时,在3号坑中出土了一件高达1.15米的双手顶尊铜人像。过去也出土过类似的铜像,可能因形体小不起眼,并未引起人们的重视。这件顶尊铜人像表现的是祭祀场景中的祭祀者形象。头顶青铜尊这样的珍贵器物并以此作为祭祀礼器,体现出来的是夏商礼制文化。三星堆1、2号祭祀坑中也出土过与中原青铜器制作技术及形制相类的青铜尊,还有与中原二里头夏文化相似的镶有绿松石的青铜牌饰等,说明中原青铜文化对三星堆文化的形成和发展产生了重大影响,这同上述青铜神树等所表现出来的《山海经》神话内容等中原传统文化内容也较为一致。

三星堆2号坑中还发现了9件青铜兽面像，均为长眉直鼻，眼珠硕大，嘴巴阔长，耳朵尖而下垂，看上去就像令人恐怖的野兽。专家推测，这是古蜀人通灵祈祷"傩舞"时所戴面具。面具在古时被称为"魌头"，《周礼·夏官》中就有"掌蒙熊皮，黄金四目，玄衣朱裳……以索室驱疫"的记载。祭祀时使用面具通灵祈祷是中原传统。三星堆中的人面和兽面像，显然也是受了中原文化影响。

三星堆青铜人像的众多特征，在石家河文化晚期玉人头上也有非常多的发现，尤其是耳朵等具体特征与石家河文化玉人头、石峁文化石雕人头有明显的传承关系，所表达的都是神祖的意思。[193]

▲ 2号坑出土的青铜人面像

三星堆文化深受中原文化影响还可以从郑州商城出土的扇贝形金覆面看出端倪。[194]郑州商都书院街商代墓地是一处商代中期白家庄期的高等级贵族墓地，分布有25座墓葬，其中2号墓是殷商中期都城遗址——郑州商城——目前发现的陪葬品数量最多、种类最丰富、等级最高的墓葬，出土青铜礼器、兵器以及玉器、金器、贝币、镶嵌绿松石的牌饰等各类器物200余件。金器之中以扇贝形金覆面、金泡最为引人瞩目，是商代中期考古的首次发现。发掘者认为，古人用扇贝形覆面可能与古人对扇贝的形状、性质认识有关。扇贝一侧为方形，一侧为圆形，可指代"天圆地方"；贝壳在上古时期还被作为货币使用，具有长久保存价值，所以用金子制成扇贝形覆面，可能是希望借助扇贝本身具有的不腐属性和方圆结构，来表达阴阳相合以达永恒之意，并以此彰显身份地位特殊和尊贵。同时，从金、木、水、火、土五行文化和黄金本身特质这两个角度来看，也反映的是古人以黄金覆面，让"精气神"不散的期望。

碳十四测年表明，郑州金覆面属于中商时期，三星堆文化金面具属于商代晚期偏晚阶段，郑州金覆面年代早于三星堆黄金面具300年左右。中商时期，郑州商都已开始使用黄金打造自己的文化器物，并且具有了一定的规模和技术，标志着早期中国黄金文明已臻成熟。显然，三星堆黄金文化主要应该继承自郑州商都。尽管郑州商都金覆面没有典型的五官，是为逝者制作的，而三星堆文化目前发现的黄金面具有五官，多为巫师、祭祀者等使用，但这也只是继承基础上的创新和发展而已，其内涵并没有实质性的改变。

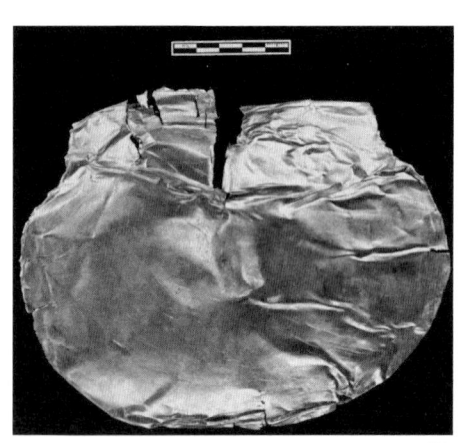

▲ 郑州商都书院街商代墓地 M2 出土金覆面[195]

三星堆文化中或许还蕴藏着一些中亚、西亚文化因素。成都平原地处中西文化交流要冲之地，汉代张骞"凿通西域"的背景就是因为发现了从蜀地贩卖到印度、中亚一带的蜀布、枸酱、邛竹杖一类特产，才引发了汉武帝开拓"丝绸之路"的壮举。何况，早在四五千年以前，由西亚、中亚引领的青铜文化浪潮就通过新疆和内蒙古地区传入了中原,所以,古蜀成都平原与外域的这种交流沟通应该早就存在了,只是目前的考古资料还不足以形成这种文化传播交流的链条证据。[196]

三星堆文化最初在成都平原仅分布于中心遗址三星堆周围,基本不出沱江流域。之后向南扩张,至三期时已分布至岷江流域的成都市区,但遗址数量较少。四期时分布范围略有扩大,遗址数量也有显著增加,并且呈现出三星堆和成都两个中心。[197] 三星堆文化这样狭小的分布范围,意味着其青铜金器制造技术水平虽然达到了一定的高度,但其政治、经济和文化实力同商周比起来,还有相当大的差距,所以它先后臣服于商、周,也是自然而然的事情。

公元前 2000 年左右石家河文化衰亡后,相隔五六百年,江汉地区在早商时期再次进入了繁荣期。早商人群的大规模进入促成了武汉盘龙城早商青铜文化中心的崛起。早商文化由此对包括赣江流域、湘江流域和四川盆地在内的长江中上游地区产生了深远影响。在公元前 2500～前 1700 年宝墩文化时期,四川盆地不见任何有关铜器铸造的遗迹。虽然在三星堆文化中期阶段发现了可能与二里头夏文化存在一定关系的铜牌饰,却基本不见同时期的其他铜器,可以认为当时青铜文化还没有真正发展起来。[198]

三星堆文化形成以后,以成都平原为中心向东方扩展,在江汉平原与扩张至此的早商文化相遇而受到压制,早商文化长驱直入。三星堆文化在接受早商青铜文化及其他外来文化影响的基础上,于晚商达到了其青铜文化的鼎盛时期。[199]

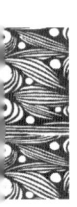

利簋揭开牧野之战千年疑案

一

牧野之战是周灭商的决定性战役,《逸周书》《尚书》《吕氏春秋》《史记》《绎史》等文献都有详细的记载。综合起来,大致经过如下:

商朝末年,由于商纣王独断专行,淫荡奢靡,残杀忠良,社会动荡不安,周武王继承父亲周文王的遗志,抓住时机,号召天下,率军东进伐商。但是东征前夕,周武王却突然有点忐忑不安。太公对武王说:"谗慝胜良叫戮,贤者出走叫崩,百姓不敢诽怨叫刑胜,殷商已经乱到极点,他们不可能取胜。"

> 武王……遽告太公,太公对曰:"谗慝胜良,命曰戮;贤者出走,命曰崩;百姓不敢诽怨,命曰刑胜。其乱至矣,不可以驾矣。"(《吕氏春秋·慎大览》)

武王在太公的鼓励下,坚定了东进伐商的意志,遂传檄遍告诸侯:

"商国有重罪，必须尽力讨伐！"随即，以遵循文王遗旨为名，于文王十年（武王即位后沿用的是文王年号）十一月戊子望这天，遣周师先头部队出发东进，至崤函尾部，也就是今豫西伊洛河一带，在此集结。

十二月癸巳，武王亲自率领兵车300乘、勇士3000人、甲士4.5万人，东上讨伐纣王。大军行至鲜原，谨慎小心的周武王特意诏告召公奭、毕公高，要求他们进至商人地域不要滥杀无辜，要和沿途百姓搞好关系，做到施惠于民，取信于民："呜呼，敬之哉！无竞惟人，人允忠；惟事惟敬，小人难保，后降惠于民，民罔不格，惟风行贿，贿无成事。"（《逸周书·和寤解》）意思是，不与民争利，百姓就会忠诚。办事要认真，百姓是很难抚养的啊，人主降恩惠给百姓，百姓没有不来归服的，百姓归睢如草应风，仅用财利不会成事。

二月癸卯朔，武王大军抵洛水，同先头部队会合。众将士前歌后舞，凫噪欢呼。随后，武王率大军向盟津出发。行至距离孟津不远的鲔水时，碰上雨雪天气，而且是日夜不休。商纣王得悉周师东进消息，就立即派了大臣胶鬲到鲔水等候周武王，打探实情。但商纣却不知道胶鬲是当年周文王举荐给他的周人内应。

胶鬲见了周武王问："西伯这是要到什么地方去？不要瞒我。"

武王回答："不瞒您，是到殷地。"

胶鬲又问："什么时候到？"

武王答："甲子日到殷城外，您可以以此报告纣王。"

胶鬲于是回朝复命。胶鬲走后，武王命令部队疾行不停。这时军中已经有一些士兵因淋雨而生病，军师等一班将领遂上奏武王，请求让部队休整一下再走。武王说："我已让胶鬲回报他的主子，我们甲子日到殷城外。如果我们甲子日到不了，就是将胶鬲推到了不讲信誉的地步，他的主子不相信他，就会把他杀掉。我们急速行军是为了挽救胶鬲的性命。"

文王十一年一月戊午，亦即武王抵达洛地13天后，周师就全部渡过了孟津。武王原本还想着"以六师伐殷"，但出乎意料的是，"六师未至"（《吕氏春秋·仲夏纪》），只来了庸、蜀、羌、髳、微、卢、彭、濮八个"蛮夷戎狄"之偏远小国派出的军队。羌在西方；蜀、髳、微在巴蜀；卢、彭在西北；庸、濮两国在江汉之南。这说明周人伐商，并没有得到中原诸侯的武力支持，其武装力量比起商王朝来说，还有相当大的差距。

武王在这种情况下，临时召开了誓师动员大会，发表了鼓舞士气的演说，就是收录在《国语》中的那篇著名的《太誓》："现今纣王竟听从妇人之言，自绝于天！他毁坏了天地人的正道，疏远了他同祖的兄弟，又抛弃他先祖的乐声而制作了淫荡的靡靡之音，以此扰乱纯正的礼乐，取悦妇人。今天，我姬发只是在恭敬地执行上天给予他们的惩罚。努力吧，勇士们！成功在此一举。不会有第二次，更不会有第三次了。""民之所欲，天必从之……戎商必克！"

武王率军行至今河南荥阳北氾水牛头山时，遭遇狂风暴雨，军中鼓旗毁折，武王乘骑也受雷击而死。这时，氾水暴涨，无法行舟渡河抵达氾水东岸；至武陟怀地时，由于地近沁水，水溢成灾，道路泥泞，只能绕行，向北到今辉县共头。不承想，这里山石崩摧，道路中断，又不得不改道戚与百泉。[200] 一般认为，戚在今河南省嘉获县西北二十里左右的茅邑以西，百泉在今辉县西北七里苏门山一带。

周师大将、武王的八弟霍叔可能由此想到部队出发时，还迎面碰上了太岁，心生恐惧，就对四哥周公旦说："出行三日而五灾至，是不是可以考虑班师回朝？"

周公本也有此意，但军心不可动摇，就斥责了霍叔一通，然后，转身找到太公姜尚说："今时迎太岁就是个不吉利的兆头，龟灼、卜筮均为不吉，星象异常变化终会成灾，我们还是回师吧。"

太公闻言而怒："商纣剖比干、囚箕子，以奸佞飞廉为政，伐之有何不可？枯草朽骨，怎么知道天命？"说完，就将龟甲焚烧，将蓍草折断，并亲自上阵擂鼓，率众过河。武王听从了太公的意见，转身跟上渡河。

周公见此，也赶紧重新前行。周师早晨在今河南濮阳的戚地用餐，夜晚就抵达今辉县西北的百泉宿营，次日早晨便迫近了牧野。[201]

二

二月甲子黎明时分，武王早早来到商都郊外一个叫牧野的地方，举行誓师大会。牧野一般认为是在汲县之北，即河南省今卫辉市一带。武王左手拿着黄色的大斧，右手举着白色的旌旗，对早已集合在那里整装待发的将士们发表誓师演讲："远来辛苦啊，西方从征的将士们！啊，我友邦的国君们，司徒、司马、司空、亚旅、师氏、千夫长、百夫长，各位指战员，以及庸、蜀、羌、髳、微、卢、彭、濮等盟国从征之人，举起你们的戈，亮出你们的盾，竖起你们的矛，听从我宣誓。

"古人云：'母鸡不能报晓打鸣，如果母鸡报晓，这个家庭就会沦落。'如今，殷纣王只听信妇人的话来办事，抛弃他的先祖而不予祭祀，遗弃他的同族兄弟而不加任用，反倒是那些四方逃亡、罪恶多端的人得到推崇和重用，他们在商国任意胡为，暴虐百姓。今天的战斗,不要以为往前六七步就可以轻松获得胜利;不要以为冲刺四次、五次、六次、七次,就可以打败敌人。努力,将士们!希望大家英勇杀敌,如猛虎,如熊罴,如豺狼,如蛟龙。在商都之郊,不要杀害前来投降的人,让他们前来帮助我们。奋进,将士们!谁不奋进,谁就会受到惩罚!"

武王宣誓完毕,诸侯将前来会合的4000辆战车排列在牧野,做好战斗准备。纣王闻听周师攻来,随即征调了70万军卒前来抵御。其中有手持烧红棍棒的勇士18人,有能举起千斤巨石的猛士24人,有能力举黄牛的猛士3000人,有快走如飞、投枪百发百中的"神枪手"5000人。双方临河布兵,严阵以待。《诗经·大雅·大明》记述商军当时威烈的场面说,其军旗就如繁盛的林木那样,在牧野上空迎风飘扬:"殷商之旅,其会如林。"

比较而言,周军就有点相形见绌,周军只有"戎车三百辆,虎贲三千人,甲士四万五千人",即便加上前来助阵的庸、蜀、羌、髳、微、卢、彭、濮"八国联军",也不过五万人左右,与商师无法相提并论。

武王见此阵势,心里禁不住有点发毛,便悄悄对姜太公说:"商纣面积比咱大,人口比咱多,势力比咱强,处境比咱安全。商纣又是天子,而我们只是诸侯。我们以诸侯的身份讨伐天子,是以下犯上,以小击大,以少击多,以弱击强,以危击安。用我们的五种劣势去攻击人家的五种优势,能成功吗?"

太公回答:"作为诸侯,我们自然不应该攻打天子,更不应该用自己的劣势去攻击人家的优势。"

听太公这样说,武王变得更加惴惴不安:"我们现在已是骑虎难下,尚父说该咋办吧。"

太公说:"王,您不必惊慌。所谓大,应该是天下百姓归其所有;所谓众,应该是天下民众都愿意拥护他;所谓强,应该是天下百姓都愿意为他效力;所谓安,应该是满足了天下人的需求而得到的安宁;所谓天子,是那种让天下人相亲相爱、尊敬如父的人。我们今天的行为是替天行道,为百姓除残去贼。周虽弱小,抵抗一个残贼还有问题吗?"

武王问:"尚父说的残贼是指什么?"

太公慨然作答:"抢掠天下美女,搜刮天下财宝,以至于使老百姓无法生活,谓之残;任用凶暴狂虐的官吏,不分贵贱好坏,无法无度地任意杀戮,谓之贼。商纣不正是这样的残贼吗?"

武王听了太公这番话,凛然之感油然而生:"就让周替天下除掉这个残贼吧!"

太公说:"我率少数勇士上前挑战,随后您可催动大军掩杀过去,成功与否,在此一举。"

说罢,太公带领百名勇士驱驰战车就冲了上去,随后,武王趁商师还在错愕之际,发出了全面攻击的信号,周师及其联军瞬间就呼啸着向商师掩杀而去。当时的战斗场面极其壮观,《诗经·小雅·大明》描述是:"牧野洋洋,檀车煌煌,驷騵彭彭。"

商师虽然人多,但都没有斗志,他们从内心里希望周人尽快打过来。商师兵卒大都在战斗中倒戈,反倒成了周师的开路先锋:"纣师虽众,皆无战之心,心欲武王亟入。纣师皆倒兵以战,以开武王。武王驰之,纣兵皆崩畔纣。"(《史记·周本纪》)

这个说法可能有夸大商师兵卒倒戈规模之嫌。综合各种史料记载,当时两军交战时应该是像前述周师东进一样，遭遇了雨雪天气。两军临河交战，厮杀激烈，伤亡惨重，以至于这些将士的鲜血和一些木质盾牌之类的木杵被汹涌的雨水裹挟冲入河流，就形成了红色的水面上漂浮着木杵这样惨烈的景象："会于牧野，罔有敌于我师，前徒倒戈，攻于后以北，血流漂杵。"（《尚书·周书·武成》）

在经过一番激烈的交战后，纣兵全线崩溃。纣王见大势已去，慌忙逃回朝歌，登上商王室用来囤聚钱粮宝物的鹿台，穿上用宝玉做成的衣服，放火自焚而亡。

《大清一统志》谓朝歌在今淇县城内，鹿台在淇县治内。但考古至今没有发现朝歌的遗址，学界一般认为，朝歌不可能是纣的都城而是纣王的离宫别馆一类的存在。彼时的商都还是殷墟。

战斗结束，武王手执太白旗向诸侯挥动示意，诸侯都来参拜。武王也作揖还礼。殷商的贵族和庶民都在郊外惶恐不安地等着周武王的到来。武王派臣下告诉他们说："上天会赐给大家幸福。"听到这句话，这些商人那颗忐忑不安的心才放松下来，于是，大家两次叩拜谢武王赐恩。武王知道后，也回拜答谢了大家。

武王进入朝歌城，径往商纣所在鹿台，亲自拉弓上弦，射了纣王尸身三箭。又用轻吕剑击刺纣王尸身，然后用黄钺大斧砍下首级，悬挂在太白旗上示众。接着搜查到纣王两个宠妾的宫内，彼时，她们都已经自缢身亡。武王又射了她们三箭，用轻吕剑刺向尸身，用铁质大斧砍下首级，悬挂在小白旗上示众。做完这一切后，武王这才出城，回到军中。

牧野之战，从双方布阵、交战到纣王纵火自焚，只持续了1天的时间。不可一世的商纣王在位30余年，顷刻间化为灰烬。武王在牧野之战时及其后，还向四方征讨，共计攻灭 99 国，杀敌 107779 人，生俘 300230 人，总计征服 652 国："武王遂征四方，凡憝国九十有九国，馘磨亿有十万七千七百七十有九，俘人三亿万有二百三十。凡服国六百五十有二。"（《逸周书·世俘解》）其中，牧野之战中死亡人数应该占了绝大多数。

三

牧野之战自古以来就受到了人们的质疑，主要原因是双方兵力悬殊。当时的周国总人口据估计才六七万，而商王朝仅商族就有百十万，如果加上其控制的附属国，总人口大约四五百万。就文献记载看，周人投入牧野之战的兵力有 4.5 万，即便加上共同参战的那八个小国，也不过 5 万左右。商王朝的兵力尽管在当时大都被调拨去讨伐东夷，但投入到牧野之战中的兵力也达到了 70 万。以 5 万对 70 万，何异于以卵击石？更何况，周是一偏居西北戎狄地域的落后小国，其生产力发展水平和文明化程度与强大的商王朝根本无法相提并论。可能正是这种天方夜谭似的传说，让后世史学家们也感到有些不可思议，于是就提出了商王朝开赴前线的 70 万兵力可能是 17 万的误记。

不过，这种持续了近 3000 年的质疑声在清朝道光年间由于天亡簋的出土骤然降低下来。[202] 天亡簋是一件制作于西周初期的青铜器，具体出土情况已搞不清楚，只知道 1843 年之前出土于陕西郿县，即今宝鸡市眉县，出土后又不知了去向。直到 1956 年，北京琉璃厂振寰阁古物店从上海周姓人士处购得此簋，其名声才大噪于天下（后归故宫博物院，今收藏于中国国家博物馆）。

天亡簋，又称大丰簋、朕簋，高 24.2 厘米，口径 21 厘米，底径

18.5厘米。侈口，四兽首耳，下垂方珥，鼓腹较深，圈足下连铸方座。器腹与圈足饰有蜗体兽纹，是西周初年的典型器物。

簋最初是用来盛放食物的器具，相当于我们现在的碗、盆一类，始见于商朝，在商末开始被用作祭祀天地祖先的礼器。到西周时，由于礼乐文明的盛行，簋的身价倍增，它与鼎组合在一起，逐渐成为当时贵族身份的象征。如《周礼》就明文规定，天子配享九鼎八簋，诸侯七鼎六簋，大夫五鼎四簋，士三鼎二簋。

天亡簋器内底部铸有铭文8行78字：

乙亥，王有大礼，王凡三方，王祀于天室，降，天亡佑王。衣祀于王，丕显考文王，事喜上帝。文王德在上，丕显王作省，丕肆王作庚，丕克讫殷王祀。丁丑，王飨，大宜，王降，亡勋爵复觵。惟朕有蔑，敏启王休于尊簋。

▲ 天亡簋及其铭文[203]

天亡是个人名，乃天亡簋的铸造者。铭文大意是说，武王伐纣成功后的第十二天，武王先拜祭了西、南、北三方名山大川众神，感谢他们对来自三方伐商联军的保佑。武王利用殷人的"天室"举办祭祀文王和上帝的大礼仪，天亡作为佑者参加了这次大祭祀。两天之后，武王举行飨礼，天亡受到武王的赏赐，作此器纪念这次荣耀和武王的恩赐。

天亡簋的横空出世证明牧野之战的确是一个真实的历史事件，否则哪来的"王有大礼，王凡三方，王祀于天室"？但因为这则铭文只是一个笼统的说明，并未能让质疑者的声音完全消失。

事情的彻底扭转来自 1976 年陕西临潼县零口镇西周初期青铜器利簋的出土。[204] 利簋又名武王征商簋、周代天灭簋、檀公簋，体高 28 厘米，口径 22 厘米。腹深如瓮，腹部和方座饰有饕餮纹、龙纹，方座，双耳垂珥，上有简约纹饰，耳为兽首衔鸟形状。整体彰显出一派尊贵的气象。

利簋腹内底部刻有铭文，共 4 行 32 字：

    珷征商唯甲子朝岁鼎克昏夙有商辛未王在阑师赐右史利金用作檀公宝尊彝

"珷"，是指周武王。

"阑师"，地名，今郑州地区。

"右史"，有的释文也作"有史"，西周官职名称。

"利"，人名，利簋的铸造者。

"檀公"，利的先人，可能是他的父亲或祖父。

至于"岁鼎"两个字,争议较大,考古界、史学界和古文字界各路大咖纷纷撰文发表自己的看法。张政烺认为是"岁星当位",唐兰认为是"多鼎",于省吾认为是"占卜年岁",郭沫若认为是"岁祭"。此外,还有很多专家和学者都加入了这场争论,几十年来聚讼不已,但绝大多数学者只是对以上四说的细化和补充,总体上并没有超出这四说的范围。

比较而言,张政烺先生"岁星当位"说的认可度更高一些,他的断句释文也被广泛引用如下[205]:

　　珷征商,唯甲子朝,岁鼎,克昏夙有商。辛未,王在阑师,锡有司(右史)利金。用作檀(檀)公宝尊彝。

▲ 利簋及其铭文

翻译过来,大致意思是说,周武王征伐商纣王,一夜之间就将商灭亡,在岁星(木星)当空的甲子日早晨,占领了殷都。在第八天后的辛未日，武王在阑师论功行赏，赐给右史利许多铜、锡等金属，右史利用其为祖先檀公作此祭器，以纪念先祖檀公。

如果抛开各路大咖对"岁鼎"这个词的不同见解，利簋铭文的基本意思大家都还是认同的。换言之，周克商之牧野之战确实从甲子这天早晨持续至次日早晨，只一天就结束了。

之前，人们对于牧野之战究竟发生在哪一年不是很清楚，因为我国纪年始于公元前841年，武王伐纣时间尚在此之前200年左右。自古至今，有无数的学者通过不确定的古籍记载、古代天象推算以及古代历谱的编排等来推测，总计出现了44种不同的结果，最早的时间为公元前1130年，最晚的为公元前1029年，前后跨度超过百年之多。[206]

利簋出土的更重要价值在于其铭文中有"甲子朝岁鼎"这一关键字眼，这为学者们探查牧野之战的具体时间提供了一个标准的坐标点。而且，有不少古籍的记载也与此高度一致，如《国语·周语》："昔武王伐纣，岁在鹑火，月在天驷，日在析木之津，辰在斗柄，星在天鼋。星与日辰之位，皆在北维。"

1996年，我国启动的"夏商周断代工程"正是依据利簋"甲子朝岁鼎"这一记载，对周武王伐纣的相关遗址、遗物进行碳十四测定，并利用天文现象推算，进行深入考证研究，最后得出了武王伐纣的确切时间是公元前1046年1月20日这一结论，这一天也正是利簋铭文所记甲子日。

至此，牧野之战这件持续时间达3000年之久的疑案终于水落石出，传说由此变为信史。当然，就前述文献记载而言，某些具体情节是否真实，还得打上一个大大的问号。毕竟，历史本身和文本呈现给我们的历史不完全是一回事，其中难免要掺杂个人的立场、情感以及时代影响等因素。

周太王亶父宫室建筑重见天日

　　古公亶父，来朝走马。率西水浒，至于岐下。爰及姜女，聿来胥宇。

　　周原膴膴，堇荼如饴。爰始爰谋，爰契我龟，曰止曰时，筑室于兹。

　　……

　　这是公元前七世纪流传下来的一首诗歌，名为《绵》，收录在《诗经·大雅》中。它以洗练的笔法，给我们描绘了一幅周太王古公亶父带领族人翻山越岭，艰难跋涉，安家于岐下的宏大历史画卷。他们在此筑室，划田，作庙，建宫，御戎抗夷，从一个生活在戎狄之间的"蕞尔小邦"，逐渐成长为一个强大到可与商王朝抗衡的西方霸主。

　　在传说中，周民族有两次影响深远的迁徙，一次是《诗经·大雅·公刘》描述的周先公公刘率领族人由邰迁到豳，还有一次就是《绵》这首诗记述的由亶父率领族人从豳迁到岐。这两次迁徙都是周族业绩开创史上的转折点。如果说第一次迁徙是周族走向兴盛起点的标志,那么第二次迁徙就是奠定周族走向兴盛基础的里程碑。

亶父率领周人从豳地迁徙周原,《诗经·大雅·皇矣》也有栩栩如生的描述。他们刚到这里时,眼前出现的是成片长满杂树和灌木的荒地,还有野蛮的"串夷"(混夷)横行其间。他们砍掉杂树,平整土地;修剪枝叶,培植林木;除尽柽棤,辟出道路;除去坏树,留下山桑黄桑。最后赶跑"串夷",天命眷顾,周人获得新生:"作之屏之,其菑其翳。修之平之,其灌其栵。启之辟之,其柽其椐。攘之剔之,其檿其柘。帝迁明德,串夷载路。天立厥配,受命既固。"

亶父在周原变革戎狄的风俗,营建房屋城郭,同时还设立五官职事,施行仁政,感召了当地土著:"从之者如归市焉。一年而成三千户之邑,二年而成都,三年五倍其初。"(《帝王世纪》)周人由此跨入初国阶段的文明社会。

周人由野蛮跨进文明,正值商王武乙执政时期,彼时商王朝西北疆时常遭到羌戎的骚扰袭击,搅得武乙寝食难安又苦无良策。也许是亶父看到了良机,便于武乙三年,从周原出发前往殷都朝见商王武乙。亶父的到来,让武乙喜不自禁。双方你有情我有意,于是一拍即合。《竹书纪年》记载,武乙把岐地(周原)赐给了亶父——实际上是以"王赐"的形式从法理上承认了这块地方属于周人所有。周人名正言顺地如愿成为商王在西北疆的代理人。这是周人后来能够腾飞的关键一步。

武乙十五年,亶父去世,三子季历继位。季历之所以能够继位,是因为他的妻子,也就是姬昌的母亲挚仲氏大任来自大邑商,周人可以凭借这一特殊关系得到商王的大力支持而迅速兴旺发达起来,所以见多识广的亶父认为小孙儿姬昌有"圣瑞"之兆,并果断做出让三子季历继位的决定。

姬昌果然不负亶父的期望。在季历后来被武乙的儿子文丁王软禁起来，郁郁而死后，姬昌在周原临危受命，带领族人，隐忍潜伏，韬光养晦，积蓄力量，为后来的周武王东进灭商创造了充分的条件，奠定了雄厚的基础。

牧野一战，周代商拥有天下，周武王追赠亶父为"太（大）王"，将周人翦商之路的起点设定在亶父率领族人迁徙至岐山之阳时："后稷之孙，实维大王。居岐之阳，实始翦商。"（《诗经·鲁颂·閟宫》）

这显然有自美自夸之嫌，因为亶父当时统治下的周族不过是一个较大的原始部落而已，他们是在高攀上商王武乙这棵大树之后，才得以逐渐发展壮大起来。但不能否认，"居岐之阳"是他们前进道路上的一个重大转折点，是周族一次凤凰涅槃的新生起点。或许正因为如此，在周人的思维概念中，作为岐山之阳的周原就不仅是他们念兹在兹的热土，还是他们更为重要的宗教圣地。

那么，周原在哪里？从民间传说和文献记载看，广义上的周原指的是关中西部岐山以南的广大区域，包括今宝鸡市区和岐山、扶风、凤翔、眉县等县区。狭义的周原是指扶风岐山两县交界处30平方公里考古学上的周原遗址。但遗憾的是，尽管从1930年代以来这里发现了数量可观的遗址、遗迹和文物，但全都是西周和春秋战国时期的，与亶父等相关的先周遗址、遗迹和文物，一处或一件也没有发现。这也就是说，《绵》《閟宫》等描写的亶父带领族人从豳地迁徙周原开垦荒地、筑建宫室等事迹还停留在虚无缥缈的传说阶段。

传说和信史之间往往就是一铲子的事儿。2020~2021年，由陕西省考古研究院、中国社会科学院考古研究所和北京大学组成的周原考古队在以往工作的基础上，对周原遗址再次进行了更为深入的大规模发掘，终于有了惊喜的发现——首次出土了一处考古编号为 F1 的先周文化大型夯土建筑基址，为先周文化时期聚落性质的认定提供了关键材料。[207]

▲ F1 先周文化大型夯土建筑基址[208]

F1 位于周原遗址王家嘴村北，南北长 58 米，东西宽 38 米，总面积逾 2200 平方米。从已发掘南部 28 米长度的建筑范围观察，是由正堂、东西厢房、前后庭院、附属建筑等组成的一座大型夯土建筑。其中，正堂是一座面阔 6 间、进深 3 间、前面有廊的大型组合房屋，总宽 19 米，进深 12.5 米。发掘者推测整体结构为前堂后室，即前面是议事堂，后面是卧室，类似于后世宫殿的前朝后寝结构。

F1 基址的台基部分已被战国文化层和明清堆积层毁掉了，但保存有上百个夯土础坑，是一比较规整的柱网布局。四周庭院多处还保存着当时的路土。建筑夯土被先周晚期的小型墓葬、瓮棺和灰坑打破，前后庭院里埋有 6 座先周晚期小墓。经碳十四测年，年代上限为京当型晚期，相当于太王古公亶父时期；下限为先周晚期，相当于文王姬昌时期。

调查发现，王家嘴区域是周原遗址先周文化早中期遗存分布的核心区，西周遗存基本不见。在这一区域内，除F1外，还分布有大面积的夯土，属于一个大型的聚落性质，聚落总面积达到了5~6平方公里，在关中地区同时期聚落中规模最大。考虑到此前王家嘴、双庵、贺家、礼村一带也曾多次发现晚商铜器墓，这应该与古公亶父、季历和姬昌三代曾为商王朝西北看门人的身份有关。

另外，在凤雏东南至礼村北壕及齐家沟东岸一带还先后发现了三块空心砖。空心砖是先周时期高等级大型夯土建筑的建材。这些情况一起出现，说明王家嘴一带就是先周时期周人聚落的中心，进而言之，是先周宗庙或宫室之所在。

遗址区三面临沟，低而近水，东北距地形开阔的西周城址仅600米。从自然地形到规划方正的城市，反映着周人由部落到王朝的建立过程。

先周文化大型夯土建筑的发现，填补了以往周原遗址无先周时期高等级遗迹的空白，实际上是等于确证了周原遗址就是3200多年前古公亶父的迁岐之地。

给这一判断提供根据的，还有东周时期美阳县位置的确认。[209]以往周原遗址的考古工作多集中于商周时期，

▲ 带"公"字铭文的陶量

东周时期的考古成果几近空白。2019年至2021年，周原考古队在王家嘴一带调查、钻探，发现了相当丰富的战国遗存，仅勘探发现的墓葬就有上千座。其中最重要的是，在王家嘴村北先周文化F1大型建筑以西25米处，发掘出一座战国晚期大型夯土建筑，考古编号为F2，东西宽41米，南北长30米，面积1200平方米。

F2建筑基址被10道贯通的墙基槽分隔成9个长条空间，条内不规则分布着大量柱础坑。四角没有夯土，但有踩踏面。20多座战国晚期瓮棺打破了基址。另外，还在建筑废弃的地层中，发现了带有"公"字铭文的陶量。结合该建筑特殊的形制、密集的木柱，考古人员推测是干栏式大型粮仓。

本次发掘还出土了两例"美阳"陶文，此前也曾在王家嘴周边多次出土带有"美亭"文字的陶片、陶器。杜预注《左传》"岐阳"词条云："岐阳在美阳县西北。"

《史记索隐》引徐广言云："岐在扶风美阳西北，其南有周原。"

《汉书·地理志》说得更为详细："美阳，禹贡岐山在西北。中水乡，周大王所邑。有高泉宫，秦宣太后起也。"

▲ "美阳"陶文

结合这些文献，可以确定东周时期的美阳县就在周原遗址这一带，换言之，周原遗址就是古公亶父迁岐之地。

至此，古公亶父率领族人从豳迁徙到岐，并由此奠定周族走向兴盛基础的传说，历经两三千年岁月的磨蚀后成为信史。

西周早期 6 王和失传的微史世家

《史记》《尚书》等文献记载西周前后有 12 王，分别是武、成、康、昭、穆、共、懿、孝、夷、厉、宣、幽。周文王虽然为翦商做出了重大贡献，但他去世于商亡前夕，真正率领周人灭商的是周武王。周幽王在骊山脚下被追击的犬戎杀死，按史家的分法，彼时的西周就已经灭亡。周平王在危难之中即位后，随即将都城迁往成周洛邑，这成为东周开始的标志，所以，周平王也不在西周范围以内。

由于中国现存文献最早是来自春秋时期，关于西周世系的说法和相关记载，都是春秋时期及其以后的追记，从本质上说，并没有超出传说的范畴，所以在 19 世纪 70 年代以前，西周前后经历 12 王的说法，就像这些文献记载的商王世系一样，并不为一些严谨的学者所承认。

地处陕西关中西部的宝鸡周原地区，在历史文献记载中是古公亶父以来周人活动的核心区域，也是西周的政治经济文化中心所在。这里扼八百里秦川之首，据千里秦岭之要，襟千河而拥渭水，依秦岭而阻陇坂，既是易守难攻适合休养生息的战略要地，又是气候温和适宜农耕的美丽富饶之地。自西汉宣帝神爵四年（前 58 年）开始出土西周青铜器尸臣鼎起,至清末,共出有毛公鼎、大盂鼎、散氏盘、虢季子白盘四大国宝级青铜器及其他西周青铜器数以百计,其数量之多、质量之精、铭文历史意义之重要,均居全国之首,宝鸡因此被誉为"青铜器之乡"。

庄白村是宝鸡市扶风县法门镇下辖的一个行政村,在地理位置上属于周原遗址的核心地区。1976年隆冬季节的某天中午,社员们平整土地时,无意之中铲开了一座窖穴,里面竟然整齐有序地摆放着一大批青铜器,总计103件,其中74件铸有铭文。铭文显示,该窖藏主人是一个叫作"微史"的家族。这些青铜器是微史家族世代族长存储下来的家传宝物。专家推测,西周末年,可能是由于社会动荡,微史家族外出逃难时将这些青铜器埋藏起来,希望将来有朝一日回归时再取出来。然而人算不如天算,微史家族再也没有人来取走它们,这批青铜器才能埋藏至今。

74件铸有铭文的青铜器中,史墙盘(亦称墙盘)更具有特别的价值。盘,本来是用来盛水的器具,但是以青铜制成,就不再是普通日常用器,而变成了象征着荣耀和权力的礼器。史墙盘通高16.8厘米,口径47厘米,盘深8.1厘米,重12.5公斤。盘底有284字铭文。

从铭文可知,制作史墙盘的人名墙,生活在周共(恭)王时代,因职位为史官,又称史墙。铭文前半段回顾了西周的历史,简略提及文、武、成、康、昭、穆、共诸王排序及相关事迹。后半段叙述了微史家族简史。微史家族的高祖原来是商朝人,商末居住于微地,周灭商后,高祖之子投奔周,武王令周公在周人的故地为他安排了住所。此后,微史家族的历代族长都被周王任命为史官,成为周王室十分信任的大臣。[210]

▲ 史墙盘

商尊是这批青铜器中铸造年代较早的一件，作器人庚姬原是殷商之女，她称周成王为"帝嗣"，保留了商代称天子为"帝"的遗俗。《史记·殷本纪》记载："周武王为天子。其后世贬帝号，号为王。"为什么周人要变"帝号"为"王"呢？司马贞《索隐》称："夏、殷天子亦皆称帝，（周）代以德薄不及五帝，始贬帝号，号之为王。"

庚姬是微史家族西迁第一代家主刺祖之妇，她在铭文中说：五月辰日丁亥这一天，武王的嗣位者成王赏给庚姬三十朋贝，又赐以二十名奴隶。商庚姬因此为有文德的公爹日丁作了宝贵的祭器。[211] 一般认为，庚姬所称有文德的公爹日丁——"文辟日丁"，就是指商末"三仁"之一、商纣王的长兄微子。

微子，名启，商纣长兄，因受封于微地建立微国，爵位为子爵，故称微子。微，在今山西潞城东北。《史记·殷本纪》记载，纣是帝乙的小儿子，他和哥哥微子启不是一母所生。微子启因母亲地位低贱，不是所谓正宫，所以失去了继承王位的资格。而纣则靠着母亲是正后的嫡子身份，成为名正言顺的王位继承人。

《吕氏春秋》还给出了另一种说法：纣与微子启、仲衍两个兄长乃一母同胞，纣母生他两个兄长时，身份还是妾。纣母想按照常理把微子启立为太子，太史却据法而争说："妻有子，就不能再立妾之子。"这样，纣就成了法定的继承人。

商末，商纣王奢侈迷乱，暴戾专横，滥杀无辜，天下岌岌可危。《尚书·商书》记载，微子曾多次劝谏纣王，纣王我行我素，无动于衷。微子见"纣终不可谏"，就知道商王朝灭亡不可避免。微子大概想到，真到那么一天，自己作为商王贵胄，很可能会面临杀身戮族的下场，遂在经过痛苦的思想斗争后，决定出国逃亡。

逃亡前，微子去见了他两个叔叔——太师箕子和少师比干。

微子对两个叔叔说："父师、少师，看来我们殷商已经无法正统四方而治理天下了。我先祖成汤定诸侯、成事功，布德政于上，然而纣王却醉生梦死，乱朝纲，败德于天下。殷商的大小官员无不嗜好草野窃盗，寇贼奸宄，卿士们互相效仿，诋毁圣贤，僭越法度。他们罪不容诛，却又能逍遥法外。奸邪小人各起一方，彼此为敌，相互仇杀。现在，我们殷商快要沦丧了，就像徒行渡水，却又大水弥漫，茫无涯际。殷商行将灭亡的态势，居然到了这么严重的地步！"微子顿了一下，悲愤地问，"父师、少师，我是佯狂逃亡他国好呢，还是躲避于荒野在自己国家终老好呢？请指点我救亡图存之道。我们的国家即将覆亡，可该怎么办啊！"

箕子回答说："王子，上天给我们殷商降下大祸，要使我们灭亡，然而国君却还沉醉在酒中，执迷不悟，不惧上天的威严，不听年高德劭旧时大臣的劝告。现在，殷商的臣民就是偷窃祭祀天地祖先神灵的各种贡品也都能被宽恕，就是吃掉了贡品也没有灾祸降临。纣王派下去官员，就是为了监视百姓；用以治民的手段，就是横征暴敛。有罪的人都没有被逮捕和惩治，招致普通民众无休无止的怨恨。他们团结起来，同仇敌忾，共同对付我们。这些罪行都是因纣王一人而起，却让臣民遭受痛苦而无处申诉。殷商有灾祸，我们都会承受灾难；如果殷商灭亡了，我们也不能去做别人的奴隶！我奉劝王子逃出去。我早就说过，纣王要加害于你，你要是不出逃，我殷商的宗庙将坠毁无主。人各有志，大家都以自己的行为和方式报答先王和国家吧！我就不必和你们一道逃亡他乡了。"

微子启逃亡何处，文献无载，但在周武王翦商成功后，微子又走上了历史的前台。《史记·宋微子世家》载：

> 周武王伐纣克殷，微子乃持其祭器造于军门，肉袒面缚，左牵羊，右把茅，膝行而前以告。于是武王乃释微子，复其位如故。

在庄白一号所出微史家族74件铸有铭文的青铜器中，没有关于这位高祖姓名、出身等更详细的记载，史墙盘也只是说他原来是商朝人，商末居住于微地，后来归附了周王朝："青幽高且（祖），才（在）微需处。雩武王既戈殷，微史剌（烈）祖乃来见武王，武王则令周公舍□（宇）于周，卑（俾）处□。"[212]

"烈"在古代同"剌"，是通假字，大意是说，我的高祖，本是微氏。周武王在战胜殷商以后，高祖之子剌祖前往拜见武王，武王把他收留下来，命周公在他的封地"周"给他找个地方居住。

检索商末周初的微史家族，有微子为微国始祖之东微和《尚书·牧誓》"庸、蜀、羌、髳、微、卢、彭、濮"之西微。但此西微具体情况，文献没有更详细的记载，一般认为西微国是微子的西迁后裔所建。西周封国诸侯有畿外和畿内两种，但从严格意义上说，畿外诸侯才是国，畿内诸侯并不是"国"，而称为采邑，二者的差别主要在于周王赐封土地面积的大小不同。其他权利和义务，二者并没有本质的不同。这也就是在畿内有采邑的大臣被称为畿内诸侯的原因。

庄白一号微史家族居地就在周原，也就是周公封地以内，为西周王畿核心所在，正是所谓的畿内封国。就此而言，《尚书·牧誓》之西微极有可能就是庄白一号微史家族。而微史家族的那位高祖只能是微子启。因为微子启主动归附了周王朝，周武王"复其位如故"，按照商周以来的惯例，微子启应该是将他的长子作为人质迁徙到宗周服于周人，就像当年周文王将长子伯邑考质押于商，为商纣王做御乘驾者一样，目的是表示诚意，让对方放心。

从铭文看，迁周后的微史家族（下面简称微史家族）第一代剌（烈）祖，曾在微子启的封国任过史官，所以在其作为人质进入周后，仍得以延袭旧职，成为周王朝的史官。这同微子启留在中原，后来又被周成王分封建立宋国的史实完全能够对应起来。

微史家族第二代是剌祖之子辈"乙祖"，生活在成王、康王之际。他辅佐周王，深谋远虑，鞠躬尽瘁，很快成为王室凭信的心腹重臣。史墙盘说他，顺承家业，对周朝忠心耿耿，虽身居偏远，但厚礼供奉不断，所以子孙得以声名鹊起。

第三代是乙祖之子辈"亚祖

▲ 折觥

祖辛",名折,生活在昭王之世。微氏家族铜器群中,属于折的青铜器有6件,其中尊、方彝、胱三器铭文相同,明确记有"唯王十又九祀""五月,王在厈"之语。[213]

根据折组6件青铜器和史墙盘铭文来看,折在周王室任作册之职,所以又称作册折。作册是史官的一种。这时的微史家族已经兴旺发达起来,他便从祖庙分离出来,自立新宗,废弃传统的氏族族帜而以官为氏,使用了新的氏族徽号。他经常伴随周王左右,跟随周王出巡,并于昭王十九年五月戊子,在厈地奉王命"贶又望土于相侯",就是监管相侯的意思,受到周王"易(赐)金易臣"的隆重赏赐。相氏是巴郡南蛮五姓之一。史墙盘记载,到了亚祖祖辛时,微氏家族子孙繁盛,人才济济,声名显赫,祖庙热闹异常。

第四代是祖辛之子"乙公",名登,生活在穆王之世。登道德淳厚,事父母孝顺,对兄弟友爱,勤于农事的经营管理,是一个身兼史官和农官二重身份的朝廷重臣。登也经常伴随周王出行,曾于某年六月"既生霸乙卯"这天,在成周奉王命辅助"大矩"做事而被大矩赏以金、贝。"乙公"是史墙盘的制作者墙的父亲。墙在史墙盘铭文中说:"我父亲乙公,溘然而逝,获天子赏赐;他是监察稼穑的官员,官职戍田。"

第五代就是史墙盘的作者、乙公之子墙,生活在共王时代。根据史墙盘铭文,他世袭了祖父和父亲之职,仍任作册,侍奉周王,所以他又自称为史墙。

史墙盘铭文史事丰富,追记了微史家族五代先祖,脉络清晰,措辞精练,篆书遒劲,充分体现了其作为史官才学横溢、知识渊博、功底深厚,显示了微史家族与西周王朝在文化上共生共存共发展的一体性。尤其是其铭文前段对西周文、武、成、康、昭、穆、共七代周王功绩颂扬的记载，确证了《史记》对西周从武王至共（恭）王为止的王系记载是完全正确的，对于西周史的研究具有十分重要的意义。

墙在铭文最后说了他做史墙盘的目的："我是墙，对父母孝顺，对人友善，得以子承父业，这令我受宠若惊，彻夜难眠。那日天子册封，墙恭敬受命。为了弘扬天子英明，彰显天子的垂青厚爱，特别铸制了这些钟鼎彝器，放在祭祀列祖列宗和先父的灵位前，并将天子赏赐的绶带、官服、皮革、黄耆等显贵福寿用品，供奉在家祠神龛内，愿这些祭器和尊贵用品能够千秋万代，永远相传。"

微史家族的第六代是"皇考丁公"，名㝬，乃墙的儿子。庄白一号窖藏出土㝬组带铭文铜器，包括属于礼器的8件方座簋和14件编钟，总计达到了43件，占了全部窖藏带铭文青铜器一半还多。㝬的官职是"左尹氏"，就是尹氏的副手，也是作册史官。尹氏是作册之长。㝬自称微㝬、微伯、微伯㝬，经历了懿、孝、夷三朝，在政治上显得十分活跃。他也像先祖一样，经常随王出巡，曾先后在周师录宫、郑、句陵、成周等地得到周王的勉励、册命和赏赐。周王赏赐㝬的物品主要是佩饰、攸勒、羔俎、麂俎一类。攸勒是带有络头的马具，俎是切肉用的案板。显然，㝬是深受周王喜欢的宠臣。他制造的青铜器不仅数量多，而且体型大，尤其是属于礼器性质的8件方座簋和14件编钟，不是一般贵族可以拥有的，说明微史家族传至㝬这一代，其富贵已臻顶峰，显

▲ 㝬簋

示了一个钟鸣鼎食之家的权势和地位。

微史家族在青铜器铭文中出现最晚的一代是伯先父。作器人为伯先父的青铜器有 10 件鬲，从其形制、纹饰、铭文看，比起痶鬲要晚一些，同周厉王时期铜鬲的风格一致，推测伯先父生活在周厉王时期。其铭文只是说"自伯先父作妆罇鬲"，意思是，伯先父为（妆）铸造了这件青铜礼器。伯先父的具体情况以及伯先父与痶的关系，目前没有发现更多的信息。专家们根据伯先父青铜器的形制、纹饰等体现出的年代推算，伯先父可能是痶的子辈，所以一般将他列为微史家族的第七代成员。

有学者认为伯先父是窖藏铜器群的埋藏者，但周厉王之后，还经过了周宣王时代 51 年（含共和 14 年）和周幽王时代 11 年。西周末年，贵族埋藏青铜器一般是在周幽王晚年西周岌岌可危时，原因是青铜器太过笨重，他们在逃亡途中携带不方便，所以，如果伯先父是痶子辈的话，他在周幽王晚期至少应该有八九十岁了，在那年月活那么大岁数，可能性不大。

▲ 伯先父青铜鬲

从庄白一号窖藏青铜器及相关铭文看，痎这代以后，这个曾经大富大贵的世官世禄家族就衰落下去了，大概在伯先父或其后一代时，为了防止犬戎铁蹄的践踏和骚扰，他们在匆忙之中，将这些代表着家族荣誉和地位的青铜器埋藏后，就逃离了周原。本想着有朝一日，西周可以复国，他们再返回去取回这些贵重器物，谁知，世事难料，沧桑异变，这一去竟成了永别。

西周 12 王和失传的单氏世家

陕西省眉县马家镇杨家村地处关中渭河北岸的台地上,属于传统的大周原范围,1955年、1972年和1985年这里曾出土过驹尊、方彝、编钟等西周青铜器物,在我国考古界、史学界一度引起巨大反响。

2003年1月19日,杨家村5位农民在一断壁面上取土时,竟又神奇地铲出了一个青铜器窖藏。里面藏有西周晚期青铜器27件,其中铜鼎12件,铜鬲9件,铜壶2件,铜盘、铜匜、铜盂、铜盉各1件。除了铜盂以外,其余26件器物均为"单逑"一人铸造。"单"是此人族氏,"逑"是此人之名。另外,从逑盘与叔五父匜为一个组合的情形看,"叔五父"是此人的字。根据古人"伯(孟)仲叔季"兄弟排

▲ 杨家村铜器窖藏发现场景复原

行规则,"叔"是指其在兄弟中排行老三。也有认为"叔"是对排行老二之后的所有兄弟的泛称或尊称,如周武王的几个兄弟就被称作管叔、霍叔、康叔等,管叔是老三,霍叔老八,康叔是老九。

逨自作匜,称"叔五父",为其夫人孟祁作鬲则称"单叔",为其先祖和父亲作祭器壶、盉、鼎、盘则称"单五父"或"逨"。考古学家将这批器物分别命名为逨盘、逨鼎、逨盉、单叔鬲、单五父壶、叔五父匜、"天"盉。盘、鼎、盉、鬲、壶、匜和盂都是用来盛放食物和水的炊煮器、饮食器、盥洗器一类日常生活用具,后来在商周时期逐渐演变成了用来祭祀天地祖先的礼器,并被赋予了等级的象征意义。

▲ 逨盉

27件青铜器,体积大小不一,最大的逨鼎,通高58厘米,口径50厘米,重46公斤,相当于一个少年的体重。逨盘口径54厘米,逨壶高达60厘米。最重要的是,这27件器物每件上面都铸有铭文,总字数达到了4048字。其中,最引人瞩目的是逨盘,其铭文共计21行372字。逨盘铭文是以逨家族的成员世系为主线,同时穿插以同时代的西周诸王,这样的叙述不仅使得逨家族的世代成员有了明确的时间坐标,同时又将一部几乎完整的西周王系全面展示在了我们面前,其历史价值几乎可以用"无与伦比"来形容。

西周12王和失传的单氏世家

▲ 单五父壶

逨在铭文中说，他的皇高祖单公，威武英明，知人善任，是一个有智慧有德行的人。他辅弼文王、武王，讨伐殷商，接受皇天大命，抚佑四方的诸侯国，建立周王朝，操劳国家，是顺应了天意。逨的皇高祖公叔，能辅佐成王，为王所使，接受大命。当时，北方的戎狄不来朝拜天子，成王安定了四边万国。逨的皇高祖新室仲，沉稳英明，安远善近，四方诸侯都去朝见康王。但鬼方背叛了朝廷。逨的皇高祖惠仲盠父，善和于政，成于谋略，奉侍昭王、穆王，经营四方，讨伐楚荆。逨的皇高祖零伯，耳聪心明，尽职尽责侍奉共王、懿王。逨的皇亚祖彭仲歧，直言规劝四方左右庶民，协助孝王、夷王治理国家，有成就于周邦。逨的已故父亲龚叔，端庄恭敬，严肃谨慎，和询于政，德行显著，辅佐厉王。逨说，他继承他祖父和父亲的职事，夙夕恭行自己的职责，故天子多有恩赐。希望周天子万寿无疆，保佑周邦，治理四方。

周王在逨的册命仪式上对逨说："我显赫高贵的文王、武王，从皇天那里接受大命，抚佑四方诸侯。从前，你的先人辅佐先王，尽心操劳大命。现在我遵循先祖的旧例，重申册命，擢升你的官职、爵秩，命你辅佐荣兑管理四方的林业、农业，专供王宫使用。赐给你赤色的围裙、黑色的佩玉绶带以及饰有铜饰的革质马笼头。"

逨感激天子的赏赐，赞美周王的功德，作此宝盘祭奠先祖，追念前世有文德先人的善德。有文德先人的威严英灵在天，逨恭敬在下，期望先祖赐他幸福长寿，安宁康乐，保佑他高官厚禄，善始善终。逨说，他要永远做周天子的贤臣，希望他的子子孙孙永远以此盘祭祀和纪念祖先。[214]

在逨盘铭文的前半部分，逨以第一人称的口吻，逐次叙述了包括其本人在内的八代单氏族人侍奉西周天子的事迹，同时将文王至宣王共12位周王文治武功的主要事迹也都逐一罗列呈现，语言精练，层次分明，脉络清晰，堪称一部极简西周史。铭文的后半部分，记述了周宣王宣布册封并赏赐逨的经过。逨感激天子恩德，铸刻礼器告慰祖先并以此作为纪念。

▲ 逨盘

逨盘372字的铭文，字数超过史墙盘，其中记载的先周及西周11代12王，在以往的青铜器中绝无仅有。单氏家族8代与11代12位周王的对应关系，不但印证了《史记》关于西周王系记载的正确性，而且对估定西周积年数和夏商周断代工程都具有重要的意义，同时对单氏家族史以及周王朝与西北少数民族的关系等研究都提供了重要材料，堪称"中国第一盘"。

根据逨盘的记述并结合其他26件同窖出土的青铜器铭文，我们对西周单氏家族八代的繁衍发展轨迹可以做出一个大致的勾勒还原。[215]

单氏家族第一代是"皇高祖单公"，先后辅佐文王和武王，推翻商王朝，建立了拥有广阔疆域的西周王朝，可谓西周开国元老重臣。从此世代相袭，成为西周畿内拥有采邑的世家大族。

单氏家族第二代是"皇高祖公叔"，生活在成王时代，为成王所驱使，接受大命，驱逐了不去朝贡的北方戎狄，安定了西周王朝的四方边疆，为天下和平做出了贡献。

第三代是"皇高祖新室仲"，生活在康王时代，能严于律己，明洁自身，以仁德安抚远近之人。他辅佐康王治理朝政，四夷方国纷纷前来朝拜，表示臣服。

第四代是"皇高祖惠仲盠父"，也称盠，生活在昭王、穆王时代。他长于谋略，善于和谐政事，曾先后辅佐昭王和穆王，剪伐荆楚，将仁德惠及四方。

盠的具体情况，不仅仅是史墙盘记载的那点事迹。早在1955年，眉县杨家村就经出土了西周青铜器盠驹尊，作器人就是盠。盠驹尊铭文显示，盠曾随周王在厈地参加"执驹之礼"——就是将两岁左右的小马牵离母马，教其驾车服役时举行的仪式。周王亲赐盠两匹马驹，盠受王恩后，稽首拜曰："王弗望（忘）氒（厥）旧宗小子。"这说明盠与周王是同宗，换言之，单公家族是姬姓大宗下的一个分支小宗。

与盠驹尊一同出土的还有盠方尊，其铭文记载了周王对盠的册命。周王先是册命盠率领西六师伴随"王行"，掌管西六师军务，后来又册命他职掌整个西周王朝东西方军务，并赐给他命服等物品。可见，盠并非一般大臣，而是居于西周王朝权力中枢的"六卿"之一，具有举足轻重的地位。

第五代是"皇高祖零白"，生活在共王、懿王时代。他辅佐共王和懿王，心地光明，恪尽职守，不失其责。

第六代是"皇亚祖彭仲妓"，生活在孝王、夷王时代。他能直言规劝四方左右庶民，全心全意辅佐孝王、夷王治理国家，使周王大业有成。

第七代是"皇考龚叔"，生活在厉王时代。他尽心尽力辅佐厉王，恭敬严谨，和顺政事，高风亮节，德厚流光。

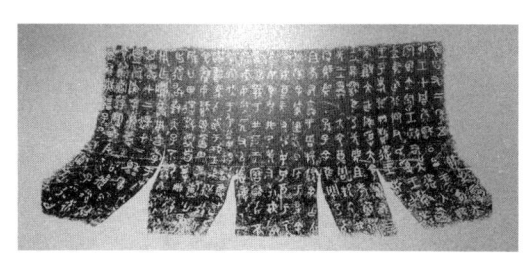

▲ 周宣王四十二年逨鼎及其铭文拓片

第八代就是逨盘的主人逨，生活在宣王时代。逨承袭了先祖和父亲的职事，早晚勤勉敬慎，鞠躬尽瘁，多次受到宣王的册命提迁和赏赐。

同窖出土的周宣王四十二年逨鼎铭文记载，周宣王四十二年（前786年）五月中旬乙卯这天天刚亮的时候，宣王就从康穆宫来到太庙，主持逨的册命仪式。宣王说："逨，我显赫高贵的文王、武王，从皇天那里接受大命，抚佑四方的诸侯方国。从前，你的先人辅佐先王，尽心操劳大命。因此，我没有疏远、忘记圣贤的子孙们。我惦念你的先辈有功于周邦，因此做了兵器。我封长父（亦称尚父）到杨地为侯，你要尊重他，到他军中效力。你要效仿你的先辈，攻打猃狁。你出兵，初捷于井阿、历厰，你没有懈怠征战之事，又辅佐长父乘胜追击，在弓谷彻底打败了猃狁，抓获俘虏，斩割敌人左耳，并俘获了器械、车

西周 12 王和失传的单氏世家

马。你勤勉于征战之事，战斗很顺利。我赐你用黑黍酿造的酒一壶，并赏你土地：在寏三十田，在捋二十田。"

同窖出土的四十三年逑鼎铭文记载，周宣王四十三年（前785年）六月中旬丁亥这一天，宣王在周庙对逑进行册命。宣王说："从前，我曾册命你辅佐荣兑管理四方的林业、农业，专供王宫使用。现在，我考虑你的先祖对朝廷的贡献，重申册命，增高你的官职、爵秩，册命你司管历人（指藏匿罪犯之人，还有一说是指俘虏人员）。你施政办事要时刻谨慎，不安贪图安逸，放纵自己。没有法依就不要处罚（依法施政），审讯庶民要明辨是非。不公道，就不要施政办事。不要贪得无厌，中饱私囊。如果贪得无厌，中饱私囊，那就是宽恕放纵自己，那就是欺侮那些无依无靠的人。如果你没有按照我的告诫去施政，那就是王我的过错，我就没有恪尽职守。"接着，宣王就赏赐了逑矩鬯、礼服、鞋子、车饰、马匹等物品。

▲ 四十三年逑鼎

宣王最后又叮嘱逑："你时时刻刻都要恭恭敬敬地做事情，不要背弃我的旨令。"

宣王对逑连续册命提拔和赏赐，可见逑在周天子心目中拥有极高的地位。难怪2003年眉县杨家村青铜器窖藏出土的27件铜器，竟有26件都属逑一人所有，特别是体积庞大、形制特殊、铭文长达372字的逑盘，充分体现了其位高权重、势大财粗的豪门贵族身份特点。

但这并不是逑所拥有的全部青铜器，1985年眉县杨家村出土的一座青铜器窖藏中,其中有 13 件青铜钟、镈也是逑所铸造。换言之,属于逑铸造的青铜器前后已发现两批,共计 40 件。因为青铜器本身的发现具有偶然性,所以逑铸造的青铜器到底还有多少没被发现,谁也说不清楚。

逑之所以能够拥有如此高的权势和地位,当然与其本身的能力、努力和敬业态度是分不开的,但更重要的是,西周官僚结构实行的是贵族世袭制,单公家族世代辅佐周王,功绩显赫,逑受家族先祖庇荫,拥有了走上历史前台建功立业的机会,而他成功地抓住了机会,靠自己的天赋和努力,得到周宣王的青睐,不断跃升,在他这一代,将单氏家族势力发展到顶峰,成就了一个"威名倾国、权比三公的钟鸣鼎食之家"[216]。

就是这样一个根基雄厚、势力庞大、与西周王室同宗的世官世族,在传世文献中竟没有哪怕片言只语的记载。直到春秋时期,单氏家族才开始出现在历史舞台上,单襄公、单靖公、单顷公、单穆公等,都先后在东周王室出任要职,成为周王可以倚重的股肱重臣,甚至在一定程度上左右了周王室的天子人选。在春秋后期发生的"王子朝之乱"中,单氏家族支持周敬王平乱,取得最终胜利。按《韩非子·说疑》的说法,战国初年还发生了"单氏取周"这样的历史事件,然而单氏家族也从此开启了衰落的轨迹,之后很少出现在政治舞台上,至战国中晚期,单氏家族就完全湮没在了历史的长河中。

西周首都以讹传讹的历史记忆

一

这是一个意外的发现，也是震动学界内外、改写中国历史的一个重大发现。

2020~2021 年，周原考古队通过读图和调查，发现周原遗址上有城墙线索。他们随后运用铲刮断面、钻探、试掘、大面积揭露等手段，确认存在大、小两座大致呈长方形的规整城址，并发掘了大城东南角和东城门一座。小城东西长 1480 米，南北宽 1065 米，面积 175 万平方米。大城在小城东南，东西长 2700 米，南北 1800 米，面积 520 万平方米。根据出土遗物和碳十四测年，小城始建年代大致在商末周初，废弃于西周末年；大城始建年代在西周晚期，同样废弃于西周末年。[217]

这是个什么概念呢？如果就遗址规模来说，整个周原遗址面积约 33 平方公里，而地处西安沣河流域的镐京遗址是由沣东和沣西两遗址组成，沣东面积约 9.2 平方公里，沣西面积 8.6 平方公里，二者加起来也仅是周原遗址面积的 54%。镐京被认为是西周的首都,但目前尚未发现城墙遗址。根据镐京现有的遗址面积和地形、地势看,不太可能容纳 500 万平方米以上的城址。地处洛阳地区、被称为西周东都的洛邑,其面积也仅仅与刚发现的周原大城面积相当。有专家认为,新发现的周原大小两座城址应该也是西周的都城,而且极有可能是西周真正的政治、经济和文化中心。然而,在目前通行的历史教科书、历史著作和秦汉以来的文献中,西周只有丰镐一座正都和洛邑一座辅都。

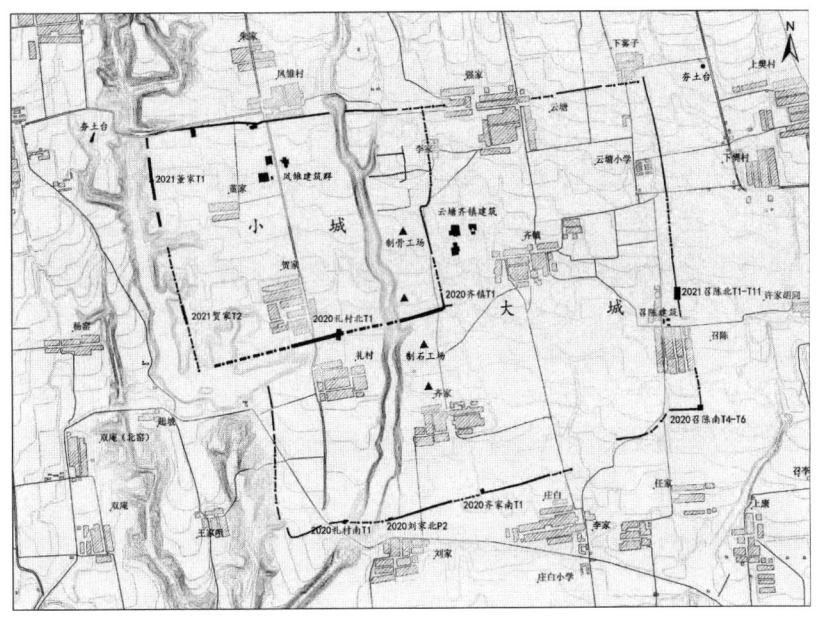

▲ 周原大小城址示意图[218]

疑问暂时搁置,我们先来看看周原这大小两座城址的具体情况。

小城位于周原遗址的西北部,北起凤雏南,南至礼村北,西界王家沟,东抵李家—强家一线,方向352°。城址北、东、南三面都有人工城壕环绕,西面是以自然形成的王家沟为壕。城内西周遗迹丰富,星罗棋布。凤雏宫殿建筑群位于城内北部正中，齐家北玉石作坊和云塘制骨作坊位置靠近东墙内侧，云塘水池位于城内东北角，裘卫家族铜器窖藏位于西墙边上。此外，城内还散布着西周时期的多座墓葬。

凤雏宫殿建筑群主要由甲组、乙组、F3、F4以及F6至F10等重要建筑基址构成。[219]

甲组建筑基址发掘于1976年，南北长45.2米，东西宽32.5米，面积1469平方米，相当于三个国际标准篮球场面积加起来的总和。基址方向为南北偏西北10度，以门道、前堂和过廊居中，东西两边配置门房、厢房，左右对称，布局整齐有序。无论是照壁的设置、厢房的布置，还是精致的东西小院，体现出的都是明显的封闭性和私密性。考虑到在两间厢房中发现的有可能是作为庖厨之用的烧灶，考古人员推测甲组建筑是寝宫。

考古队曾在其中一间厢房基址下面发现了一座储存甲骨的窖穴，发掘出1.7万多片甲骨，但大都是破碎的小块，其中刻字的有282片。有学者认为，这些甲骨文为周文王所刻，是周文王对商王朝和周人战争、祭祀等事项的卜问实录。如："八月辛卯卜曰：其梦启；往西，亡咎，获其五十人？"[220]意思是，八月辛卯这天占卜，做梦得到启示，往西方没有灾祸，能捕获50个人吗？

文王为什么想要捕获50个人？有学者推测是商王对周人有提供人牲具体数量的要求。

乙组基址位于甲组西侧，相距约12米，二者大致平行。乙组与甲组前堂结构类似，但规模要大一些，并且呈现出了更多的开放性，推测是朝会的宫室。

甲乙两组基址空间位置毗邻，共同组成了宫殿的主要建筑——周王的朝寝之所。

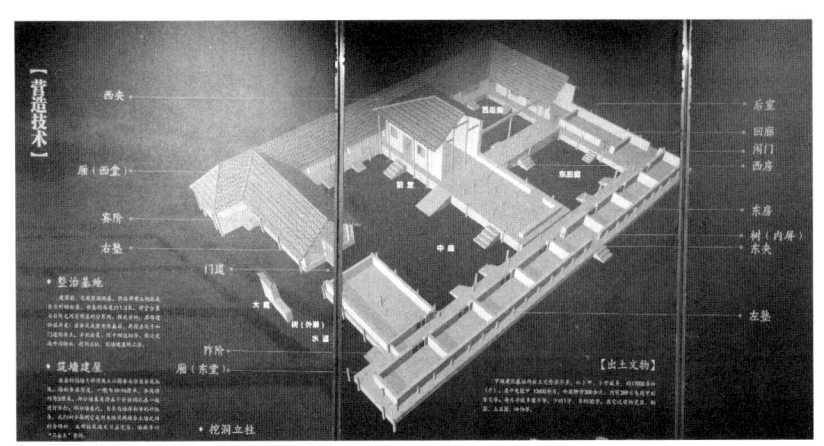

▲ 甲组基址（寝宫）复原解剖图[221]

F3 平面呈"回"字形状，四面为夯土台基，中间为长方形庭院，总面积 2810 平方米，是迄今发掘的最大规模的西周建筑基址。推测是供奉周人祖先的太庙。

太庙也称周庙、周太室，《尚书·武成》记武王灭商之后于四月丁未日这天，在周庙举行祭祀大典。甸、侯、绥三服诸侯，奔走忙碌，手执豆笾，参与祭祀。向祖宗报告伐纣的武功成就。

《逸周书·世俘解》也记载了武王战胜殷商凯旋后举行的献俘告祖礼。武王命人杀掉所俘殷王武士百余人和 40 个小氏族的首领后，又命司徒、司马在外朝南门处剥掉众多俘虏的衣服，夹道示众，然后再将他们驱赶到内朝杀掉，取下他们的头颅献祭众位先公先王。之后又由太师吕尚用白、红两种旗杆挑着商纣及其二妻的首级进入太庙，作为牺牲，燎祭位居上帝左右的先祖木主（祖先牌位），以示伐纣事业大功告成。

西周青铜器小盂鼎铭文也有类似的献馘仪式记载，盂在周庙向康王报告征伐鬼方的战果，两次战役共执获敌人头目 3 名，俘敌 13081 人，斩获敌人左耳 4802 只，另缴获车 30 辆、牛 355 头、羊 38 只、马若干。康王命令审讯敌人头目，对方回答，因为周人先在边界挑衅，故而叛周。审讯后，康王命人将敌人头目斩首，献于宗庙。康王祭祀后，对盂赏赐，盂作此鼎以纪念。

根据上述文献、金文以及西周青铜器免簋、盠尊、三年师兑簋、卌三年逑鼎等铭文记述的周王在太庙或周庙举行册命礼等情况，推测太庙可能是包括太王古公亶父、王季姬历、文王姬昌、武王姬发及成王姬诵五位庙主在内的庙室。

F4 是 F3 的附属建筑，应是周庙在使用过程中增建的"图室"，是存放地图或者先王图像的地方，也有王宫典籍文献和档案文书保藏室的性质。西周晚期的无𠭰鼎记载，周王曾在周庙图室中，举行对无𠭰的册命礼："王格于周庙，贿于图室，司徒南仲右无𠭰入门，立中廷，王呼史翏册命无𠭰。"[222]

F6~F10 位于甲组基址东侧约 50 米处，五组建筑面积从 278.59 平方米到 70 多平方米不等，建筑年代有早有晚，从西周早期一直延续到西周晚期。它们环绕分布但又各自独立，组成一组相对闭合的建筑单元，因其位置在周原的核心地区，推测应是西周康宫宗庙。

"康宫"是周康王之宗庙。西周中期的望簋铭文记载，周昭王在其继位十三年六月初吉戊戌日，曾在"周康宫新宫"对"望"进行册命。"周康宫新宫"是周昭王为父亲康王后来建成的宫庙建筑。除此以外，辅师𤲞簋、扬簋、申簋盖、夹簋、走马休盘等西周中晚期青铜器铭文中还有周康宫、周康寝、周康庙、周康昭宫、周昭宫、周康穆宫、周康宫穆宫、周康宫穆太室、周穆王太室、周康宫夷宫、周康夷宫、周康宫夷太室、周康厉宫等字样，表明康宫是一座包含康宫、昭宫、穆宫、夷宫、厉宫在内的宗庙建筑群，分别供奉的是康王、昭王、穆王、夷王和厉王。

大城位于小城东南，基本涵盖了周原遗址的核心部分。其北起小城北墙延长线即强家—云塘一线，东至下雾子—召陈一线，南抵庄白—刘家北一线，西达王家沟。如前所述，大城城墙建于西周晚期，废弃于西周末期，与大小城城墙废弃时间一致。从南墙、东墙多个地点来看，至汉代时大城墙已经完全夷平。

大城的东墙下发现有墙基、城台、门道、门塾、瓮城、马坑等遗迹。瓮城有内、外瓮城各一座，其中部各发现一个马坑。考古队发掘了外瓮城里的马坑，发现坑内埋四匹马，马头向南，佩戴有青铜马具。马牙经测年校

▲ 外瓮城里埋有四匹马的祭祀坑[223]

正后，大致时间在公元前792～前776年，是为西周晚期。《左传·襄公九年》记载"祝宗用马于四墉"，据此推测，这两座马坑应该是与城门有关的祭祀遗存。

大城内分布的主要是西周中晚期遗存，北墙、东墙外遗存较为稀少，但南墙外则分布有大面积的遗址。云塘—齐镇建筑群位于大城内北部，靠近小城墙；召陈建筑群位于大城东墙内侧；墓葬散布于大城

内各处，铜器窖藏散布在大城内外，如任家、庄白窖藏位于大城南城墙外，李家铸铜作坊位于大城外东南。

大小两座城址的发现给以往考古材料提供了参照背景，使人们能把孤立的发现联系起来重新予以评估。如齐家北的铸铜、制石、制骨作坊，过去只知道它们集中在一起，靠近云塘水池，现在明白这片手工业区沿东墙分布，是为了远离早期的城市中心。

再如青铜器窖藏，过去认为它们散布于周原遗址，现在明白，除了小城西墙附近发现的裘卫青铜器群外，其余那些窖藏都在小城之外。之所以有这样的分布，是因为窖藏铜器的主人都是各级官僚贵族，他们居住于小城之外。这也就是说，在西周晚期，凤雏宫殿区所在的小城应该是王城，小城以东、以南的大城则是外郭城。

二

曹大志先生撰文，从遗址内涵、布局和区域视角等方面，对周原和镐京两处遗址进行了比较。[224]

他认为，首先，从遗址内涵来看，截至目前，周原已经发现了上百座夯土建筑基址，其中已发掘的凤雏三号建筑面积达到了 2180 平方米，是迄今所见西周时期规模最大的单体建筑。镐京遗址只发现 27 座夯土基址，规模最大的 4 号基址，面积仅 1800 多平方米；周原调查、发掘的带墓

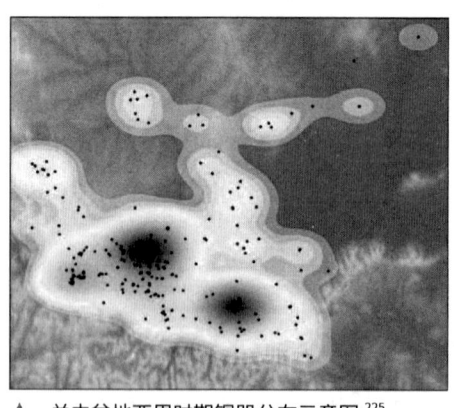

▲ 关中盆地西周时期铜器分布示意图 [225]

道的高等级大墓已有 9 座，镐京只在张家坡发现了 4 座带墓道的井叔墓；周原出土了西周从早期到晚期各阶段的青铜器 700 多件、玉器 7 件，镐京只出土铜器 400 多件，玉器没有。周原的各类遗存都比镐京丰富，意味着其背后是更多的人口、更多的贵族官僚和更多的财富。

其次，从遗址布局来看，周原遗址是选择在宽广的原面上。新发现的城址形状方正，小城北部的大面积夯土可能是宫殿区；凤雏建筑群坐落有序，方向与城址一致；小城外、大城内是贵族官僚的官署、宅邸以及手工业作坊区，层次分明，秩序井然，城市建设明显经过了严谨的规划。镐京遗址周围是大面积的水域低地，主要建筑都在高起的郿坞岭上，迄今还看不清楚城市的规划情景。需要说明的是，郦道元《水经注》认为汉武帝开凿昆明池对镐京遗址的破坏很大，这种看法后来也成了史学界的主流认识。但考古发现汉代昆明池并没有打破镐京遗址边缘的情况，附近的地形变化不大。汉唐昆明池实际上是以当时已经存在的天然水域为基础修建的。[226]

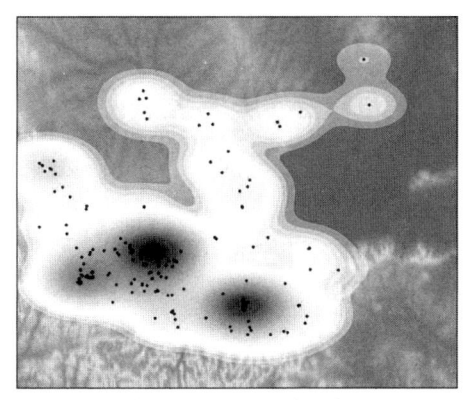

▲ 关中盆地西周早期铜器分布示意图

再次，从区域视角来看，作为王畿的关中地区是全国出土西周青铜器最多的地方，而周原遗址所在的关中西部出土铜器数量又明显高于镐京所在的关中东部。根据铜容器的数量、分布来观察各个时期贵族分布的密度，可以看出关中东部的贵族数量分布较少，当与西周时期的开发程度不高有关。[227] 以周原遗址为中心，关中西部有一个明显的青铜器密集出土区。镐京遗址出土青铜器432件，只占到周原的60%。周原是西周自始至终最主要的一个中心，而镐京遗址在西周中期后明显衰落。周原遗址出土西周早期青铜器174件，中期237件，晚期294件；镐京出土西周早期青铜器143件，中期176件，晚期100件。

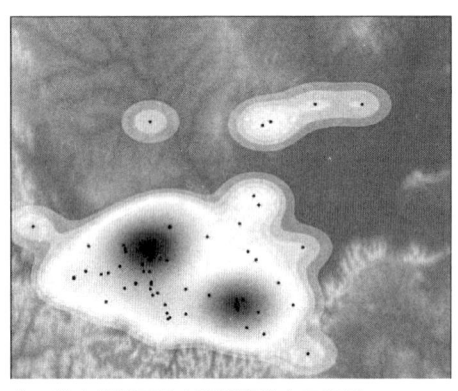

▲ 关中盆地西周中期铜器分布示意图

曹大志先生特别强调，上述结果有很强的人为干预因素，不是随机条件下的自然产生。因为镐京遗址有长期系统的考古工作，墓葬发掘数量远超过周原，主动发掘所获的青铜器有198件，占全部出土青铜器的47%；周原发现的铜器大部分是出于偶然因素，主动发掘所获只占16%。假如两处墓葬发掘工作的程度相同，出土铜器数量的差距估计会更大。

为排除人为因素干扰，曹大志以两处遗址各种原因偶然发现的青铜器为例，做了个简单的对比说明。西周早期出土青铜器的单位，周原发现55个，出土102件青铜器，镐京发现37个，出土56件青铜器；西周中期单位，周原发现31个，出土84件青铜器，镐京发现11个，出土37件铜器；西周晚期单位，周原发现49个，出土402件铜器，镐京发现16个，出土128件铜器。无论是单位数还是青铜器数量，周原都是镐京的2～3倍。

青铜容器是贵族官僚阶级重要财富的物质反映，尽管有时也会转手易主，但大多会埋藏在这个群体的居地附近。放眼观察青铜时代的中原文明，青铜容器集中出土的地方都是当时的政治、经济和文化中心。从这个意义上讲，"丰镐（即镐京，下同。引者加）在西周早期的地位比较重要，中期以后严重衰落；周原的地位一直很重要，即使在丰镐最繁荣的西周早期，周原出土铜器的数量也多于丰镐。在西周绝大部分时间内，周原的地位始终重于丰镐。"[228]

联系前述周原遗址面积约 33 平方公里，远远大于镐京遗址，且在西周早期周原就建起了面积为 175 万平方米的小城，西周晚期又修筑了 520 万平方米的大城，那么我们似乎可以得出这么一个结论，镐京遗址并不是西周的首都，它只是文王、武王父子从翦商布局考虑而在沣河流域设立的一座辅都——一个战略指挥中心而已。西周自始至终的首都都在周原，就是新发现的小城、大城。西周实行的也并非传统认定的镐京和洛邑双都制，而应该是包括周原遗址在内的三都制。镐京也并不是我们历史概念中的宗周，真正的宗周在周原，就是新发现的大城和小城。

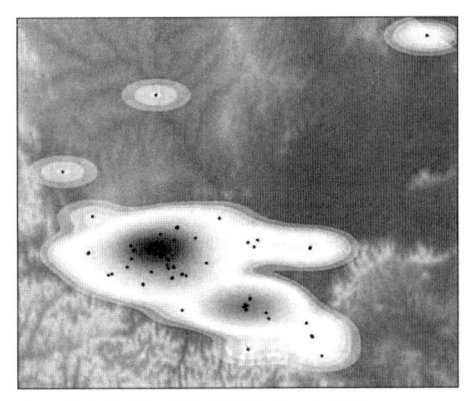

▲ 关中盆地西周晚期铜器分布示意图

所谓宗周，一种说法认为是周人祖宗所在地，是供奉有周人祖先木主牌位的太庙所在之都城。《左传·庄公二十八年》云："凡邑有宗庙先君之主曰都，无曰邑。"就此而言，宗周就是有些研究者所说的圣都，而镐京和洛邑则是西周之俗都。

还有一种说法认为，宗周是表周室为天下宗主的意思，如《左传·昭公十六年》载:"《诗》曰:'宗周既灭,靡所止戾。'"杜预注云:"言周旧为天下宗。"《史记·伯夷列传》记载:"武王已平殷乱,天下宗周。"《周本纪》也有同样的说法:"宣王即位……法文、武、成、康之遗风,诸侯复宗周。"

宗周这个概念应该包涵了上述双重意义在内。梳理战国以前文献、甲骨文和金文的记载,我们发现,周原新发现的这两座大小城址原来也是有记载的,它的本名叫"周",因为其中建有周王室宗庙、宫殿,还是周王长期居住、号令天下的地方,所以,世人才称之为"宗周",属于加在"周"头上的一个尊称、美称。

三

自从公元前12世纪末叶古公亶父率领周人从豳地迁徙周原以后,周原就成了周人繁衍成长的生息之地。经过古公亶父、季历和姬昌三代人潜心努力,周国一跃而成为西方的霸主,拥有了同商王朝抗衡的资本。为了更方便更稳妥地实施翦商大业,在公元前11世纪后半叶,周文王迁都丰,将周人的战略指挥中心东移至今西安沣河西岸。文王"出师未捷身先死",武王继承他的遗志,在沣河东岸营建新都镐,同原来地处沣河西面的丰连接起来,形成了一个横跨沣河两岸的大都邑,史称丰镐、镐京。武王在此率周师东进灭商建立周王朝,之后在其子成王主政时,又在豫西今洛阳地区建立了东都洛邑,史称成周。

终西周一朝,成周一直是作为辅都而存在,而镐京也可能只是在武王时期临时发挥了重要作用,或者可以说仅是武王时期的都城,西周真正的政治、经济、文化中心应该一直在周原的故都——"周"。

从战国以前的文献记载和传说看,没有一例将宗周与镐京混为一谈，也就说，宗周与镐京各是各，二者根本不是一回事；同时，也没有一例是将周与宗周并立在一起谈的，因为二者本就是一回事，"周"即宗周，宗周即"周"。

《诗·小雅·正月》云："赫赫宗周，褒姒灭之。"这里的宗周应该说的就是周原圣都"周"。这样的例子数不胜数，如《逸周书·世俘解》记载武王征商，"王乃步自于周，征伐商王纣"，武王灭商之后，"朝至燎于周""告于周庙"；《作雒解》记载"武王既归，乃岁十二月崩镐，肂予岐周"；《度邑解》记载"王至于周"。这些记载说明，武王时期，政治军事重心虽然移到了镐京，但"周"仍然很重要，武王施行的可能是双都制，毕竟两地距离也才百十公里。

在文王、武王离开周原，以镐京为都治国期间，应该是授命周公治理周原的，因为周公的采邑（封地）在周原，这也是姬旦被称为周公的原因。汉代郑玄《诗谱·周南召南谱》说："文王受命，作邑于丰，乃分岐邦周、召之地，为周公旦、召公奭之采地……元子世之，其次子亦世守采地。"《史记·鲁周公世家》集解引谯周说："以太王所居周地为其采邑，故谓周公。"

武王之后的成王时期，周原圣都的地位仍然极其重要，甚或超过了镐京。《尚书·多方》记载成王二次东征后返回，"王来自奄，至于宗周"，《尚书·召诰》记载成王早上从"周"出发，到达丰后停留，"王朝步自周，则至于丰"。

前述在小城凤雏宫殿甲组建筑一间厢房基址下面发现的282片刻字甲骨，也有两例谈到了"周"，其一："祠自蒿于周。"[229] 其二："丁卯，王在周，乎宝卜曰……"[230] 两条卜辞的内容都是说占卜之地在"周"，而这些刻字甲骨又恰恰发现在那间厢房基址下面废弃的灰坑里，

西周首都以讹传讹的历史记忆

说明这个地方很可能就是"周"。

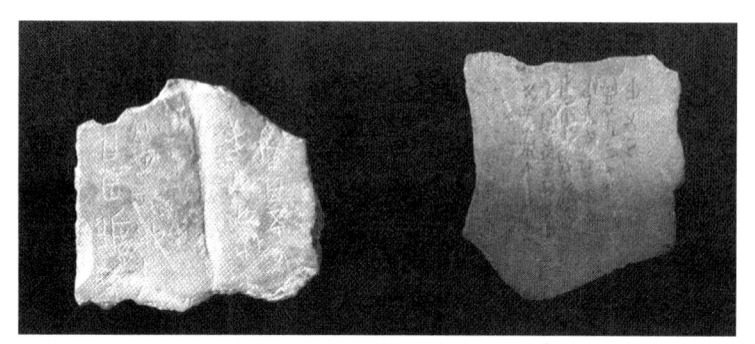

▲ 小城凤雏宫殿建筑群中出土的卜骨（左为前述"五十人"卜甲）

金文中出现的"周"字更多，曹大志先生曾做过一个统计[231]，金文中含有"周"，且所述事件发生在"周"地的青铜器到目前为止已经发现有 121 件，其中 69 件有明确的出土地信息，而周原地区就占到了 32 件，几近一半，一直被认为是宗周的镐京遗址只出土了 5 件，至于成周洛邑所在的洛阳地区更是少到只有区区 2 件。其余散见各地。

一般来说，青铜器埋藏地点就是青铜器主人所在地区，这些青铜器主人无一例外皆为在西周王朝任职的王公贵族，大都是因为在"周"地接受册命以后，为纪念此事而回到府邸花重金请工匠铸造的具有纪念性质的器物。就此而言，这些青铜器之所以大多出土在周原遗址，是因为其主人的府邸或就职地区就在周原，而且绝大部分应该就在首都"周"城以内。这也从一个侧面反映了"周"才是西周王朝行政中心的史实。如生活于西周中期的贵族裘卫，曾在"周"大室接受周王的册命，还同其他贵族做过涉及皮毛交易的"买卖"，他的职务是《周礼·天官》所提到的司裘，就是掌管毛皮服装制作，管理王国有关皮革诸事，属王室官员之一。裘卫家族的窖藏青铜器就出土于周原遗址小城西墙附近一带。

再如生活于西周晚期的贵族克，在宫廷中任职膳夫，具体是"掌王之食饮膳羞，以养王及后、世子"(《周礼·膳夫》)，但他还有一个职能是出纳王令及其回复，在地方进行军事巡查。克氏家族青铜器于1890年出土于扶风县法门寺任家村，包括大克鼎1件，小克鼎1件，克钟5件，还有克盨、克镈等器物。其中两件克钟铭文组成一篇完整的铭文，而这篇铭文又被完整地镌刻

▲ 克镈

在同时出土的克镈上。大意是说，克于王十六年九月在康王庙中的一个宫室中被周王召见，接受诏命，沿泾水东到京师巡查，完成任务后，受到周王给予车辆和马匹的赏赐；为追念逝去的先辈，并祈求福运铸造了此器。

除此以外，周原遗址还出土了至少36件刻有"周"字的陶器和石器。有学者指出，"周"铭陶器集中出土在周原，说明这些陶器的制造地就在周原，周原就是陶文中的"周"。[232] 当然，周原之外的其他地区偶然也有"周"铭陶器和铜器出土，但毕竟是偶然，可能是交易或其他原因所致，不具备普遍性。

从现有的材料看，将镐京与宗周混为一谈是在战国时期。至少在战国末年，镐京就是宗周的说法已经很流行了，以至于战国末年的《毛诗》和西汉时期的《史记》都采用了这一说法，并因此可能造成了

这段历史的讹误，使得真正的宗周作为西周圣都被无情的岁月所淹没。

为了区别周原、镐京和洛邑三个地方，当代研究者常以岐周指代周原，以宗周指代镐京，以成周指代洛邑。从现有的材料看，"岐周"一词始见于《孟子·离娄下》和《逸周书·作雒解》，不是西周和春秋时期的称呼，而是战国时期追述性的叫法，显然，这些都与西周圣都——"周"在历史语境中的消失有关。[233]

之所以会发生如此不可思议的"历史事件"，想来有以下几个原因：

一是周原圣都宗周被犬戎所破，周幽王被杀于骊山脚下，是一件丢人的事情，向来以文明自诩的华夏民族，采取了传统的春秋笔法，即所谓"为尊者讳耻，为贤者讳过，为亲者讳疾"（《春秋穀梁传》）的策略，导致这段历史被掩盖。

二是周原从大的地理位置上说，属于华夏边缘的西戎活动地域，深受华夏正统影响的一部分史官也故意遮蔽了这段历史。

三是随着政治状况的变化，西周时期曾经使用过的政治用语也随之发生了变化，宗周在有些时候就成了周王所在地的指代，如《穆天子传·卷四》"自宗周瀍水以西"，《礼记·祭统》云"即宫于宗周"，郑玄注解释是："周既去镐京，犹名王城为宗周也。"而"周"城则在更多的时候被当作了周代、周王朝、周王室的代名词。

最后一点是，到战国时期，周王室在诸侯倾轧、礼乐崩坏的背景下，已经变得无足轻重，甚至到了可有可无的地步，宗周已经不是作为一个常识而存在了，难免以讹传讹，造成历史文本的错乱。

周人编造的凤凰山神话

"有卷者阿,飘风自南"出自《诗经·大雅·卷阿》,大意是说,有一座蜿蜒曲折的丘陵,大风从南面呼呼刮来。既然是山陵上,应该是雄伟高耸,四面临风,为什么会发生"飘风自南"的现象?原来这座山叫作卷阿山,就是位于今陕西省扶风县凤鸣镇的凤凰山:"卷阿在县西北二十里,岐山之麓。"(《岐山县志》)西北—东南走向,西高东低,形似卧蟾,俗名蟾岭坡。岭上荆棘丛生,草木丰茂。因其东、北、西三面都有山岭环绕,唯南面与平地相接,所以风只能从南面吹进去。

周王朝的兴起据说是因凤凰鸣于岐山:"周之兴也,鸑鷟鸣于岐山"(《国语·周语》)。鸑鷟是凤凰的别名,周人为此又称岐山为凤凰山。

《诗经·大雅·卷阿》总共十章,就用了七、八、九三章对展翅凌飞的凤凰和百鸟进行了活灵活现的描述和竭尽所能的渲染:

凤凰于飞,翙翙其羽,亦集爰止。蔼蔼王多吉士,维君子使,媚于天子。

凤凰于飞，翙翙其羽，亦傅于天。蔼蔼王多吉人，维君子命，媚于庶人。

凤凰鸣矣，于彼高冈。梧桐生矣，于彼朝阳。菶菶萋萋，雝雝喈喈。

参照姜亮夫等《先秦诗鉴辞典·卷阿》和周振甫《诗经译注·卷阿》，翻译过来，大概意思是：

高高青天凤凰飞，百鸟展翅紧相随，凤停树上百鸟陪。周王身边贤士萃，任您驱使献智慧，爱戴天子不敢违。

高高青天凤凰飞，百鸟纷纷紧相随，直上晴空迎朝晖。周王身边贤士萃，听您命令不辞累，爱护人民行无亏。

凤凰鸣叫示吉祥，停在那边高山冈。高冈上面生梧桐，面向东方迎朝阳。枝叶茂盛郁苍苍，凤凰和鸣声悠扬。

诗以凤凰比拟周王，以百鸟比拟贤臣，用凤凰展翅高飞、百鸟紧紧相随，比喻贤臣拥戴周王，共同取悦百姓，即"媚于天子""媚于庶人"。然后又通过描写高冈梧桐郁郁苍苍，朝阳鸣凤宛转悠扬，渲染出一种君臣相得的和谐气氛。

据《汲冢纪年》记载，成王三十三年，游于卷阿，召（康）公随行，《卷阿》一诗乃"召康公戒成王"（《毛诗序》）之作。清代方玉润在《诗经原始》中评价此诗："盖自凤鸣于岐，而周才日盛。即此一游，一时扈从贤臣，无非才德具备，与吉光瑞羽，互相辉映，故物瑞人材，双美并咏，君顾之而君乐，民望之而民喜，有不期然而然者。故又曰'媚于天子''媚于庶人'也。然犹未足以形容其盛也。九章复即凤凰之集于梧桐,向朝阳而鸣高者虚写一番,则'萋萋萋萋''雝雝喈喈'之象,自足以想见其'跄跄济济'之盛焉。"

不管《卷阿》是不是召公所作,诗歌本身却是在渲染一个美好的传说。《竹书纪年》记载,周文王率领周人在岐山南麓韬光养晦,蓄意灭商时,山上忽然传来一阵阵凤凰悦耳的叫声,随后,凤凰衔"受天命"之书飞临文王都邑上空:"文王梦日月著其身,又鸑鷟鸣于岐山。孟春六旬,五纬聚房。后有凤凰衔书,游文王之都。"在古人的观念中,凤凰是祥瑞之鸟,代表着美好。岐山有凤凰栖息鸣叫,人们就认为是文王施行德政的缘故,是周人兴盛的吉兆。后来,周武王翦商成功,建立周朝,凤凰遂被周人视为圣鸟。

1992年,由北京大学考古专业师生联合山西省文管会组成的考古队在山西临汾天马—曲村遗址发现了晋侯墓地,其中114号和113号是晋侯燮父及其夫人墓,尽管两墓遭遇严重盗扰,考古队还是在燮父墓中出土了一件十分贵重的青铜器——鸟尊。[234]

当初出土时,由于遭遇爆破性盗墓,这件鸟尊实际就是一堆破碎的铜块,后来经过修复以后

▲ 晋侯墓地114号燮父墓出土的鸟尊

才成了我们今天看到的这个样子:整体看是一站立的高冠凤鸟形,造型生动,栩栩如生。凤鸟通体饰有鳞毛状纹样,两翅和两足装饰的是卷云纹。鸟背上有盖,盖上有一鸟形钮,盖的内侧刻有铭文"晋侯乍

周人编造的凤凰山神话

▲ 鸟尊铭文：晋侯乍向太室宝尊彝

向太室宝尊彝"。但鸟的尾部和尖喙都已残缺不全。残长30.5厘米，宽17.5厘米，通高39厘米。

铭文中的"晋侯"指的是第一代晋侯燮父，"太室"是太庙的主要建筑。"彝"是彝器，一种祭器。"尊"，今作"樽"，是商周时一种酒器，也是祭器。铭文大意是说，晋侯燮父做了这件高规格的祭器，置于太室之中用于祭祀。

晋侯燮父是晋国第一代国君唐叔虞的儿子、周成王的侄儿、周武王的嫡孙。燮父制作的鸟尊实际上是一只中国传统理念中的凤凰形象，系周人精神信仰的一种体现，《周礼》记宗庙祭器有所谓"六尊六彝"，其中就有"鸟彝"。燮父将鸟尊作为祭器放置于供奉周人先祖的太室之中，显然是将凤凰作为了周民族信仰的图腾。

不过，凤凰鸣于岐山肯定是不存在的，因为凤凰是只出现于神话中的瑞鸟。"周之兴也，鸑鷟鸣于岐山"如果真的存在，那只能说"鸑鷟"并非凤凰而是另一种别的什么鸟儿。只是为了鼓动人心，周人采取了偷梁换柱的办法，将"鸑鷟"附会为代表祥瑞的神鸟凤凰，是周人为他们取代殷商而拥有天下所编造的一个所谓"天命大德"的神话故事。

为了让这个故事显得更真实，更具有蛊惑性，周人甚至将子虚乌有的凤凰纳入周人的宗教体系并奉为圣鸟。晋侯鸟尊的出土无疑实证了周人以凤凰为民族图腾这样一个史实，换句话说，这一传说至少是周王朝从上至下共同信奉的一个"真实的历史事件"。

周公庙遗址就是周公采邑所在

一

凤凰山不仅仅是凤凰鸣于岐山传说发生的地方，而且从周初3000年以来，一直盛传是周公封邑所在。唐初武德年间，唐高祖李渊为了缅怀周公勤政德贤的丰功伟绩，下诏在凤凰山南麓为周公建立了祠庙，始称周公祠，就是今天俗称的周公庙。后经宋、元、明、清历代修葺、扩建，形成了以周公、召公、太公三公殿为主体，后稷、姜嫄殿为辅，亭、台、楼阁点缀辉映的古代建筑群。今天所见周公庙风景名胜区，依然规模宏大，占地面积约62万平方米，保存有30多座古建筑、十数棵汉槐唐柏，古木参天，浓荫蔽日，是全国规模最大、保存最完整的周公庙宇古建筑群。

从唐初至今1500年以来，周公庙一直就是人们纪念周公的胜地，像韩愈、苏轼、康有为等许多文人墨客都曾来此凭吊周公，一抒情怀，留下了数不清的诗文墨宝。

▲ 周公庙"飘风自南"殿

在距离周公庙不远的法门镇有一个古老的村庄，叫周家村，村里的人都姓周。尽管今天的村民并不清楚历史上的西周和他们存在什么关系，但他们都认为是周公的后人，并始终保持着逢年过节祭祀周公的习惯。在历史文献记载中，周公是周文王姬昌的四子、武王姬发的四弟，并不姓周，而是姓姬。但按照古代姓氏的划分，姓是统其祖考之所自出，指血缘关系；氏者乃别其子孙之所自分，其得名往往来自地缘关系。周公在周初被封到周地，以周为采邑，所以周公之周就是他的氏。秦汉以后，姓氏混为一体，不再做严格的区分。周家村村民以周为姓，或许正是周公后代以周为氏的血脉传承。

20世纪70年代至21世纪初，考古人员经过多次调查发现，周公庙所在的凤凰山南麓台坡地上分布着一片面积约10平方公里的遗址区，文化遗迹包含了仰韶、龙山、先周和西周四个时期，其中尤以先周和西周文化最为突出，陆续出土了陶罐、陶鬲、周砖、周瓦、青铜器、灰坑等文物。周公庙遗址的发现使很多人更加确信，这一带就是当年周公的封邑所在，但考古人员心里明白，这只是发现周公封邑的第一步，距离"确认"还差着十万八千里，因为没有关键的证据。

果不其然，1976年在扶风县法门镇庄白村发现的史墙盘让那些"确信"几乎变成了一地鸡毛。史墙盘铭文明确记载，周武王在战胜殷商以后，微史烈火祖前往拜见武王，武王把他收留下来，命周公在他的封地"周"给烈火祖找个地方居住："武王既笺捷殷，微史烈火祖乃来见武王，武王则命周公舍寓，于周稗处。"

《史记·燕召公世家》索隐注云："奭始食于召，故曰召公。或说者以为文王受命，取岐周故墟周、召地分爵二公，故诗有周、召二南，言皆在岐山之阳，故言南也。"

庄白村青铜器窖藏地点在周原遗址大城召陈建筑群南面200米处，有学者因此认为，以召陈建筑遗址为中心的一带是当时周公的封地"周"，而召陈建筑群可能就是周公当年的府邸。投奔周而来的微史烈火祖或许就被周公安置住到了这里，并成为其后人近300年之久的居住繁衍之地。

庄白村窖藏总共出土了103件青铜器，皆为微史家族所有。它们在西周末年乱世中被匆忙埋在一起，不大可能是从别的地方运来再挖窖掩埋的，只能说明他们的居第就在附近。而此处西距周公庙遗址仅有23公里。

关于周武王为什么是命周公而不是命召公或太公姜尚给微史烈火祖"舍寓""稗处"，还有个有趣的故事。

▲ 召陈建筑模型复原

西汉刘向《说苑》记载，武王翦商成功，建立周王朝后，心里并没有丝毫的轻松感，因为他不得不面对一个更大的难题，那就是如何管控那些殷商遗民。毕竟周人当时总共才有六七万，而殷商及其附属国人口则达到了四五百万，并且那些殷民都还是分布在周国东部寥廓的中原及其周边地区。

武王让人把岳丈太师姜尚找来商量。姜尚是个狠角色，迷信用武力征服，他说："有句话是这样说的：如果爱一个人，就会连同他家房顶的乌鸦也爱上；如果恨一个人呢，就连同他家院里的篱笆墙也都会厌恶。依我看，不如把那些敌对分子全部杀掉，一个不留。"

武王觉得太师的想法过于血腥。周人推翻殷商王朝的统治，打出来的旗号是"天命有德"，按太师的意思去做，同滥杀无辜的商纣王又有什么区别呢？何况，也杀不过来呀。

武王又找来召公奭询问。召公主张，有罪的都杀掉，无罪的就留命一条。

武王觉得还是不妥，就找来了四弟周公旦。周公思考了一下说："让殷民各住各家，各种各地，安居乐业。对臣服的民众，与周人一视同仁，谁有德行就亲近谁。将殷商百官百族之错，全部归咎到商纣一人身上。"

武王大喜，觉得这才是他想象中的德治之道，遂点头称赞："这样的胸怀才叫宽广博大，天下可以因此而得到安定。"

或许可以说，正是武王和周公的这次谈话，使他进一步认识到了周公包容天下的那种广阔胸襟和气魄，从而越过战功赫赫的太公姜尚，将周公一举提拔到了周初"三公"的首位，赋予其前所未有的治国理政大权，并令他"舍寓"给前来投诚的微史烈火祖"稗处"。

庄白村青铜器窖藏以及后来包括召陈、凤雏宫殿建筑群等遗址的发现，使不少学者认为，周公的采邑就在这一带，而周公庙地区为周公采邑的说法被认为可能就是一则虚无缥缈的传说而已，相关部门因此忽视了对这一带的考古调查和勘探，而将重点放到了周原遗址的调查和发掘上。

二

对此最先产生怀疑的是北京大学考古文博学院的徐天进教授，他在 2001 年末，亲自带领学生前往周公庙一带做考古调研。由于当时经费等各方面条件所限，他们调查的时候，只能是看一些崖壁断面，看那些沟沟坎坎，但就是如此也发现了不少暴露出来的西周遗物。

2003 年 12 月，徐天进有一天给断层拍照时，发现了一块夹有龟甲的土疙瘩。龟甲和牛骨是商周王室用以占卜记事的工具，它们的出现常常成为破解历史谜团的关键。徐天进小心翼翼地把那片龟甲挖出来，

▲ 徐天进等发现的 1 号甲骨卜辞摹本[236]

发现只有大拇指指甲盖那么大，但上面赫然刻有"周公"两个字。徐天进心中怦然一动，在传说为周公采邑的周公庙遗址上发现了"周公"两个字，其意不言而明。徐天进怀着激动的心情带领学生们继续寻找，居然又找到了一片西周甲骨，后经辨识，两片甲骨上总计有 55 字。[235]

长期的考古经验使徐天进意识到，这可能是一个重大发现的前兆。他立即前往陕西省考古研究所找到负责人，提议与他们联合起来，重新开始周公庙遗址的考古工作。双方很快达成协议，陕西省考古研究所和北京大学考古文博学院随即联合组成周公庙考古队，对这一带进行了大面积的考古钻探和抢救性发掘。[237]

考古队以周公庙为中心，在东至杨村，西界劝读，北及凤凰山脊，南达岐山县城北这一范围内，采取普查与拉网式调查相结合的方法，发现了商周时期墓葬、夯土墙、铸铜作坊、夯土建筑基址、灰坑等一系列遗迹，并采集到了一批先周、西周遗物，如陶器残片、周人刻辞卜甲、铸铜陶范等。考古队通过这些迹象初步推断，周公庙遗址绝非一般意义上的聚落，结合 21 世纪初及其以前发现的遗迹和文物性质来观察，或许是一处可与当时西周都邑做某种联系的大型聚落。

随后，考古队对其中 100 余万平方米的区域进行了钻探，确认了分别以大、中型墓葬为主的墓地各 1 处、建筑基址 6 处和不同时期的灰坑数百座。

大型墓地位于凤凰山前、当地俗名陵坡的一道土梁上，与周公庙咫尺之遥。墓地内共发现大型墓葬 22 座。其中带有 4 条墓道者 10 座，带 3 条、2 条、1 条墓道者各 4 座。另有疑似陪葬坑 14 座。带 4 条墓道的大墓，规模庞大，是迄今所发现的西周时期最大墓葬。其中 M1 号墓，北墓道长 30.29 米，宽 4 米；南墓道残长 29.3 米，宽 4 米；西墓道长 19.45 米，宽 2.2 米；东墓道长 22.91 米，宽 2.4 米；墓室长 10.2 米，宽 7.8 米。

▲ 周公庙 M18 号大墓发掘场景[238]

同时在大型墓地的东、西、北三面，发现了环绕于墓地外围长达 1500 米的夯土墙。东墙长 700 米，北墙长 300 米，西墙长 500 米，墙厚 10 米，残存墙体高出原地面 2.5 米。发掘者确认这是一座面积达

140万平方米左右的西周城址。城内坡地上出土了先周和西周时期的空心砖、条形砖、陶制水管及大量陶片，发现多处西周时期的建筑。其中一处包括3组，面积500余平方米。保存较好的一座建筑基址长20米，宽8米。[239]

以中型墓葬为主的墓地位于周公庙西侧土梁上，共发现墓葬192座，其中带一条墓道的有3座，其余均为长方形竖穴土坑墓。各墓墓口长1.74～5.4米，宽0.6～3.8米。墓口长度超过3米以上者占到了2/3。发掘者据此推测，这也是一处高级贵族墓地。

遗址内还探明铸铜作坊遗址、大型熔炉遗迹和大型制陶作坊各一处。其中，大型制陶作坊面积约为100平方米，里面集中分布有4座陶窑，时间为西周早期。[240]

▲ 周公庙城址南城墙[241]

在前期的考古发掘中，考古队共清理了3座西周时期的卜甲坑，出土760多片卜甲。考古人员对这些甲骨进行了仔细研究，拼对缀合为500多片，其中有刻辞者99片，可辨识的文字有495字。刻辞内容多与军事、祭祀有关，出现的人名有"文王""太保""周公"等，但出现最多的人名为"周公"，共有4例（含徐天进发现的那例在内）。"文王"是指周文王，武王和周公的父亲；"太保"是指召公，周初"三公"之一，武王和周公的弟弟。地名中以"周"与"新邑"最为常见。

2008年9～12月，考古队在以往考古的基础上，又对周公庙门前一处大面积灰土遗址进行了发掘，出土卜甲7000多片，其中有刻辞的甲骨688片，可辨识的甲骨文1600余字。专家们对这些卜甲进行了详细的清理、拼对、缀合，在显微镜下仔细观察、辨认，发现有"王季""文王""王"等周王称谓。"王季"是太王古公亶父的三子、文王的父亲季历，在周公庙遗址卜甲中是首次发现。

除此以外，还有"毕公""叔郑""召公"等重要历史人物以及数字卦辞等内容。"毕公"是周文王的十五子、武王和周公的十五弟，姓姬名高，因分封至毕地而称为毕公。

"叔郑"是指毛叔郑，乃西周宗室重臣，也是周文王之子、武王和周公的弟弟，姓姬名郑，因分封在毛地而有毛叔郑之称。毛叔郑是毛姓始祖。

专家们认为，从卜甲文字来看，此次发现卜甲的占卜主体应是在世的周王和周公。

周公庙遗址大量甲骨文的出土，为明确其性质奠定了重要基础，尤其是周文王的父亲"季历"的名字被首次发现，以及周初王朝的一些重要人物"周公""毕公"名字的屡次出现，暗示该遗址在西周王朝占据十分重要的地位。

迄今为止，周公庙遗址出土的甲骨文字已经超过了2200例，是全国 8 处发现周代甲骨文地点中最多的一处。

三

对周公庙遗址全方位的调查和发掘,很快使学界形成共识:周公庙一带就是周公的封邑,也是其直系后裔的世居之地。

首先,10 座带有 4 条墓道的大墓同周公及世袭其职位的后裔身份相符。

根据现有的考古资料,周代墓葬规制,天子是"亚"字形结构,带有 4 条墓道;诸侯是"中"字形结构,带有 2 条墓道;士大夫是"甲"字形结构,带有 1 条墓道。周公的身份很特殊,他既是侯又非侯,既是王又非王。武王推翻殷商,建立周王朝,实行封建,他被分封至鲁,即今河南的鲁山一带,由于在朝廷辅助武王,遂派长子伯禽前往就封,建立了鲁国。"三监之乱"后,西周旧瓶换新酒,实施新的封建制度,鲁国徙封至东方奄国故土,在曲阜建都。周公本人在武王去世之后,代成王摄政,行使天子权力。周公去世后,鉴于他对周王朝作出的巨大贡献,成王决定让周公的封国——鲁国国君在郊外祭祀文王,使他们可以享受周天子才能享受到的礼乐祭祀待遇:

成王以周公为有勋劳于天下,是以封周公于曲阜,地方七百里,革车千乘,命鲁公世世祀周公以天下之礼乐。是以鲁君孟春乘大路……祀帝于郊,配以后稷。天子之礼也。(《礼记·明堂位》)

这也就是说,因为周公,鲁国国君世世代代都可以享受周天子才能享用的礼仪,其目的是"褒周公之德也"(《史记·鲁周公世家》)。

从文献和出土金文记载看，周公姬旦至少有 10 个儿子，其中有 8 个明确享有封国或采邑，分别是周、鲁、凡、蒋、邢、茅、胙、蔡。周在周原，可能就是本文叙述的周公庙遗址，属于世袭周公采邑而来的畿内封国。其他，凡在今河南辉县西南，蒋在今河南淮滨东南，邢在今河北邢台（一说是初都河南邢丘，后都河北邢台），茅在今山东金乡县西北，胙在今河南延津北，蔡在今河南郑州西北。

除此之外，周公还有一个在朝廷中享有重权的儿子，叫君陈。《尚书·君陈》记载，周公去世后，成王命君陈到成周洛邑，代理其父生前之职，主理成周殷商遗民。成王为此还专门发布了诰文："君陈：你具有美好的品德，既孝顺父母、友爱兄弟，又恭顺君王。你的美德已经可以担当起治理政务的责任。我现在任命你担任成周百姓的大尹。这是一项重大责任，你要慎重对待。以前，周公爱民如子，功德无量，百姓都怀念他的恩德。你前往成周，一定要谨慎对待，严格遵守周公建立的制度，认真贯彻他的遗训，努力把百姓治好……"《书序》云："周公既没，命君陈分正东郊、成周，作《君陈》。"

君陈在成周主政十多年后，在康王十二年，被毕公高接替职位，回到了周公的封地"周"，可能就是现在的周公庙遗址，《礼记·檀弓上》孔疏引郑玄《毛诗谱》云："元子伯禽封鲁，次子君陈世守采地。"

《吕氏春秋·音初篇》记载，君陈之后，周昭王时又有一个周公，应该就是见于金文中的明保或明公，是昭王前期的首辅大臣，封在明地，就是现在的河南孟津地区。西周早期青铜器明公簋铭文记载，康王时期，夷人反叛，向周王朝发难，声势十分浩大。康王命卫侯伯懋父统率驻扎在成周的殷八师出战。同时又命明公率领自己的族军配合伯懋父向东挺进。伯懋父指挥周军长驱直入，很快就打到了东海边，取得全面胜利。

西周青铜器令方彝铭文记载，昭王在某年八月甲申日命令明保主管"三吏四方"，执掌卿事寮。"三吏"，是朝廷内以司马、司徒、司空为首的三类官员；"四方"，就是指四方诸侯。西周的卿事寮主管行政、军事、法律等军政法令方面事宜，相当于现在的国务院。这样看来，明保就相当于国务院总理了，这和周公当年的头衔也差不多。

关于明保的具体身份，有说是周公小儿子的，有说是周公孙子的，还有说是周公曾孙的，尽管众说纷纭，但大家公认一点：他是周公的后人。

周公后裔人才辈出，直到西周晚期，在周厉王被"国人"驱逐后，作为"共和行政"主要执政人之一的周定公还出现在西周王朝最高权力的舞台上。周定公是《竹书纪年》给他的称谓，《史记·周本纪》则称之为周公。

周王室能给予周公乃至鲁国国君享有天子礼仪的特殊权利，那么像君陈、明公这样地位、

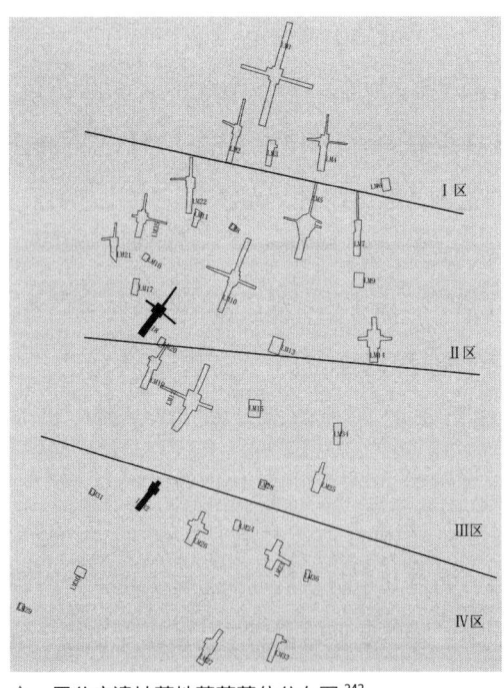

▲ 周公庙遗址墓地墓葬墓位分布图[242]

权限几乎等同于周公的后裔，可能也会享有类同鲁国的天子礼仪。

另据发掘报告，周公庙附近10座带4条墓道的大墓虽具有王墓的"规制"礼遇，但在葬俗等其他方面又明显逊于王墓，这与周公及其爵位继承者的特殊身份十分吻合。

10座大墓所在墓地区经鉴定，起始时间在西周早中期交接之际，废弃于西周晚期[243]，这与历史记载也是可以相互对应起来的。《尚书大传》记载：

> 周公老于丰，心不敢远成王，而欲事文武之庙，然后周公疾，曰："吾死，必葬于成周，示天下臣于成王。"成王曰："周公生欲事宗庙，死欲聚骨于毕。"毕者，文王之墓也。故周公薨，成王不葬于成周，而葬之于毕，示天下不敢臣也，所以明有功，尊有德。

这也就是说，周公死后追随文王埋葬在了毕地，所以周公庙这10座大墓并不包括周公墓，而应该是他的后人君陈等在后世西周王朝担任卿相一类显要职务者的墓葬。

从周公庙遗址墓地形态看，墓葬构成以不同形制类型的带墓道大墓为主体。墓向接近，但身份等级略有差别，这可能与10座墓主人在世时的身份地位有一定的关系。整个墓地分为大中小三个层次，又有兆域围墙，说明是经过严格规划的一处西周"畿内诸侯"家族墓地，也与周公封邑的性质相同。

其次，面积达140万平方米的西周城址和甲骨卜辞"新邑"的发现解决了周公封邑既在周原遗址又在周公庙遗址的矛盾。

140万平方米仅次于西周首都"周"小城152万平方米的面积，

与周公曾经作为代成王摄政的"准天子"身份相匹配。汉代郑玄《诗谱·周南召南谱》云:"文王受命,作邑于丰,乃分岐邦周、召之地,为周公旦、召公奭之采地。"《史记·鲁周公世家》集解引谯周说:"以太王所居周地为其采邑,故谓周公。"

前述位于周原遗址召陈建筑群以南 200 米处的庄白村,出土了微史家族铜器窖藏,其中的史墙盘明确记载,周武王命周公给微史氏族那位高祖"舍寓""稗处",说明这里确实就是最早的周公封邑之处。但事情不是绝对的,当周公在武王去世以后一跃而为"摄政王",猜测原来由文王分封给他的采邑由于面积狭小并且太靠近王宫,就有些不太合适了,毕竟文王分封他采邑时,他的身份仅是文王一个"嫡子",而文王所生"嫡子"就文献所见,至少有 10 个,另外还至少有 9 个"庶子"。

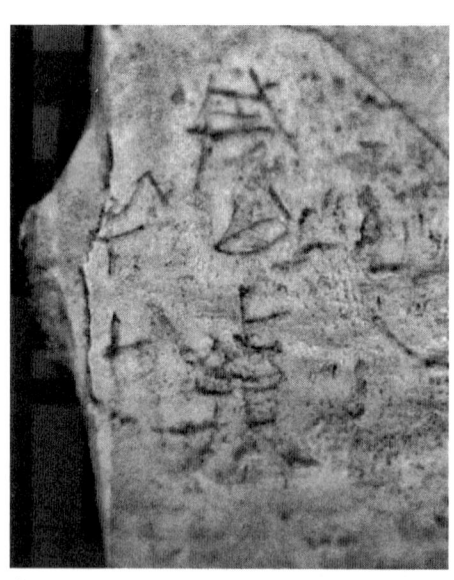

▲ 周公庙遗址庙王村 04QZH1 卜甲:□叔卜周公贞[244]

除此以外,还有一个重要因素是,周公在代成王摄政和归政成王以后,曾因为被成王猜疑两次被其派人追杀。很可能就是在这种情况下,周公请求成王将他徙封到了岐山南麓今周公庙遗址这个地方。周公庙遗址距离周原遗址 23 公里,说近不近,说远不远,而且这里还是凤凰鸣叫、代表"周之兴"的周人圣地,对周公这种身份来说，可谓恰如其分，恰到好处。

为这种推理提供证据的是，周原遗址出土了多例含有"新邑"的卜辞，其中有一例是"卜新邑"，即卜于新邑，意思是在新建的城邑占卜。"新邑"在文献中多指西周东都洛邑，但它并非地名，而是说，它是新建成的城邑。商代甲骨文"新"的字形是模拟用斧头类工具"斤"伐木，表示砍伐木头建房的意思。从这个意义上讲，周原遗址出土的卜辞"新邑"应该指的是成王徙封周公以后，为周公在新的采邑新建的城邑。

再次，周公庙遗址先后发现了4例带有"周公"字样的卜辞，在所有带人名的卜辞中位居于首位。一般认为，带有"周公"字样的卜甲，其占卜主题当为周公本人。譬如庙王村04QZH1卜甲显示："囗叔卜周公贞。"[245] 意思是，"囗叔"为周公卜问。这更无可辩驳地说明了周公庙遗址就是周公曾经办公和休养的地方，也就是他的采邑。

"有卷者阿，飘风自南"，传说不是历史，但历史往往就包含在传说之中，甚或在某种情况下，传说本身就是历史的化身。

天子挂帅的西周大学和小学

一

商代已经有了大学，并且有明确的课程设置和相关规章制度，这已经为考古所证实。从《礼记·王制》《白虎通·辟雍》等文献记载看，西周时期，由于经济、文化和科技发展迅速，教育机构的种类、数量、教舍的环境和教学的内容、形式、质量等，更有了长足的发展。[246]

西周实行的是乡遂制度，乡和遂都是西周社会的基层组织。乡是相对于"国"而言的，在周初及其以前，所谓"国"是以城圈为限的，城圈以内为国中，住在城圈里的人称"国人"；城圈以外为郊，住在城圈外的人称"野人"。但随着时代的发展，人们关于"国"的概念也逐渐发生了变化，"国"的空间范围扩大到了周天子和诸侯都城之外的四郊以内，而"野"也就变成了四郊以外的地区。住于"国"者称"国人"，住于"野"者称"野人""庶人"。野又作"鄙"，故又称"鄙人"。

"国人"和"野人"身份不同。"国人"有权议政、参政，也有纳军赋、服兵役义务，"野人"则没有。国野对立的制度，自春秋中叶以后，逐渐废弃。

"国"划分为若干乡，采取的原则是，五家为比、五比为闾、五闾为族、五族为党、五党为州，五州为乡；野划分为若干遂，采取的原则是，五家为邻、五邻为里、五里为赞、五赞为鄙，五鄙为县，五县为遂。这有点类似于现在城市和农村的行政区划，城市按级别分设市、区、街道，农村按级别分设县、镇（乡）、村。

乡一般来说是贵族居住之地，遂则为平民居住之所。

周公制礼作乐以后，乐教兴业成为西周王朝的治国思路和兴国之策。由于"制礼作乐"本质上是出于政治需要，因而以礼乐为主要教学内容的各级学校开始在全国范围内普遍建立起来。这不仅是周王朝得以走向兴盛的关键，也成为西周"成康盛世"的重要标志。

西周延续了商代的做法，将学校的教职员以政治官员身份纳入官僚体系，如《周礼·春官》就明确规定，大司乐掌管大学，下属设有乐师、大胥、小胥、大师、小师、视瞭、乐同、磬师等数十种职位。大司乐就相当于现在的教育部长。

另外还规定，只有有德、有艺之人，才能到学校任教。死了之后，奉他们为乐祖，在学校祭祀他们。

按照西周社会国野、乡遂的划分，西周实施礼乐教学的体式也可以划分为三种，即"国学""乡学"和"遂学"。

乡学，是地方音乐教习机构，由地官大司徒负责管理。大司徒下属有乡师、乡大夫、州长、党正等官员。老师由乡民举荐具备六德、六行和六艺的品德高尚之人担任。六德是知、仁、圣、义、忠、和；六行是孝、友、睦、姻、任、恤；六艺是礼、乐、射、御、书、数。

其中,"六艺"是乡学学生必修内容。

遂学,顾名思义就是在遂野这样偏远之地所办学校。由于这一方面的资料较为稀缺,所以具体详情不得而知,但《周礼·遂大夫》载"三岁大比,则帅其吏而兴氓",说明遂地可能确有乐教存在的事实。"兴氓"就是教育遂民的意思。

国学,是专门为上层贵族子弟开设的教学机构,属于"官学",有大学与小学两种学制。小学一般是10岁入学（也有说是8岁或13岁）,实行寄宿制,主要学习乐器、诗歌、舞蹈等。到15岁以后,学习音乐和射御之术,还要学习一种名为"象"的高级舞蹈。至20岁,举行加冠礼,表示已经成年,然后就可以进入大学学习了。

不过,进入大学学习的仅限于周王的王子和其他公、侯等贵族的嫡长子。广大平民百姓中,只有极少数的佼佼者,可以经过个人奋斗,再经过层层选拔才能迈进大学的门槛。进入大学学习的年龄也不大相同。一般是20岁,但王太子由于15岁即举行冠礼,因此他们15岁就可以进入大学。从平民中选拔出来的佼佼者,年龄可能会更大一些。

《礼记》记载,西周大学分为五学:东为东序,西为瞽宗,南为成均,北为上庠,中为辟雍。东序为习舞、学干戈羽籥之所,由乐师主持;瞽宗为演习礼仪、祭祀先王先贤之地,由礼官主持;成均为学乐之所,由大司乐主持;上庠,为学书之所,由善书者主持。学制为9年,学习的主要内容是礼、乐、射、御四种课程。

从《诗经》《礼记》等文献记载看,西周大学的主要机构是"辟雍",又称"大池""璧池"。辟雍的外形酷似玉璧形状,外围是一个人工修建的圆形大池,叫"灵沼",中心是圆形的高台,古文献中称为"灵台"或"台榭",也是狭义的"辟雍"。高台上建有高大而没有墙壁

▲ 清·毕沅《关中胜迹图志》中的"灵台"

的"宣榭"和宗庙。灵沼之西岸修建有"灵囿",养有飞禽走兽,是"大学"辟雍射击的对象,也是用来祭祀上帝和祖先神的祭品;"辟雍"台榭靠船只或舟梁与外连接。

灵囿就是大池塘之外的园林,里面蓄养有各种野生状态的飞禽走兽,专供学习射艺的学子和参加"大射"礼的小子、小臣们乘舟射击。这种比艺的习射活动是在击鼓奏乐之中进行的。

可以想象,鼓乐齐鸣,各种飞禽走兽惊慌失措,到处乱窜,这对射者而言肯定有不小的难度,但唯其如此,方显英雄本色。如果能在这种情况下射中猎物,那将来上了战场,就会是个合格的战士。

根据古籍相关记载,西周王室灵沼面积大约为28万平方米,相当于39个国际标准足球场的面积;辟雍面积大约为3万平方米。而灵囿"所以域养禽兽也,天子百里,诸侯四十里"(《毛诗传笺》)。

《诗经》收录了一首名为《灵台》的诗,对辟雍灵台有精彩的描述:

经始灵台，经之营之。
庶民攻之，不日成之。
经始勿亟，庶民子来。
王在灵囿，麀鹿攸伏。
麀鹿濯濯，白鸟翯翯。
王在灵沼，于牣鱼跃。
虡业维枞，贲鼓维镛。
于论鼓钟，于乐辟雍。
于论鼓钟，于乐辟雍。
鼍鼓逢逢，蒙瞍奏公。

参照姜亮夫等《先秦诗鉴赏辞典·灵台》，翻译过来，大概意思是：

百姓出力共兴建，没花几天成功快。
开始规划莫着急，百姓如子都会来。
君王在那大园林，母鹿懒懒伏树荫。
母鹿肥壮毛皮好，白鸟羽翼真洁净。
君王在那大池沼，啊呀满池鱼窜蹦。
钟架横板崇牙配，大鼓大钟都齐备。
啊呀钟鼓节奏美，啊呀离宫乐不归。
啊呀钟鼓节奏美，啊呀离宫乐不归。
敲起鼍鼓声蓬蓬，瞽师奏歌有乐队。

传说今西安市长安区沣河西岸灵沼乡一带就是西周时大学所在地，这里是周王室和贵族的渔猎区，其中设有"辟雍"（灵台）和"灵沼"。

现在灵沼遗址犹存。

二

由于《周礼》成书时间，从西周至东汉末年众说纷纭，莫衷一是，这也使得它的真实性打了一定的折扣，有相当一部分学者都认为其中关于殷商和西周教育制度的记载只是一种理想化的美好传说，不可轻信。《周礼注疏》对此解释是：

> 夫《周礼》作于周初，而周事之可考者不过春秋以后。其东迁以前三百余年官制之沿革、政典之损益，除旧布新，不知凡几。其初去成康未远，不过因其旧章，稍为改易，而改易之人不皆周公也。于是以后世之法窜入之，其书遂杂。其后去之愈远，时移势变，不可行者渐多，其书遂废。

从这个意义上讲，这部托名为周公的著作所述内容并不完全是凭空编造，只不过被后世腐儒因正统需要或增或删，过度美化了而已。近100年来的考古学成果为此提供了证据，将前述西周大学和小学的大部分传说变成了真实可靠的信史。

关于西周的小学，西周青铜器大盂鼎和师嫠簋铭文都有明确的记载。[247]

大盂鼎是清道光初年出土于陕西岐山县京当礼村西周康王时期的一件青铜鼎，为晚清四大国宝之一，现存国家博物馆。大盂鼎铭文记载了周康王二十三年时，康王在宗周对盂封侯训诰之事。康王对南宫盂说："你年幼时就继承了先辈的显要职位。我曾让你就读于我的贵胄小学，因此你不能背离我，而要辅佐我。现在我要效法文王施政，任命你为执政大臣。你要恭恭敬敬协调纲纪，勤勤恳恳早晚入谏，准时进行祭祀，勤勉王事，敬畏上天的威严……盂，一定要效法你的先祖南公，辅助我管理军队，及时处理赏罚狱讼案件，从早到晚都要辅佐我治理四方，协助我遵行先王的制度，安抚民众，安定疆土……"

这段话透露出来几个重要信息，一是西周的确设有小学，二是西周小学的学生都是贵胄子弟，三是周王小时候也是这所学校的一员。

▲ 大盂鼎及其铭文

这三点在师嫠簋铭文中也有同样的反映："王若曰：师嫠，……才（在）昔先王小学，女（汝）敏可事（使），既令女（汝）更乃且（祖）考司小辅。"周王说，师嫠，你过去在先王小学学习，聪慧敏达，做事令人放心，现在命令你继承你祖先的职务，担任乐官"小辅"一职。

除此以外，另一件西周青铜器辅师嫠簋铭文也有大同小异的记述。师嫠簋铭文是周天子册命师嫠继承其父亲官职"辅"的记载，辅师嫠簋铭文记载的是，由于师嫠表现优秀，周天子对他进行了再次册命，重申他继承父亲官职"辅"，并对他进行了"增命"和赏赐。铭文中先后出现了"辅""小辅""鼓""钟"等乐官名称。"辅师"即《周礼》之"镈师"，"鼓""钟"相当于《周礼》中的"钟师"和"鼓人"[248]，这些乐官同时也是西周小学的音乐老师。由此我们可以得知，西周小学音乐教育主要教授的有钟、鼓、镈这类比较常用的乐器。

大盂鼎、师嫠簋和辅师嫠簋铭文都是对西周册命礼的记载，所谓册命礼是周天子对诸侯臣属命官任职、赏赐命服所举行的重要礼仪。周天子通过册命礼，将官员人事任免权牢牢地控制在自己手中，以保障官僚体系能够按照他的意志正常运转，并以此维护各个阶层上下不移的地位，体现天子的权威。这说明西周小学教师都是由周天子亲自任命和考核的，大盂鼎、师嫠簋和辅师嫠簋铭文就明确体现出了这一点。

从以上三件青铜器铭文中可以看出，西周小学音乐老师具有父死子继、家族传承的特性，其目的是确保官职的世袭和音乐的传承。其实，在各手工业内部，甚至包括农业、渔业等在内，西周都是子承父业，一代代传承下去，不随便更换职业。西周统治者事实上是从纵横两方面彻底封死了社会阶层和职业的流动性、跨越性。

三

西周大学的情况，在出土的青铜器铭文中也有同样的反映。[249] 康王时期的青铜器"麦尊"铭文记述了康王为了"大丰"之祭，亲自到大学——辟雍大池举行泛舟行射的情况，康王乘船打猎，射中大鸿，诸侯乘赤旗舟跟随："在辟雍，王乘于舟，为大丰。王射大鸿禽，侯乘于赤旗舟从。"

柞伯簋也是康王时期的青铜器，1993 年出土于河南平顶山应国墓地。其铭文记录了周康王在周都举行大射礼的过程，反映了西周大学的贵族教育情况：八月庚申这天，康王举行大射之礼，命令南宫率领多士，师父率领小臣，进行射礼比赛。康王陈立十块饼金，对参射者说："谁射中的目标多，谁就取走十块饼金。"柞伯十次拉弓射箭，没有一次脱靶，得到了十块饼金。

铭文中的"多士""小臣"都是大学生，"师父""柞伯"则是教官。南宫是大学的行政长官或一般教官。再从其他金文记载看，南宫曾经出征前线杀敌，说明他身兼军官和教官两种职位。

同小学教师一样，西周大学的教谕人员也是由周天子任命的，而且也要不定期地进行严格考核。周穆王时期的静簋铭文就记述了周穆王对"静"的教与对"小子"学的考核检查：六月初吉丁卯这天，穆王在京，命"静"管理射学宫，负责教育"小子眔服、眔小臣、眔尸（夷）仆学射"。八月初吉庚寅这天，穆王和吴奉、吕刚、卿幽蓥师、邦君合射于京大池。由于静教射不懈怠，成绩显著，穆王赏给他一件箭饰——"鞞"。

▲ 柞伯簋及其铭文拓片

作器者静是周天子任命的管理射学宫的一把手,吴奉、吕刚、卿豳盠师、邦君等均是学校的授课教师。而小子眔服、眔小臣、眔尸(夷)仆是在校大学生。

西周每年都要在春秋两季举行大射之礼,地点大都在大学。《周礼·地官·州长》说:"春秋,以礼会民而射于州序。""序"正是西周大学学子们习舞、学干戈羽龠的场所。

《毛诗正义·诗经·灵台》引《韩诗说》云:"辟雍者,天子之学……所以教天下春射秋飨。""秋飨"在这里就是指在秋季举行的宴飨之礼——飨礼,飨礼之后还要举行射礼。青铜器铭文中的射礼都是先宴飨而后会射。文中的"辟雍""天子之学"也都指的是大学。

《周礼·夏官》曰:"春合诸学,秋合诸射。"其中"学""射"都说的是贵族子弟就读的大学。

结合这些文献记载看，上述三件青铜器铭文所记述的周康王、穆王所主导举行的大射礼，都应该是在当时大学的相关场地进行的。因为西周举行射礼的一个重要目的，就是对大学学子们射艺水平进行检阅与考核，《礼记》称之为"视学"。

▲ 静簋及其铭文拓片

西周中期以后的金文中常常出现一些贵族官吏自称为"大师小子"的情况，如师毲（师毲鼎）、师望（师望鼎）、伯公父（伯公父簋）、仲大师（仲大师盨）、侯父（侯父甗）等。小子一般是指大学里的学生。大师是三公之一，也是大学的兼职教官。所以，"大师小子"应当是指大师的学生。由于大师是周王朝内仅次于天子的军事首领，辅佐周天子安邦治军，所以这种称呼显示的是这些贵族师承的渊源，也是他们对自己身份的一种炫耀。李学勤先生在论及师毲鼎时说："伯大师相当于《周礼·春官》的大司乐，在学政方面是师氏的上级。"[250] 其实不仅

240　　　　　　　　传说有据：考古证实的中国史

在学政方面，在军事方面大师也同样是师氏的上级。[251]

由上述青铜器铭文记载可以看出，西周时期的大学不仅是学习之地，同时也是贵族集体行礼、飨宴、练武、奏乐之处。这同《周礼》等文献记载是可以对应起来的。

前述文献记载的西周大学——辟雍，是一人工凿建的圆形水池，中有"宣榭"和宗庙等礼制建筑，可能是一种理想化的描述。综合多种考古成果并参考《诗经》中的《大雅·文王有声》《周颂·振鹭》《小雅·鱼藻》等来看，只能看出辟雍是一处可渔可猎的面积较大的水域，而无法证明是一人工凿建的圆形水池。许多考古学家都认为，辟雍原本是丰镐当地的自然水域，或许只是形状接近圆形而已。

更有学者指出，辟雍、灵沼、灵台、灵囿等连成一体，原是西周王室依托丰镐二京附近的自然水系湿地修建的苑囿、园林，周天子既可以在此渔猎游乐，也可以对贵族子弟进行军事体育训练教育，有时也举行祭祀和行政活动礼仪。辟雍可以看作是我国早期皇家园林和大学的合体，至于汉代的明堂辟雍明显是附会周代传说建造的人工建筑，已经变了味儿。[252]

四

总体来看，西周时期的大学和小学教育，还属于人类教育事业的萌芽、草创阶段，带有一定程度的原始性，它和殷商时期的大学共同具备以下几个特点：

一是教育仅仅是作为统治阶级实施统治的一种政治工具而存在，办学者没有或者说很少考虑为生产服务。因此，学校开设的课程，除了"六艺"中的"书"和"数"外，其他均与生产劳动、科学实践没有直接关系,设置"礼""乐"课程的目的是培养文治官员,设置"射""御"则是为了造就军事人才。这或许可以看作是中国传统文化不注重自然科学规律探索的肇始,由此和西方文明走上了两条截然不同的发展道路。

二是学在官府,也就是说,所有的学校都是官办的。这种情况一直持续到春秋时期孔子开设私学,由官府垄断学校教育的局面才被打破。但这种私学的办学性质、目的、教学内容和培养目标都同官学保持了高度的一致性,在以后近3000年的封建和帝制社会中,一直没有变化。

三是政教不分。西周时,学校虽然由原来的养老机构衍变成了专门的教育场所,但教育的内容、方式、方法等,都同政治和宗教活动联系在一起,或者可以说,教育就是政治和宗教活动的主要内容之一。最明显的例子就是,历任周王都经常将一些比较大的政治、宗教活动安排在辟雍中进行,如明堂大祭、召见诸侯、献俘庆功、分封授赏等,《诗经》中的《大雅·灵台》《周颂·振鹭》等对此都有生动形象的描绘,金文也有大量相关的记载。

四是官师不分,即官员和在学校任职的老师大都是朝廷命官,即便如乡学教师一类,也必须有做官的经历,即所谓"夫七十而致仕,老于乡里"的大夫。他们"名曰父师,士曰少父,以教乡人子弟于门塾之基"(《十三经注疏·仪礼注疏》)。换言之,那个时候还没有专职教师,官即师,师即官。

天子也时常到学校去,或督促,或检查,或亲自执教,不一而足。周王每次到大学去,都带领群臣,前呼后拥,声势浩大,仪式隆重。这既壮了声威,也体现出天子对学校的重视,可以起到"警众"的作用。

官师合一决定了老师极高的政治、社会地位。天子虽然是天下一尊，但对老师则不以臣下视之："大学之礼，虽召于天子，无北面，所以尊师也。"（《礼记·学记》）就是说，根据大学的礼制，老师即使被天子召见，也不必面北称臣，以此来表示对教师的尊重。正缘于此，后世的思想家们就把老师的地位提高到了仅次于天子的地步，以君师并称，如《孟子》就说："天佑下民，作之君，作之师。"《荀子》更进一步说："天地者，生之本也；先祖者，类之本也；君师者，治之本也。无天地恶生？无先祖恶出？无君师恶治？三者偏亡焉，无安人。"师和君一样，是受命于天，也是治理国家的人。在人世间，除了天、地和祖宗的神灵，就没有比君和师的地位再高的了。

"天地君亲师"在荀子之后，逐渐成为中国儒家祭祀的对象，成为传统敬天法祖、孝亲顺长、忠君爱国、尊师重教的价值观取向。

周代确有刖者守门的习俗

中国古代,尤其周代,流行一种让刖者守门的习俗,如《周礼·秋官》就说:"刖者使守门。"刖足就是砍断脚的意思。

目前所能看到的最早让断脚人守门的记载,是发生在夏代第14任君主孔甲时期。《吕氏春秋·季夏纪》记载,孔甲有一次到东阳萯山打猎,巧遇天刮大风,四处尘土飞扬,天色昏暗不清。孔甲一行迷失方向,误入附近一百姓家中。适逢这家女主人生孩子。有人说:"君王到来,是个好日子啊,这孩子一定大吉大利!"另有人则说:"这孩子怕是享受不了这个福分,将来可能会遭受灾难。"孔甲闻言说:"让他做我的儿子,谁敢害他?"然后就把这个孩子带回宫里去了。孩子长大成人,一次刮大风,帐幕掀动,屋椽裂开,上面的斧子掉下来,砍断了他的一只脚。孔甲叹息道:"唉!发生这种灾难,是命中注定吧!"只好派他去做了守门官。

像这种情况,属于意外断脚,但在夏商周三代,更多的是受到法律惩处而被砍去左脚、右脚或双脚,这叫刖刑或剕刑,是中国古代"墨、劓、刖、宫、杀"五刑之一。《说文解字》云"刖":"绝也。从刀月声。"刖刑在夏朝称膑,商周两朝称刖,秦朝称斩趾。

一般情况下,受刖刑者都是低贱之人,甲骨文记载多为仆,如"贞刖仆八十人,不死"[253],"贞刖仆,不死"[254],等等。仆一般认为是服役的俘虏或奴仆。由于古代医疗技术比较落后,受刖刑者往往面临极大的生命危险,所以甲骨卜辞中才有受刖刑者"死"或"不死"这一类字眼。

但不管是意外断足,还是受刖刑而被砍足,在生产力发展水平极为低下,主要靠体力劳动维持生计的夏商周三代社会中,没脚或少一只脚的人基本上就成了废人,他们单纯靠体力很难养活自己。许是出于仁慈、同情等方面的因素,就由国家出面安排这些断脚人去做了守门人。久而久之,就逐渐形成了一种习俗。

《周礼·秋官·掌戮》说:"墨者使守门,劓者使守关,宫者使守内,刖者使守囿,髡者使守积。"墨、劓、宫、刖、髡都是周代的刑法名称。墨刑又名黥刑,就是在脸上刺字。这一刑罚一直延续到清代;劓刑,是割掉鼻子,隋以后被废除;宫刑,又称腐刑,是割掉男性生殖器、破坏女性生殖系统的仅次于死刑的一种刑法;髡刑,是把头发剃光,主要流行于东汉以前。

《周礼》的这种说法应该带有不少理想化的色彩。从文献记载和考古情况看,"墨者使守门,劓者使守关,宫者使守内"都没有发现可以成为逻辑链条相应的证据,只有"刖者守门"不是空穴来风。囿是中国古代供帝王贵族进行狩猎、游乐的园林,"守囿"也属于一种广义上的守门。

夏商两代由于受限于客观条件,诸如没有文字,或文字在初级阶段书写尚比较困难,青铜器制作技术水平还比较低下,还不能铸造复合容器，等等，我们在出土文物中，还看不到"刖者守门"这一具体形象，但在文化大发展的周代，这一现象却是层出不穷。

1976年12月，陕西省扶风县庄白村一号西周青铜器窖藏就出土了一件西周刖人守门方鼎。鼎是古人用来烹煮食物的器具，有方圆两种。该鼎通高17.7厘米，口横11.9厘米，口纵9.2厘米，腹深6.2厘米，重1.6千克。形状为方体，双附耳，上下分为两层。上层为煮器，下层为盛炭火的炉膛。炉膛正面铸有能开闭的两扇门。左门上装有插叩开关，右门外浮雕的就是一手持插关而无左脚之人。裸身，正侧身屈膝跪坐在门边作守门状。

▲ 庄白村一号铜器窖藏出土的西周刖人守门方鼎

1988年11月，宝鸡市南郊茹家庄古㢡国墓地也出土了一件刖人守门方鼎，铸造时间为西周中期。通高16.7厘米，口横21.8厘米，口纵14.1厘米，残重3.92千克。长方体形状，也是分为上下两部分，上部为器身，下部为炉身。炉前中部有双扇门，右门门外靠门站着一个缺左脚、断右臂的裸身男子。

▲ 茹家庄古㢡国墓地出土的西周刖人守门方鼎[255]

246　　　　　　　　　　　传说有据：考古证实的中国史

故宫博物院也收藏有一件西周中期的刖人鬲。鬲是古人常用的一种炊煮器具，形状一般是口沿外倾，有三个中空的足。故宫博物院收藏的这件刖人守门鬲，通高13.5厘米，口横11.2厘米，口纵9厘米。鬲座为方形，正面是两扇门，左开右闭。左门外边铸有一男子，圆目大口，裸体，侧身而站。右手弯曲至腹前，右臂回环处和门铸在一起作为门闩插孔。左腿自膝盖以下砍断，左手扶杖而立。

▲ 故宫博物院收藏的西周刖人鬲[256]

西周"刖者守门"现象虽然在文献中记载很少，但如上所述，在考古实践中却屡有所见，而且将这一现象当作重要题材铸雕在贵重的青铜器上，说明"刖者守门"确实是流传久远的一种习俗。

春秋时期，在考古中也发现了一些同样题材的青铜器，如1989年，考古工作者在山西省闻喜县上郭村就出土了一辆"刖人守囿车"。这是一件专供春秋时期贵族欣赏的工艺美术品。车体高9.1厘米，长13.7厘米，宽11.3

▲ 山西闻喜上郭村出土的刖人守囿车[257]

厘米。车体作方箱式，前面装有可以开闭的两扇门。左门镶嵌的也是一个缺了左脚的人，男性，全身赤裸，左手拄拐，右手臂夹着门闩。

相比于西周，春秋战国时期的"刖者守门"现象在文献中多有记载。尽管这些断足守门之人大都是社会底层卑贱者一类，但由于他们特殊甚至是奇葩的行为，也让他们在历史上占有了一席之地，历史也因他们的存在而显得丰富多彩起来。

《韩非子·外储说下》记载，孔子在卫国做相国，弟子子皋担任管理监狱的官员，砍断了一个罪犯的脚。子皋就让这个没脚的人去守城门。不久，有人在卫君面前恶意诽谤孔子，说孔子图谋不轨，有作乱的嫌疑。卫君信以为真，就打算拘捕孔子。孔子得知消息后，就同他的弟子逃走了。子皋呢，刚跑出大门，后边就有追兵赶来。那个被他砍断脚的守门人这时候跑过来，领着他逃进了旁边的地下室，躲过了追捕。半夜时分，追兵撤走以后，子皋问那个守门人："我不能违背国家的法令而砍断了你的脚，现在正是你报仇的时候，你何故还要帮我逃跑？我凭什么从你这里得到这样的报答？"那人说："我被砍断脚，是我罪当如此，您也无可奈何。但是，你在堂上审理我的时候，尽量在法规允许的范围内从轻处理，并指导我按照从轻处理的法令去申诉，这番心意，我心知肚明。等到结案，您皱着眉头，很不高兴，痛惜的心情溢于言表，我也看在眼里。我明白，您并非偏袒我才这么做的，而是您心中具有仁爱的本性。我敬重的是您的品德，这就是我这么做的原因。"

这个故事让世人看到了断脚守门人明辨是非、以德报怨的德行，闪耀着人性光辉的一面。

《说苑·正谏》辑录有一篇"刖跪直谏"，说的是齐景公有一次披散头发，乘坐六匹马驾驶的车，带宫女欲驰出宫门。刖跪（断脚的看门人）看见就击打马，拦住车，回过身来对景公大声说："你不是我的国君啊！"景公惭愧，返回去以后都不好意思上朝了。晏子不知详情，就问大臣裔欸："国君为什么不临朝呢？"裔欸就将事情的缘由告诉了晏子。晏子入宫拜见景公，景公羞惭地说："几天前寡人做了错事。"接着就把刖跪拦他车马的事情复述给晏子，然后接着说："寡人受天下大夫的辅佐，得以做齐国百姓的国君，卫护宗庙社稷，今被刖跪责备，羞辱社稷，我还能处在诸侯之列吗？"晏子答："国君不要担心。臣听说：臣下不能直言劝谏，就没有可靠的君上；百姓不敢说话，君上一定有骄矜之行。古代只有明君在上，臣下才敢直言劝谏；君主向善，百姓才不避讳，敢于说话。现在国君做错了事，而刖跪直言敢谏，这是国君的福分，因此臣特来庆贺。请国君以明君的风度赏赐刖跪，以此表明国君接受直谏。"齐景公解开了心头的疙瘩，笑着说："可以这样做吗？"晏子说："可以的。"齐景公于是下令加倍赏赐刖跪。刖跪直言进谏，一时成为天下美谈。

守门的断脚之人在别人眼里虽然是一个不入流的卑贱者，但他们也有自己的尊严，有时候也会为了尊严而奋起反抗，甚至杀人于无形之中。《韩非子·内储说下》就记载了战国时期齐国大夫夷射因得罪断脚守门人而死于非命的故事。夷射是齐国的中大夫，有一次在齐王那里侍酒，喝了个酩酊大醉。他摇摇晃晃走出来后，倚靠在廊门上。守门人叫别跪，是个受了刖刑的人。他上前对夷射说："您能否赏给我一点吃剩下的酒？"夷射斥骂道："滚！受过刑的人怎么竟敢向尊长要酒喝！"别跪慌忙退下。

▲ 周原遗址博物馆一门上的刖人守门形象

周代确有刖者守门的习俗

等到夷射离开后,别跪就把水泼在廊门的檐沟下,看起来就像尿湿的样子。第二天,齐王出来看见了,怒责别跪:"谁在这儿撒尿?"别跪回答说:"我没看见。不过,昨天我看见中大夫夷射在这儿站过。"齐王一怒之下就杀了夷射。

当然,刖者也不都是卑贱者,也有在受刑前是贵为卿大夫一类的大人物。楚国大将鬻拳因刀逼楚文王而自断一足变为守门人,就是一个例子。《左传》记载,鬻拳原本是楚国大夫,性格直爽,脾气暴躁。有一次,鬻拳向楚文王进谏,楚文王不听。鬻拳的火爆毛脾气一下就爆发了,竟然把刀直接架到了楚文王的脖子上。看着鬻拳不管不顾的样子,楚文王也不得不服软,接受了鬻拳的意见。楚文王知道鬻拳是个粗人,且忠心耿耿,就没有去追究。但鬻拳却认为自己犯了大逆不道之罪,不可原谅,就对楚文王说:"王虽赦免臣,臣又怎敢自赦?"话音刚落,就操起佩刀,砍断了自己的一只脚,然后大声说:"人臣有无礼于君者,视此!"

事后,楚文王将鬻拳斩下的那一只脚供奉至太庙,作为自己不纳谏的警示。又任命他做了大阍,就是主管都城城门的官。楚文王做梦也想不到,他这一仁慈之举,竟让鬻拳这一混不吝无意中将他送上了西天。

事情还得从楚文王十九年春巴国侵袭楚国说起。巴国本是个小国,楚文王一开始并没把它放进眼里,但巴国竟然吃了豹子胆,侵扰楚国。楚文王一怒之下,就亲自率兵出战,却不幸大败而归。回到楚都城下,楚文王令手下喊鬻拳开城门。鬻拳听说楚文王打了败仗,就说,楚国从来没给败将开门的习惯,硬生生地将楚文王拒于门外。鬻拳还给楚文王出主意说,黄国最近也屡犯楚国,黄国势力弱小,去打黄国吧,一定能取胜。胜了,回来就开门。黄国大致方位就在今河南西南、湖北东北部一带。楚文王万般无奈,只好带领手下这帮残兵败将再去征伐黄国。黄国倒是给打败了,但楚文王却在凯旋途中身染重病,不治而亡。鬻拳闻讯,追悔莫及,认为楚文王死亡,虽非他杀,实是因他而起,于是拔刀自刎,到阴曹地府向楚文王谢罪去了。

鬻拳的事迹,给"下贱"的断足守门人平添了一层忠烈的色彩,"刖者守门"这一历史现象也因此变得更富有历史质感了。

传说与信史只差一头石犀

一

1974年3月,四川省枢纽指挥部根据中央指示,迁建都江堰安澜索桥。3月3日上午,几名民工在挖掘外江河段的1号桥墩基础时,在距外江1号闸104.5米、岷江右岸111米处,碰到了一块巨石。一开始,大家都没在意,但是继续挖下去,民工们感到不对劲儿,因为这块巨石逐渐露出了颈部、头部和腿部,大家仔细观察后认为是一尊俯卧着的菩萨。"菩萨"头向西,脚向东,横卧江心。

民工们对是不是"菩萨"并不感兴趣,只想着赶快完成施工任务,不要影响施工进度,于是就想着打个炮眼,放炮炸掉算了。现场施工负责人查看后,也同意爆破,就派人去领炸药。冥冥之中,仿佛老天早就安排好似的,当时管炸药的人员正好因事离开了炸药库,领炸药的人白跑了一趟。[258]

中午工地休息,几个民工到江边的一家露天茶馆内喝茶聊天,聊着聊着就聊到了上午发现的那个石"菩萨"。说者无意,听者有心。都江堰市文管所的钟天康,这天上午正带领一支小分队在都江堰做实地考古,此时也坐在这家茶馆里临时休息。当他听到那几个民工说发现了一个巨大的石"菩萨"时,职业的敏感使他立刻意识到,这尊石"菩萨"说不定就是一件珍贵的文物。

几个人谈兴正浓,只听其中一个说:"下午领上炸药赶快把它炸掉,我们就赶紧干活吧。"

钟天康情急之下,突地站了起来,脱口喊道:"不能炸!"

钟天康冲到几个民工前,打听了一下具体情况,就撂下茶碗,扔下茶钱,骑上自行车,匆忙赶往工地。在现场仔细观察了那尊石"菩萨"后,钟天康马上找到现场施工负责人叫他们暂时停工,接着让人通知县文管所,然后又拨打四川省博物馆的电话,请求他们马上派专家来工地勘察清理。

四川省博物馆得悉情况后,立刻安排文物专家沈正常、李复华、赵殿增三人于第二天,亦即3月4日上午,赶到了现场。当年任灌县文管所所长并亲自参与李冰石像发掘工作的纪方民(姬福民)后来回忆说:

> 74年3月4日早上,本该回家吃早饭,公园张友凤同志来说支部问题,临走时突然说,河坝里发现一菩萨头,双手比划有箩篼大。张说:他是听都管处一女同志到河坝上班路过时说的。于是,纪方民赶到河坝里,见人们上上下下十分紧张地往上挑沙石土,此时恰遇水校汪泽汉老师(原在政协认识的)领着四处找,汪老师个人又去找,果然在外江第一号桥基下找着了。站岸上看不见,到坑下四米深,半坡处看见仅露出一个石像头背,面部下

伏，头顶西方，全身埋在砂石堆里，距桥中心点约二公尺，是头天（3月3日）下午收工时发现的，幸喜距桥中心点尚远：一、不影响施工；二、如若炸掉便会有更多砂土滑坡，故得以保存。随即找来该工地负责人——彭山县张某队长，当众宣布说："这是重要文物要保护。"

这时天下着蒙蒙细雨，下大了，便挤进一"人"字形茅草房内。工地指挥部负责同志答应：中午收工后，使用起重机往上吊，因起重机小，坡度大，石像大部分露出沙土，吊不动了，后又弄到对面使足马力往外拖，一拖出就冲了过来，恰好撞在抽水机带上，不动了，下午收工后，纪方民一直守到天黑，才回家吃晚饭。

第二天同所里同志接上头，走出离堆公园后门一望，四面八方潮水般的人龙，直奔向河坝里来。换上大号起重机吊上岸，将石像身翻过，面部朝上……[259]

▲ 1973年出土的李冰石像[260]

经过察勘人们才得知，这并不是什么石"菩萨"，而是一尊全身直立的大型石人雕像。除背部稍有冲蚀外，其他均完好无损，甚至连衣纹线条都清晰可辨。头戴冠，冠带系至颈下。面部肌肉丰满，眼角唇边微露笑容，神态自若，平视前方。身穿长衣，腰间系有束带。两手袖在胸前，衣袖宽大，明显下垂。双脚前部露出衣外。像底部有一方榫头，残长18厘米。雕像高2.9米，肩宽0.96米，厚0.46米，重约 4.5 吨，系用灰白色砂岩琢磨而成。整个雕像造型粗壮稳重，雕刻朴实无华，线条简洁洗练，只是头部略大。

最为重要的是，雕像两袖和衣襟上刻有隶书题记三行，计 38 字，字迹清晰明了，字上朱砂痕迹犹存。

中间一行："故蜀郡守李府君讳冰。"意思是，这躯石人雕刻的对象是战国秦昭王时期蜀郡郡守李冰。

左袖一行："建宁元年闰月戊申朔廿五日都水掾。"

"建宁"是东汉汉灵帝刘宏的年号。刘宏 12 岁即位，当时社会政治腐败，危机四伏，改年号为建宁，是希望一扫过去阴霾，社会能够安定康宁。建宁元年为公元 168 年。

"闰月"是指当年闰三月。

"掾"是古代官署属员的通称。汉代的郡都设有若干部门，称为曹。曹的一把手称为掾史。"都水掾"，就相当于今天的水利局。

右袖一行："尹龙长陈壹造三神石人珍水万世焉。"

"尹"是郡守的别称。

"龙长"是蜀郡郡守姓名，姓龙名长。

"陈壹"是人名。

"珍"，是指珍惜、珍贵之意。如果按这个意思解释，"珍水万世焉"就是说，以内外二江的水为珍宝，千秋万世，造福人民。但也有认为"珍"在这里同"镇"，是镇住、镇压的意思，如此一来，"珍水万世焉"就可解释为镇住水怪，千秋万代，造福人民。

将这三行题记联系起来，大意是说，蜀郡郡守龙长、都水掾主管陈壹于 168 年旧历闰三月二十五日监造"三神石人"，其中一个是故蜀郡守李冰，希望以内外二江的水为珍宝，千秋万世，造福人民。[261]

二

2000多年以来,成都平原一直流传着李冰治水的种种传说,其中一则是说,李冰当年修筑都江堰水利系统工程,为了制住连年不断的水患,特意命人雕琢了三个石头神人放置水中,以此镇防水怪出来兴风作浪,祸害百姓。三个石头神人放到江底以后,果然风平浪静,当地百姓从此过上了安居乐业的生活,还享受上了都江堰水利工程的灌溉之利,成都平原一跃成为土地肥沃、物产丰饶的"天府之国"。

然而过了400多年,至东汉晚期,因为宦官专权,朝政腐败,都江堰被三个石人镇住的水妖不知怎么又跳出来开始兴风作浪了。官府听从百姓的意见,效仿李冰当年的做法,也请工匠制作了三个石头神人。不过这次他们制作石头神人时,特意雕琢了李冰像,将他作为其中大神,同另外两个神人一起放到江底。结果再次镇住了水妖,风偃浪息,当地百姓又过上了安定平静的生活。

这一传说流传甚广,生活在都江堰的居民,无不耳熟能详,尽管人们已经不再迷信什么石头神人可以镇住妖魔鬼怪,防止水患发生,但还是有不少人相信江底真的有石头神人存在。

也难怪,不只是口头传说,中国历史上第一部地方志《华阳国志》在"蜀志"篇中就记载,李冰当年治水,让人堵住江水,修筑了分水堤,使分水堤穿过郫江、检江,形成两股支流,从蜀郡通过。水流平缓,人们可以乘舟来往。岷山多梓、柏、大竹一类植物,人们还可以利用便利的水路,轻易获取这些木材,省了很多功夫。"又溉灌三郡,开稻田。于是蜀沃野千里,号为'陆海'。旱则引水浸润,雨则杜塞水门,故记曰:水旱从人,不知饥馑,时无荒年,天下谓之'天府'也。"

为防止水妖作怪，李冰又"外作石犀五头以厌水精；穿石犀溪于江南，命曰犀牛里。后转置犀牛二头：一在府市市桥门，今所谓石牛门是也；一在渊中，乃自湔堰上分穿羊摩江，灌江西"。同时，"于玉女房下白沙邮作三石人，立三水中。"与江神约定："水竭不至足，盛不没肩。"就是说，如果河水漫过了肩头或干涸过了脚背，就是江神撕毁了合约，告诫人们要小心了，也许又要有一场与江神相斗的场景。

"犀"就是犀牛。李冰往江中放置石牛和石人不仅仅是迷信思想，其中还有用石牛和石人测量水位的科学含义在内。

在中国历史中，地方志由于很多记载都具有神神鬼鬼的色彩，所以只能作为正史的补充和辅助而存在。《华阳国志》就是由东晋时期成汉常璩撰写于晋穆帝永和四年至永和十年（348~354年）的一部专门记述蜀地历史、地理、人物等的地方志著作，其神鬼色彩尤其鲜明，所以，它的很多记载都被视作神话和传说，不被历史学家们所重视，像李冰往江中放置石牛和石人一事，就是典型的一例。

如今，都江堰出土了东汉建宁元年制作的李冰像，而且还是当地官员效仿李冰的做法所为，传说变成了信史，人们怎能不激动？尤其李冰石人雕塑题记明确说，当地官府一共制作了三个石头神人，李冰只是其中之一，那么其他两个肯定也在江底。包括考古人员在内，几乎所有人都笃信其他两个石人神像出水仅是个时间问题。

果然，时隔仅10个月之后，修建都江堰水利工程的民工于1975年1月18日，在鱼嘴附近的外江中，又发现了一躯石人像。其出土地点东南距李冰石像出土地只有37米，同样属于外江河床中心。出土时，石像横伏沙石之中，头部朝西。这是一躯持臿石人像，头已断缺，总体尺寸比李冰石像小了将近1/3，高只有1.85米，肩宽0.7米。同样是宽衣垂袖，腰间束带。石像背部和底部，冲蚀、磨损比较严重，只有正面的衣纹凿痕比较清晰。臿柄下部也有题记痕迹，但模糊不清，已无法辨认。不同的是，该像两足全部露出衣外，双手持臿而立。臿高1.62米，宽0.25米，柄长1.34米，臿上还残留有金属刃口的线条。

▲ 1975年出土的持臿石人像[262]

持臿石人像同李冰石像还有相同的地方是，均由灰白色砂岩雕琢而成，造型浑厚稳重，线条简朴有力。从造型、手法和石质上观察，两躯石像是同时期甚至是同一批人的作品。

在石像旁边还同时发现了四块尺寸相同的长方形石块，长0.9~1.3米，宽0.72~0.75米，厚0.28米。这四块长方形石块的石质与同出石像一样，都是灰白色砂岩，专家猜测可能是与石像同时的建筑物或祠庙中神台一类基石。

为此，专家们又查阅了同治戊辰年（1868年）的《四川成都府水利全图》和光绪丙戌年（1886年）的《四川成都水利全图》，发现出土李冰石像和持臿石人像的地方是原金刚堤的中心部位，可能建有纪念李冰等人的专祠，不排除这两躯神像就是原来李冰等人专祠中所供奉之神主。塑造"三神石人"的用意，正如李冰石像题记所说，意在"珍水"。[263]

这一说法等于否认了东汉建宁年间蜀郡都水掾制作"三神石人"

是仿效当年李冰将石人放置江底的做法,而只是制作"三神石人",设立李冰祠予以纪念,不过,因为只是推测,并未得到大家的认同。人们继续翘首以待,希望能看到第三躯石人的出现。

三

2005年3月3日,风和日丽,蓝天白云之下,施工工人在安澜索桥桥墩下的泥沙里又发现了两躯石像,同样是身穿袖口宽大的长袍,双手抱拳于胸前;石雕同样采用的是汉代特有的圆雕技法,石质以及造型风格与都江堰伏龙观里的李冰像相差无几。人们先是震惊,继而又是一阵欢呼。然而很快,发现的喜悦就被疑问取代了。

与上次发现的持臿石像一样,这两躯石像也都没有头颅,身上也没有发现铭文和标记。但仔细观察会发现,这两躯石像远没有李冰石像那么精美,做工上显得也有些粗糙。与石像同时出土的还有一块残缺汉碑,由于长期受水侵蚀,字迹模糊不清,但在碑文首行仍能辨认出阴刻隶书"建安四年正月"几个字。[264]

▲ 2005年出土的残缺汉碑[265]

建安四年是东汉末年汉献帝刘协的年号,为公元199年。这与李冰塑像铸于建宁元年,即公元168年,相差了31年之久。何况同时出现两躯神像,也与"三神石人"所传达的信息不符。

有专家认为,可能是当年"三神石人"所在庙宇遭遇过大洪水的冲击，李冰那批石像或许已被冲毁。到建安年间，人们要重塑"三神石人"，但那时已是东汉衰败之年，经济实力不复往昔，人们只能凭借对"三神石人"的记忆，重新塑造一批"三神石人"置于庙宇之中。这可能就是这两躯石人在做工等方面比较粗糙的原因。

如此说来，"三神石人"远不止 3 躯，就东汉而言，也至少应该是 6 躯。那么，其他两躯呢？

人们继续翘首以盼，但接下来的出土物完全出乎众人意料。

2013 年 1 月 8 日，成都市天府广场东北侧四川大剧院考古工地中心出土了一头石兽，长 3.3 米，宽 1.2 米，高 1.7 米，重约 8.5 吨。通体近似犀牛，为整块红砂岩雕刻而成，尤其头部、皮褶和屁股的造型与犀牛极为相似。石体迥异于东汉灵巧精致的石刻风格，具有战国石雕古朴厚重的特点，专家判断是战国时期文物，应该是前述《华阳国志》所载"李冰作石犀，以厌水精"中的"石犀"。

▲ 2013 年出土的石犀

关于"李冰作石犀，以厌水精"的事情，汉侍郎扬雄撰、明人郑朴辑录的《蜀王本纪》也有记载："江水为害，蜀守李冰作石犀五枚，二枚在府中，一枚在市桥下，二枚在水中，以厌（压）水精。"李冰所做五头石犀，有两头置放在郡府衙门，这次发现的这头石犀极有可能是这两头其中之一。

据悉，天府广场原电信大楼所在位置以前曾发掘出土过很多不同时代的瓦当，而且是大型建筑才使用的瓦当，由此推断这里以前就是官署衙门所在地。电信大楼与四川大剧院考古工地中心隔邻而居,石犀的出土,可以与史料相互佐证。此外,都江堰一带今天的一些地名也是来源于李冰治水,如郫县犀浦,相传就是因李冰沉石犀成浦而得名。[266]

石犀的出土意味着,虽然我们目前尚无缘看到李冰所作"三石人",但至少看到了李冰所作"五石犀"之一,这个经历2400年之久的传说在这一刻也变成了信史。

意外的惊喜过后,反倒引起了更多的人对其余未露面的"三神石人"的期待。不过,这次没有让众人等太久。仅过了一年多,即2014年4月24日,在都江堰水利工程渠首外江闸附近疏淘河滩工地上,一名工人在外江闸第7、第8孔下侧减力池内一个刚挖开的石洞中,再次发现了一躯石人像。同前几躯发现时一样,这躯石人也是脊背朝天,横伏于江中。由于同样是俯卧,它的表面并未被江水冲刷、侵蚀,纹饰保存完好,正面雕刻的长袍衣襟纹路清晰依然。石像高2.1米,肩宽0.66米,袖口和底座宽0.8米。同样也由是整块青石雕刻而成。[267]

石像造型精美,与1974年出土的李冰石像和1975年出土的那躯持臿石人像在各个方面都很接近,专家判断,应该是同时期李冰祠庙中的文物。这也就是说,东汉建宁元年闰三月制作的"三石神人"至此全部找到。

▲ 2014年出土的无头石人[268]

在这组"三石神人"中,李冰像高达 2.9 米,肩宽 0.96 米,比另外两个神人大了将近 1/3,说明李冰是"三石神人"中的主神,意味着早在东汉时期,李冰就已经被蜀地官民尊奉为神祇,形成了李冰作为水神的崇拜氛围。

有专家认为,"三石神人"中另外两个神人是大禹和开明。这可能有点问题,大禹和开明分别是华夏族和蜀人的祖先神,按中国传统,祖先神的地位是至高无上的,但就"三石神人"的具体比例来看,李冰的尺寸要大很多。另外,1975 年出土的那躯还是手中持臿形象,就此而言,另外两个神人的身份绝不会是大禹和开明,而应该是分侍李冰左右的"哼哈二将",即李冰治水的助手,官方因此定其名称为堰工。

令众人诧异的是,2014 年出土的这躯石人像居然也没有头颅,在长约 20 厘米的脖子处就被切断了。都江堰至目前为止,总共出土五躯石人像,其中就有四躯没有头,而且都是从脖子处被切断。有专家认为是由于石像倾倒落于江水中,大水将头像给冲断了。但这个结论是站不住脚的,一是为什么只有李冰的石像头颅没有被大水冲断?二是头颅既然被冲断,为什么几十年了,石人、石牛接二连三地被挖掘出来,四颗石头却一颗也不见踪影?按石头的比重来说,一旦落入江底,会很快被尘沙掩埋,不应该被冲得很远才是。

也许,正像另一些学者所说,石像无头根本就是人为所致。这些石像都是用于祭祀,即为了祭拜水神,当时的人们专门将石像的头给切断了。

不管怎么说吧,从 1974 年至 2014 年,前后经过 40 年时间,"三神石人"先后露面,民众期待的"三神石人"大团圆算是实现了。但李冰在秦昭王年间亲自监制的"三石人"和其余四头"石犀"会"重出江湖"吗?

似乎没人能够给出肯定或否定的答案,一切都需要机缘。

法门寺的藏宝洞

一

1981年8月,关中平原扶风县域,雨淅淅沥沥地已经连绵下了20多天。进入8月下旬,小雨变成倾盆大雨,还是昼夜下个不停。8月24日下午将近中午时分,法门镇法门寺明万历年间修建的舍利真身宝塔由于年久失修,在连日暴雨的侵袭下,再也支撑不住庞大的躯体,古塔顶部西南方一部分轰然倒塌下去,烟尘随之冲天而起。

晚上7点,古塔西南面另一部分塔体也倒塌下来,整个塔体像被雷从中间劈开一般,只剩下一半。

之后,当地文物部门派出工作人员,连同寺内高僧,对残塔内文物进行了清查,共有48尊铜佛像、1尊石佛像,16卷(残)南宋咸淳五年(1269年)刊刻的《毗卢藏》和396卷(残)《普宁藏》等物被清理出来。

倒塌的法门寺宝塔是明朝时建立的,但在历史记载和传说中至少可以追踪到东汉时期。在唐朝近300年间,它还是皇家寺庙这样一个传奇般的存在，因此一直以来关于它的传说就是纷纷扰扰。以前人们只是将这些传说当作饭后谈资，随便聊聊，没人去做过多的探究。然而，宝塔这次坍塌，几乎将所有乡人的目光都集中到宝塔是维修还是重建上，以前被忽视的传说也被人们一一提起，重新传播开来。[269]

传说一：法门寺宝塔底下有一口井，井里盛着水银，在水银上漂着一只金船，船里放着佛指真身舍利。这个传说大约是来自《扶风县志》，原文是这样的："明隆庆中，塔崩。启其藏视之，深数丈，修制精工，金碧辉煌。水银为池，泛金船其上。内匣贮佛骨，旁金袈裟尚存。"

传说二：1939年，日本侵略者在中国大地上烧杀抢掠之际，华北慈善会会长朱子桥先生倡议并主导重修了法门寺塔。由于处在非常时期，修塔行动可能会招来外界非议，因此整个修缮的运作都是在保密状态之下进行的。据说，当时工人清理塔基浮土后，意外发现了一块厚重的石板。揭开石板，显露出一条通往地下的"密道"。当时，工人举着火把走进去，隐隐约约看见前面有八个绿油油的亮点，后来才发现竟然是四条青蛇的眼睛。这四条青蛇也不知在这个洞里待了多久，一见火光便昂起蛇头，尾巴摔在地下"啪啪"作响。那时的人们思想都很迷信，尤其是这些虔诚修缮

▲ 半边倒塌后的法门寺宝塔[270]

法门寺的藏宝洞

宝塔的工人们,他们一见有蛇,便嚷嚷着"蛇妖护塔",退出了密道。

朱子桥得知此事后,第一时间赶了过去。他也是将信将疑,就首先命人用石板封堵"密道",然后将工人们召集起来说,此事千万不要走漏风声!何况佛门圣地,还有"蛇妖护塔",泄密是肯定要遭到报应的。自此以后,关于法门寺地洞及其宝藏的传说就变得更加扑朔迷离起来。

传说三:在1986年初召开的法门寺历史资料座谈会上,一位老人说他在民国年间法门寺修缮时,曾跑到寺里,亲眼看见塔心下两米多深处有块石板,石板上有小孔,从小孔望下去,看见有许许多多的器物,他能看清的是一个铜鼓和一根棍子。在场的考古人员对老人的说法不以为然,在他们的心中,那就是天方夜谭。真实考古世界里,哪会有那么多传奇的挖宝故事?

有关部门原来的计划是对残塔进行拆除,具体而言就是拆八留四,即拆除上八层残塔,保留下四层。然而,随着佛骨真身舍利和地洞宝藏传说的不断传播,民众要求重建宝塔的热情也逐渐高涨起来,在这种情况下,原来的修复计划被废除,县文物局经上级领导批准后,决定重建新塔。

1986年5月,修复法门寺塔正式提上日程。首先进行的工作是拆塔。二至四层的拆除还算顺利,但拆除到第一层时,就遇到了麻烦。原因是塔体高大,砖石层之间黏合比较结实,塔里塔外的文字匾额和砖雕又较多,所以拆除工程进行得较为缓慢,一直到年底,拆塔工程才全部告终。

当时正下着大雪,考古人员注意到,塔基中央地面直径10多米的一个圆圈内没有积雪,与外面白茫茫的世界形成极大的反差。再仔细观察发现，基本上是落雪即消。这一异常现象说明该区域是个敏感区，下面应该有什么东西存在。相关负责人不敢马虎，遂令人在一旁搭起毡棚，24小时轮流值班看守。

需要说明的是，此时出现的塔基已经不是明代的而变成了唐代的。原来明代人当年修缮法门寺塔的时候，并没有将唐代的建筑全部推倒重来，而是保留了唐代的塔基，在上面直接修建了十二层的塔楼。

唐代塔基和那片落雪即消敏感区域的发现，让从前对那些传说不屑一顾的考古人心里有了憧憬。随后不久，开始挖掘塔基。这期间，一勘探员在用洛阳铲深入地下打探时，听到了"嘭"的一声——是不小心打到石板上的声音。在确定无疑是石板后，大家心里又多了一层憧憬，因为一块巨大的石板横在地底下，暗示那是人为的结果，说不定就是传说中的地宫呢。于是，考古队特意选择在"法门镇古会"的日子——阴历三月初六——这天再行挖掘，希望讨个好彩头。

后来发掘得知，洛阳铲碰到的是地宫顶部的窨井盖。藻井是古代建筑术语，指建筑内呈穹隆状的天花，因为这种天花以每一方格为一井，又饰以花纹、雕刻、彩画，故名藻井。尽管考古人员在无数次听闻法门寺地洞的传说后，心里有了一定的预期和准备，但当他们掀开窨井盖往下探视时，还是被里面的景象惊呆了。只见一米多以下，堆放的都是各类金银宝器，重重叠叠，严严实实。有人形容是光色、宝器、水汽三方交相辉映，金碧辉煌。

二

经过四个多月的连续发掘，法门寺地宫布局及其所藏宝藏全面展露出来。地宫形制完全是仿照中国古代帝王陵墓规制而建，由踏步漫道、平台、隧道、前中后三室、秘龛七部分组成。[271]

地宫入口在塔基正南方向。进入后就是有 19 级台阶、呈 45 度斜坡的踏步漫道，长 5.6 米，上面铺满了各种各样的唐代铜钱，有开元通宝、乾元重宝、五铢钱等，堆积了厚厚的一层。这可能就是传说中的"金钱铺地"——佛传故事中，佛陀居住的"祇洹精舍"，由供养人以"黄金铺地"购得，"金钱铺地"因此成为佛之居所的视觉特征，具有庄严佛之居所以供养佛陀（亦即佛舍利）的性质。

台阶之下，设有一个东西长 1.95 米、南北宽 1.75 米的狭小平台，平台后面是由 8 块巨石组成的封门石，这是地宫第一道大门。从已显露的浮雕朱雀门楣石上可以断定，是盛唐时期所建，是为朱雀门，类似隋唐长安城的南门。进入这道门，就走在了地宫甬道、也就是隧道之上。甬道尽头，放置有两块石碑，分别是"大唐咸通启送岐阳真身志文碑"（下面简称志文碑）和"应从重真寺随真身供养道具及恩赐金银器物宝函等并新恩赐到金银宝器衣物账碑"（下面简称物账碑）。志文碑从"释迦大师示灭一百一十九年"说起，介绍了法门寺佛指舍利来源、供养情况；物账碑则罗列着地宫内随佛指真身舍利供养的宝物的各种质地、尺寸、大小、重量以及供奉人姓名等。

石碑后是地宫的第二道石门。两扇石门上面各刻有手扬拂尘、手

▲ 地宫第一道石门

捧净水瓶的菩萨一尊，其线条和造型是典型的唐代线刻人物。门内是地宫的前室。由于前室处于塔体南部之下，饱受重压，地面铺石因此拱起，破坏程度相当严重。地面上除了铺有一层厚厚的唐代铜钱外，还散乱地堆放着一堆堆唐王室供奉的丝织品，包括极其珍贵的金丝袈裟，以及历代帝王、后妃、公主施舍供奉的大批衣物、鞋帽、被褥等，达数百件。有的用包布裹着，有的装在檀木箱里。因为时间久远，有不少石块掉落下来压在上面，一些镶金带银、嵌挂珠宝的丝绸织物就被分割成了一块块的形状，那些丝（金）织物的残片和断线也因此跌落进犬牙交错的石缝里，给考古人员的清理工作造成了一定的困难。

前室中央是一座汉白玉雕刻的四铺菩萨阿育王塔，由大堆丝绸覆盖着。塔顶呈宝刹型，塔身洁白如雪，四面都浮雕有两尊彩绘菩萨像。塔里面是由多重丝绸包裹着的铜浮屠，方形，分塔座、塔身、塔刹三部分。塔座为须弥座，外面有逐层渐收的护栏，护栏的正中设弧形踏步。塔身单层，正面门外左右各站立一力士。塔刹高耸，上有六个相轮，由下至上依次变小，相轮以上还镶嵌着宝盖、圆光及宝珠。

第三道石门设在前室后墙上，左右门扇上各雕塑彩绘金刚力士一尊，一执剑、一执斧，豹头眼，燕颔虎须，腰圆膀粗，身披铠甲。打开进去就到了地宫中室。或许是受塔压影响较小的缘故，中室保存情况相对完好。地面损坏不大，基本水平，空间本来就不大，又被一座通高1米多的汉白玉灵帐所占据。香料是中室的主要堆积物，还有一些已经褪色、炭化了的丝绸织物。灵帐四壁雕刻的是做祈求状的守护女神。

灵帐前是一座巨大的鎏金铜熏炉，旁边竖立着一只光洁细腻的八棱秘色瓷净水瓶。灵帐西侧，设有狭窄通道，仅能供一人爬行。通道西北角，放着一只外表破损的檀香木匣，内装一叠瓷器，正是物账碑上所记秘色瓷："瓷秘色碗七口，瓷秘色盘、叠子共六枚。"秘色瓷原只供宫廷，其釉色形制鲜为人知，配方也秘不示人。过去学界通常认为五代之后才有秘色瓷，这次发现将其烧制时间提前到了晚唐时期。

灵帐后面，发现一尊造型特异的菩萨像：菩萨曲跪于莲花台上，双手捧着一只荷叶盘，盘里金色匾上錾有文字："奉为睿文英武明德至仁大圣广孝皇帝，敬造捧真身菩萨，永为供养，伏愿圣寿万春，圣枝万叶，八荒来服，四海无波。咸通十二年辛卯岁十一月十四日皇帝延庆日记。"咸通是唐懿宗年号，说明供养人是唐懿宗，乃其生日时所铸。实属地宫重器。

▲ 捧真身菩萨

捧真身菩萨底座下还压有 5 件由金线绣出花纹的完好衣物，分别是半臂、绣裙、拜垫、袈裟和案裙，做工精细，绣技精湛，尽管已过千年之久，花纹还是鲜艳如初，金光闪闪。

汉白玉灵帐后面，是第四道石门，没上锁。门内就是后室。上述考古人员掀开藻井盖往下看到的各类重重叠叠的金银宝器，就在这间室内。如果将中室看作是佛指舍利居室的话，那么后室就相当于一间储藏室，里面堆放着大量国宝。日后震惊世界的香囊、琉璃器、唐王室茶具皆出于此室。

这些宝物的堆放，初看似乎杂乱无章，其实都遵循着一定的规则，是以石室北部一方金色宝函为中心来摆放的。金色宝函里里外外共包了八重，就像俄罗斯套娃一样，一函套着一函，每封宝函外都用丝带或绢袱来包扎，是典型的唐代安奉宝函的方式。最外层原是一封檀香木函，出土时已经散架。接下来是鎏金银函，函上有锁，钥匙系在旁边的一条丝绳上。打开锁，里面是一具纯银函。如此反反复复，开锁，取函，取函，开锁，到最后一重宝函，里面是一座用黄绢包起来的金色的塔刹。揭开塔体后，发现横放在塔基上的是一白色的管状物体。志文碑记载："得舍利于旧隧道之西……长一寸二分，上齐下折……一面稍高，色白如玉少青，细密而泽"，这一白色的管状物体显然就是佛指舍利。

为了搞清楚佛骨质地，考古人员在征得有关人员同意后，用舌头舔了舔，判断出其质地是玉石。专家据此判断，这枚舍利不是佛指真身，而是用玉石仿制的"影骨"。

放置金色宝函的地板下 30 厘米处的土层里，满满地铺放着一层厚厚的"开元通宝"铜钱。为什么这里也会出现"金钱铺地"现象？发掘者在清理这些铜钱时，意外发现北壁下面竟然设有一秘龛，里面放有一枚小琉璃球和一封被包裹得严严实实的大铁函。打开铁函，里面是一鎏金银宝函，上面放着两枚水晶球。宝函四面都镶嵌有菩萨造像，左侧錾文"奉为皇帝敬造释迦牟尼佛真身宝函"。这意味着法门寺供奉有佛祖真身舍利的那个沸沸扬扬的

▲ 供奉佛祖真指灵骨的白玉棺

传说，极有可能在这一刻变成现实。

为了让这次发现变得更有意义，考古人员特意将这封宝函移至扶风县博物馆内，于农历四月初七深夜进行拆封，因为第二天就是传说的佛祖释迦牟尼诞辰日。拆封时，有关人员还特意请来了法门寺澄观、静一等四位法师，共同见证这一特殊的时刻。

又经过一番剥离，从银函里取出木函，从木函里取出水晶椁，从水晶椁取出白玉棺，最后，在四位法师们拜跪焚香祷告声中，考古人员打开白玉棺，一枚静静地卧着的佛祖灵骨呈现在众人面前。

彼时正是佛诞日——农历四月初八，凌晨一时。灵骨有明显的裂纹、霉点，颜色发黄。长40.3毫米，宽17.55~20.11毫米，中空，内腔直径为13.75~16.5毫米。后经检测为骨质，加之其与文献、传说和法门寺地宫志文碑所记完全相符，官方遂盖章确定其为佛骨真身舍利——佛祖的中指骨。

除了两枚佛骨舍利外，地宫后室北侧还发现有一只大金盆和两根大锡杖——就是《西游记》里唐僧手里拿的那种法器，一件为纯金单轮十二环锡杖，一件为鎏金迎真身银金花双轮十二环锡杖。后一件后来还被列入《首批禁止出国（境）展览文物目录》。1986年初召开的法门寺历史资料座谈会上，那位老人说他曾亲眼看到的"铜鼓"和"棍"，可能就是这两样器物。

三

法门寺地宫总共出土了四枚舍利，除了后室秘龛中那枚是佛祖真身灵骨外，其余三枚都属于仿制的"影骨"，由玉石、骨质雕刻而成，分别供奉在前、中、后三室。其中，前室是供奉在阿育王塔里，中室是供奉在汉白玉灵帐内。之所以这样安置，一般认为是以假乱真，防止类似于唐武宗时期"会昌毁佛"那样的惨剧再次发生。

　　法门寺地宫并不大，总长度才21.125米，总面积还不到33平方米，但是山不在高，有仙则灵，其所藏众多文物都刷新了人们的认知。

　　在地宫出土的各种文物品类中，金银器数量最多，其中121件（组）金银器属于唐皇室制造，由内库供奉，为我国唐代考古所仅见。后室那根"迎真身银金花十二环锡杖"长达1.96米，比曾号称"世界锡杖之王"、现藏于日本正仓院的白铜头锡杖还长0.21米，制作工艺也更为精湛，可以说是目前所见世界上年代最早、体型最大、等级最高的佛教法器。

▲ 迎真身银金花十二环锡杖

　　上千件做工精良的丝金织物也是令人眼花缭乱，叹为观止，其中以前室武则天捐奉的那件金绣裙最具代表性，其捻金线平均直径为0.1毫米，最细处只有0.06毫米，比头发丝还细。更让人拍案叫绝的是，每米金丝线上竟还绕金箔3000多圈，其工艺水平之高超、精绝，就是放到现在也毫不逊色。

　　金银器中，还有一套包括茶槽、茶碾、茶罗、茶匙笼子等在内的皇家金银茶具，也是前所未见，真实再现了唐人"吃茶"的风俗流程：唐代流行"煎茶法"先将茶饼碾碎，再用罗子筛入斗中，然后从斗中取出细末用水煮，饮用时连茶末一同吃下去。这一风俗后来被大和民族所继承，发展成今天的日本茶道。

▲ 鎏金鸿雁纹银茶碾子和鎏金团花银碢轴

茶花又称曼荼罗花，是佛教的吉祥花。相传佛祖传法时，手拈曼荼罗花，漫天曼荼罗花雨便飘洒而下，象征宁静安详、吉祥如意。曼荼罗是梵文 Mandala 的音译，在佛教中表意为坛场，指一切圣贤、一切功德的聚集之处，乃密教传统修持能量的中心。

密教是相对于有文字经典传世的显教而言的，其最大特点是，修持方法不重视教义理论，而强调秘奥大法，以高度组织化的密咒、仪规为根本修习方法。修法前必须建造"曼荼罗"，即坛场，供奉佛与菩萨。坛场要布置得庄严精致，道具材质非金即银，每次修持作法都必须保障足够的时间。尤其对上师更有优厚的供养——这就是"黄金铺地""金钱铺地"说法的由来。

密宗的作法仪轨和中国传统的祭祀形式很相似，曼荼罗的构图又与中国坛庙基本一致，容易被国人理解接受。密教在魏晋南北朝时传入中国，因为最初比较杂糅，所以被称为"杂密"。唐开元年间，善无畏、金刚智、不空三位高僧将纯正的印度密教带入中国，受到唐玄宗的重视优待，得以大规模传播，三位高僧因此被称为"开元三大士"。密教在此期间受传统文化的影响，逐渐本土化，形成具有中国风格的"唐密"，兼之其高僧每每被唐代帝王封为国师，"唐密"发展迅速，很快达到鼎盛。

晚唐德宗神武年间，日本僧人空海东渡到中国来学习佛法，拜在唐密高僧不空的弟子惠果门下，学习密宗大法，空海学成返回日本后，创立了真言密宗，亦称"东密"，后来成为日本平安时代和镰仓时代最为流行的佛教宗派之一，对整个日本历史文化发展都产生了重要的影响。

唐密在晚唐五代后逐渐绝迹，但在后世的中国佛教传承中，如千手千眼观音造像、佛像洞窟大足石刻等，都可以看到受它影响的痕迹。现在我们看到的法门寺唐代地宫就是密宗供养佛指舍利的道场和坛场，是唐密曼荼罗"无上法界"的物质显现。整个格局的设置和场面的布置都有较强的指向性和一定的规律，如上述地宫踏步及甬道地面铺撒铜钱，大约有25000余枚，是封闭前的财供养；后室八重宝函二、三、四（从内到外）层内所盛茶色液体，是曼荼罗无上法界的象征；地宫的壁面全部涂抹成黑色，是修习密法时用黑土涂坛之意。如此等等。[272]

法门寺地宫是一个神奇的传说，如果抛开其光怪陆离的外表，就其内核而言，等它被打开的那一刻，就变成了真实的历史。

法门寺传说背后的历史玄机

一

法门寺的始建年代，正史无载，散见于佛教徒记述、法门寺历代碑石和民间传说之中。

《杂阿含经》记载，佛教创始人释迦牟尼涅槃前，曾对弟子阿难交代："阿难当知，我灭度百年之后，会有一童子在巴连弗城统领一方，成为转轮王，姓孔雀，名阿育，正法治化，又复广布我舍利，当造八万四千法王之塔，安乐无量众生。"巴连弗城，一般认为是华氏城，亦称华子城，是古印度摩揭陀国孔雀王朝的都城，乃古印度最大的城市，位于恒河下游、今印度比哈尔邦巴特那附近。

释迦牟尼涅槃后，弟子焚其身，发现有骨如五色珠，米粒大小，光润晶莹且有金石之坚，正是佛祖所谓舍利，总计达八斛四斗。斛、斗都是古代的量器名称，一斛为五斗，一斗为十升。

该怎样安葬佛祖的舍利呢？《四分律》记载，佛祖涅槃前也有交代："应安金塔中，若银塔，若宝塔，若杂宝塔……"这里的金塔、银塔、宝塔、杂宝塔等,并非高大的建筑物,而是指安放舍利的小型容器,即随同舍利瘗藏的供养物,传说为"佛教七宝"。

舍利最终被分成 8 份,由其弟子分藏于 8 个国家之中。佛祖灭度 100 多年以后,古印度果然有一位姓孔雀名为阿育的摩揭陀国国王,统一了印度大部分地区,建立了繁盛一时的孔雀王朝。阿育王在全世界修建了八万四千座宝塔,将佛骨分盛于八万四千个宝匣之中,供奉于塔内。这些供奉佛骨的塔,后来统统被称为阿育王塔。

▲ 法门寺地洞发现的佛祖真指灵骨舍利

相传,阿育王当年所造八万四千个塔中,有十九座建在中国,法门寺就是其中之一。

佛教徒中流传着一个佛教在秦始皇时代传入中国的故事。[273] 说的是在秦始皇四年(前 243 年),西域沙门僧释利房一行 18 人,经过艰难的长途跋涉,穿越 36 国,踏进中国的土地。在他们走到今陕西扶风法门镇这一带,正在为美丽的周原景色所陶醉的时候,猛然间看到早已涅槃的佛祖缓缓向他们走来,释利房惊骇之下,不由自主大叫一声:"佛陀,您……"

佛祖轻声说:"子等携吾教法终达东土,实属不易,然暂勿将吾之舍利显示于世。俟众生普渡、万民归佛后,再显吾灵骨。"说完,佛祖化作一道闪亮的金光远去。

释利房一行骇然,环目四顾,早已不见了佛陀的影子,而他们的脚下却在一阵香风扑面后,陡地升起了一座高大的圣冢。

法门寺传说背后的历史玄机

释利房他们随即将随身携带的佛骨舍利埋入圣冢,然后整理行囊,继续向咸阳进发,欲面见秦始皇,请求在大秦普渡众生。然而,面见秦始皇的结果却大大出乎意料,秦始皇不仅不为释利房一行的说教所动,反倒认为他们是歪理邪说,意在蛊惑民众,因此一怒之下,就将18个僧人投入牢狱之中。后来,在大臣们的劝说之下,秦始皇才将他们放出来,但勒令他们速回本土,不得在大秦逗留,同时还将他们随身携带的各种佛经和教器全部焚毁。

释利房一行逃出咸阳后,并未灰心丧气,而是决定将18人分成四路,以咸阳为中心,分别向东、西、南、北四个方向流散民间,向百姓讲经说法,继续他们普度众生的事业。他们商定,每年在四月初八佛诞这天到周原腹地"圣冢"前聚会,交流传教心得。

然而,由于生活习惯和文化背景不同,再加上缺少经书等因素,这18位进入东土的佛教先行者,在传教过程中遇到了重重困难,直到他们先后去世,也没有形成他们所期望看到的佛教繁盛局面。

法门寺地宫发掘人之一的韩伟先生在经过多方考证后认为[274],早在秦始皇时代佛教就已经传入中国了。秦始皇与阿育王大致处于同一个时期,《史记·秦始皇本纪》中有"禁不得祠"的记载,有学者认为"不得"就是佛陀之音译,而佛祠即佛寺,始皇下令"禁不得祠",足见佛教在当时社会已经有一定影响。另外,考古资料也证明,秦咸阳、汉长安与印欧地区存在着先"丝绸之路"的交往,这使得佛教在秦始皇时代传入中国成为可能。

但学界一般认为,佛教传入中国大约是在东汉初年,标志性事件是东汉第二位皇帝汉明帝夜梦金人之事。《后汉书》《后汉纪》《佛祖统纪》均有记载。大意是说:永平三年(前60年),汉明帝有一晚睡觉时,偶做一梦:他梦见皇宫之上,有一个浑身都是金光灿灿的金人,颈项散发着一圈圆光,在那里自由自在地飞来飞去。

明帝觉得不可思议,就在次日上早朝时,将这个梦说给了文武大臣,然后问众臣:"你们有谁能够替我解这个梦呢?"

站班当中有位名叫傅毅的太史官说:"周昭王时,西方有佛出世,其身长一丈六尺,遍体金色,陛下梦中所见的金人,或许就是佛吧。"

这时,又有位名叫王遵的博士官站出来说:"刚才太史官所讲是对的。据我了解,周朝时有部书叫《异记》,里面记载了当时发生的很多奇奇怪怪的事情。其中有件事是说,周昭王二十六年四月初八日,有六种不同的地震同时发生,天上还出现了五色祥光,一直照射到太微星。周昭王感到奇怪,就问手下大臣是怎么回事。有个叫苏由的太史官禀告他说,这是西方有大圣人出世的征兆,他的教法会在1000年以后传到我们中国来。周昭王听说后,就令太史官记下来,刻在石头上,然后把它埋到了地底下。算一算,到现在刚好1000年。所以皇上您所梦到的,想必是佛无疑,梦境才会有这样的祥瑞。"

明帝听了两位大臣的说法后,很高兴。自此以后,就日思夜想,迫切希望看到佛圣早点到大汉来传教。但几年过去了,杳无音信。汉明帝实在等不及了,就在永平七年(64年),派了蔡愔、秦景、王遵等18位有学问的大臣,专程前往西土请佛经到中国来。

这18人在向印度前进途中经过月氏国(大致在今阿富汗)时,遇到了两位来自天竺(古代中国以及其他东亚国家对当今印度和其他印度次大陆国家的统称)的佛教尊者——迦叶摩腾和竺法兰。蔡愔等恭恭敬敬地说明来意,邀请两位尊者到中国去。迦叶摩腾和竺法兰遂将佛经、佛像和佛舍利,用白马驮运到中国,正式开始了佛教在中国的传教历程。由于当时交通不便，迦叶摩腾和竺法兰一行人直到永平十年（67年），才抵达洛阳。汉明帝对两位尊者的到来表示了衷心的欢迎，在第二年还专门为他们建立了佛寺；为纪念二位高僧不远万里，用白马驮经而来，遂命名"白马寺"。这是我国建立的最早的佛寺。

不过，这个故事前半段所述周昭王听说佛的事情，明显不确切，因为周昭王是西周第四任君主，夏商周断代工程将他在位时间确定为公元前995～前977年，而佛教创始人释迦牟尼在世时期是公元前623～前543年，也就是说，周昭王死后354年，释迦牟尼才刚刚诞生，周昭王怎么会听说佛的事情呢？

而且从这个故事本身看，佛教也不像是在汉明帝时才传入中国的样子。汉明帝能梦见完全类同于佛教徒的金人，太史官傅毅和博士官王遵能说出佛教的大致情形，都暗示他们之前有过这方面的接触。

二

洛阳白马寺建立80年后，东汉桓帝建和二年（148年），后来在中国佛教历史上享有盛名的西域安息国高僧安世高踏上中国的土地，开始了他传奇般的传教生涯。彼时，迦叶摩腾和竺法兰两位尊者已经圆寂，但在他们的努力培育下，佛教在中国的传播已然开始。

安世高本是安息国（又名阿萨息斯王朝或帕提亚帝国，是亚洲西部伊朗地区古典时期的奴隶制帝国）的太子，但他痴迷佛教，便斩断红尘出家为僧，游历了西域30多个国家。每到一处，他都认真学习当地方言，熟悉当地风俗民情，对佛教在这些地方的传播情况可以说是了如指掌。

传说安世高路经周原腹地的美阳城（今法门镇）时，某晚忽然看见距他不远处，有一道霞光从一座荒冢内射出，直冲斗霄。凭着多年的修行和灵感，他判断出是佛门圣物显现的灵光。但他不敢轻易发掘，担心圣物现世，在没有足够保护措施的情况下，遭受世俗的亵渎。于是，他默默记住这个地方，继续东行，打算到洛阳，面见汉桓帝后，再返回此地请出圣物供奉。

汉桓帝在中国历史上是个奇葩一样的存在，他一方面荒淫成性，另一方面又期盼长生不老，对宗教格外痴迷，所以，当安世高来谒见他时，他为安世高博大而深奥的说法所折服，当即就将安世高留在宫中为他指点迷津，并以国礼相待。

安世高待在宫中为汉桓帝讲经说法两个月后，觉得时机成熟，就向桓帝坦露心迹，说了他在周原美阳城外所见荒冢射出霞光一事："依贫僧多年修行所悟，这种灵光所出之处必有佛骨舍利……"

桓帝闻听得到舍利可保万福，立即答应了安世高的请求，并派白马寺高僧静安法师等人同安世高一道前往周原发掘荒冢。

有了皇帝的御批，一切都很顺利。仅半天时间，他们就在当地老乡的帮助下，挖出了一块带有梵文的青砖，不久之后，又挖出了七八块。安世高将这些青砖拼凑在一起，立刻就看到了他所期望看到的东西。青砖上的梵文正是释利房所书，他大体叙述了公元前243年前后他们一行18人到中国的历程、在咸阳的遭遇，以及他们离开咸阳后进行传教活动的大致范围，最后，特别记述了佛祖显灵和他们发现"圣冢"的经过以及佛祖的嘱托。

释利房遗书说，他们一行18人在咸阳城外分手后，每年佛祖诞日都会在距离"圣冢"不远的一处名为佛指沟的地方聚会,交流传教心得。公元前213年的四月初八是他们的最后一次聚会,当时只剩下释利房等三人。他们到"圣冢"前做了最后一次拜谒后,在夜深人静时挖开"圣冢",将白天就已经写好字的几块青砖掩埋进去,以期后来的有缘人能弄清真相,请出佛骨舍利供养,继续弘扬光大佛法。

释利房遗书还有最重要的一处,是交代了"圣冢"内埋藏19份佛祖舍利的情况。

安世高尽管已修炼到心如止水的至高境界,但此时面对释利房这样的遗书,恐怕也会激动难安。总之,他指挥大家继续往下挖,很快就挖出了装有释迦牟尼佛骨舍利的宝函。此时距离释利房他们埋藏这些宝函已经过去了将近400年。由于长时间的泥水浸泡,宝函外面已是锈迹斑斑,但可喜的是完好无损。宝函内摆放着19只晶莹的长颈陶壶,每只陶壶内部都盛放着一枚温润如玉的佛骨舍利……

佛骨舍利很快就被安世高等人请到了京都洛阳,汉桓帝惊喜异常,随即下诏在宫中建造浮屠(即佛塔),用金银制作佛像,重造宝函,隆重供奉。

之后,安世高又建议汉桓帝颁布诏令,在全国

▲ 传说周原"圣冢"就是今日法门寺所在

共建造 19 处佛塔，供养佛骨舍利，以期达到四海无波、八荒来服的和乐局面。汉桓帝欣然接受安世高的建议，由官方出资，诏命白马寺高僧静安法师同安世高一道主持在各地建造塔院供奉佛骨舍利事宜。

周原"圣冢"当然是首当其选。很快，那里就建起了一座四层木塔，木塔下面又建造了供养佛祖最大指骨舍利的地宫。受中国传统文化的影响，原来盛放佛祖舍利的长颈陶壶被改换成了金瓶，放置在用紫檀香木做成的棺椁内。木塔上方书写有"真身舍利宝塔"六个大字。随后，围绕宝塔，一座规模宏大、庄穆肃严的寺院便拔地而起。这便是法门寺的前身——阿育王寺。

第一座供奉佛祖真身舍利的宝塔虽然屹立在了周原大地上，但其他 18 座佛塔的施工计划却由于种种原因先后搁浅，历经西晋、东晋十六周、南北朝至隋，才逐渐全部建起。

东汉年间佛教传入中国，也经历了一番艰难的历程。作为一种外来文化，佛教本土化一开始就面临着强大的文化阻力，儒、道二教以及深受传统文化熏染的广大士子百姓给予其坚决的打压，但由于佛教的传入有大汉皇帝的倾力支持，"夷夏之争"就逐渐演变成了争夺正统的理论之战，直到西晋时期，依然喋喋不休。西晋道士王浮收集东汉以来道教中人对佛教的评论，编撰出一本《老子化胡经》，公然宣称老子出函谷关之后就去了印度，转世为释迦牟尼，教化胡人。佛教徒也不甘示弱，后来也针锋相对地编了本《清净法行经》，称老子、孔子与颜回是释迦牟尼派到中国来的三个弟子。双方唇枪舌剑，你来我往，都指斥对方为伪经。但不管本土文化势力如何打压，佛教就像星火燎原一样，以不可阻遏的势头蓬蓬勃勃地在中国大地上传播开来。

三

到了唐代,法门寺迎来其最为辉煌的时期。李渊曾任岐州刺史,隋开皇十八年(598年)十二月戊午,李世民生于距离法门寺咫尺之遥的武功行馆。《全唐文》记载,李渊曾到陕西鄠邑草堂寺为李世民求佛。李世民病愈后,李渊还愿,特意造石佛像一铺送给寺院,祈求佛祖保佑他全家健康、平安。

唐朝建立前一年,时为秦王的李世民征讨薛举,战于扶风,凯旋之时批准为法门寺度僧80名。李渊建立唐朝当年,即唐武德元年(618年)五月,赐名改扶风阿育王寺为法门寺。

贞观五年(631年),岐州刺史张亮听说法门寺塔30年开一次,以佛指舍利示人,可以令人生发善心,遂上表请求开启舍利以供大众瞻仰。地宫开启后请出舍利,展现于僧俗大众之前。这次开示的盛况,《集神州三宝感通录》记载是,京城内外,举家上下,扶老携幼同来观看。聚集于法门寺者,每天都有数千人……此举开了唐代诸帝礼佛之先河。

高宗李治做太子的时候,就痴迷佛教,曾令所司将京城一座废寺改建为"大慈恩寺",并为此举行了声势浩大的迎佛像入寺仪式。迎佛队伍绵延数十里,浩浩荡荡,前不见首,后不见尾,幢幡蔽空遮日,鼓乐震天动地,数十万人夹道观看。即位后,高宗更加热衷于大规模的法事活动。据《集神州三宝感通录》记载,显庆四年(659年)九月,高宗听闻法门寺塔"三十年一开示"的传说,且自贞观初年开启至今,已届30年,于是诏令开启佛塔,迎出舍利,并给钱5000,赐绢5000匹,作为对佛指舍利的供养。舍利请出之日,僧俗闻讯而来,人流接连 200 里，往来相庆。第二年三月，高宗又诏令请出佛骨舍利往东都洛阳入皇宫内供奉。他按照中国传统的墓葬制度，为舍利打造了 9 重的金棺银椁，精雕细刻，穷工极巧。这次迎奉前后历时近 4 年，一直到龙朔二年（662 年）才将舍利送还法门寺塔下地宫。唐高宗此举，开了唐朝帝王迎奉佛骨的先例。

▲ 唐代法门寺地宫第三道石门

武则天在即位前，曾有一段入感业寺为比丘尼的经历，因此对佛有一种特殊的感情。她以女身称帝，是中国历史上前所未有的创举；改"李唐"为"武周"更为正统所不容。她在理论上要找到登基称帝的合法依据，儒、道两家均无法给予支持，于是就只能转而求助于佛门。佛教的大乘经典《宝雨经》中，恰好有女身受记为转轮王成佛的故事，等于说，她瞌睡佛给递了个枕头。

更令她惊喜的是，有个名叫法相的和尚托伪编撰了一部《大云经》献给她，说她是西方弥勒佛下世，取代李唐为天下之主是理所当然，哄得她圣心大悦，立马就下令将《大云经》颁行天下，并诏令在长安、洛阳和其他州县各建大云寺一所。因为这是"天授"大命于她，所以就改元"天授"。天授二年（691 年），武则天"知恩图报"，一改唐太宗以来儒释道三教并立的国策，宣称佛教地位在道教之上，僧尼在道士之前。这样一来，佛教就后来居上了。

不仅于此，武则天还曾于显庆五年（660年）为法门寺舍利施舍衣帐，造金棺银椁。又施舍大量钱财给其他佛寺庙宇，"或频临净刹，倾海国之名珍；或屡访炎凉，舍两宫之秘宝"（《大唐实际寺故寺主怀恽奉敕赠隆禅大法师碑铭》），以充供养。

由于背后有皇帝的大力支持，武则天时期的佛教得以飞速发展，不论是佛教徒人数，还是佛教的内容与形式，甚或佛教理论的繁荣，都达到了前所未有的鼎盛时期。中国历史上许多著名的僧人涌现于这一时期。

武则天一生中所作规模最大、也是她最后一次崇佛活动，是长安四年（704年）的迎法门寺佛骨舍利入宫供养。有文献描述当时迎佛盛景是"万乘焚香，千官拜庆"（《大唐圣朝无忧王寺大圣真身宝塔碑铭》），沿途的幢幡宝盖遮天蔽日，源源不断。武则天还以自己的名义捐绢1000匹，赠奉自己的御用龙凤绣裙一件。然而，颇具讽刺意味的是，就在武则天虔诚迎奉佛骨舍利的次年正月，佛骨还供养在洛阳明堂没有奉还法门寺的时候，就发生了"神龙政变"事件，武则天被迫退位，"武周"一朝就此结束。这年年底，武则天在忧愤中咽下了最后一口气，终年82岁。

可以说，终唐一朝，法门寺都享受到了皇家寺庙的待遇，佛祖真身舍利被尊奉为护国真身舍利，受到最高规格的供养。除了上述高祖、太宗、

▲ 法门寺地宫出土的唐代鎏金莲花座银菩萨

高宗、武后外,中宗、肃宗、代宗、德宗、宪宗、懿宗、僖宗等皇帝均迎送过佛骨或修葺过塔寺,对佛教事业都表现出了异乎寻常的关心和支持。

然而物极必反,佛教的无限极发展,使得无数信众痴迷其中而不能自拔。有的为其倾家荡产,献儿献女;有的甚至砍断胳膊,焚烧头顶,以表虔诚。可以说,上至皇帝高官,下至世俗百姓,几乎陷入了一种集体无意识的宗教迷狂之中。为建立佛教寺庙,健全寺庙配置,供养佛祖舍利等,大批土地资源被无偿占用,大批税金流失,还又不断投入大批的财富和资金。国库已经是捉襟见肘,入不敷出,但佛教的规模还在膨胀、扩大,就像一个巨大的无底洞,不断吞噬着唐王朝越来越孱弱的病躯。

元和十三年(818年),唐宪宗罔顾国计民生,举行第五次迎佛骨活动。法门寺至长安的300里长道上,到处都是高台香刹,烟雾缭绕,进入长安后,围观的人水泄不通,僧人们恭抬的舍利宝刹无法从人群中穿过,只能从狂热的信众头上抬过去。

看到此情此景,时为刑部侍郎的韩愈,按捺不住忧国忧民的愤慨,毅然写成《谏迎佛骨表》一文,直达天听,旗帜鲜明地反对佞佛。他认为佛法不过是"夷狄之一法",并不符合君臣之义、父子之情。昔圣王均为长寿,"此时佛法亦未入中国,非因事佛而致然也","汉明帝时,始有佛法,明帝在位,才十八年耳。其后乱亡相继,运祚不长。宋、齐、梁、陈、元魏以下,事佛渐谨,年代尤促。惟梁武帝在位四十八年,前后三度舍身施佛,宗庙之祭,不用牲牢,昼日一食,止于菜果,其后竟为侯景所逼,饿死台城,国亦寻灭。事佛求福,乃更得祸。"由此观之,"佛不足事,亦可知矣"。崇迷佛法,已给天下造成了无穷祸患,百姓"焚顶烧指,百十为群,解衣散钱,自朝至暮,转相仿效,惟恐后时,老少奔波,弃其业次"。如果再不加禁止,"必有断臂脔身以为供养者",如此"伤风败俗,传笑四方,非细事也"。佛"本夷狄之人……身死已久,枯朽之骨,凶秽之馀",唯有投之于水火,像孔子说的那样,"敬鬼神而远之",才是人间正道。如果佛祖能就此降灾的话,就让灾难都降到自己身上好啦:"佛如有灵,能作祸祟,凡有殃咎,宜加臣身,上天鉴临,臣不怨悔。"

宪宗读罢,圣颜大怒,欲将韩愈杀之而后快,但在群臣力劝下,还是收起杀心,将他贬到偏远的潮州作了刺史。韩愈在赴任途中,眼见崇山峻岭,困难重重,联想到自己被贬一事,不觉豪情勃发,慨然高歌:

一封朝奏九重天,夕贬潮阳路八千。
欲为圣明除弊事,肯将衰朽惜残年。
云横秦岭家何在?雪拥蓝关马不前。
知汝远来应有意,好收吾骨瘴江边。(《左迁至蓝关示侄孙湘》)

客观而言,唐宪宗这次迎佛活动与前面几任唐朝皇帝比起来,也不算是太过分,一是在循旧例,二是为了稳定政局,其中还有一个更大的目的是为自己延长寿命求得福佑。因为宪宗自临朝以来,虽然创造了繁盛一时的"元和中兴",但长期的日理万机,操劳过度,彻底摧毁了他的身体。韩愈没有体谅到宪宗的心情,只顾上谏直言,说什么汉明帝以后,"事佛渐谨,年代尤促","事佛求福,乃更得祸",实际上等于在诅咒宪宗早死,从这个角度来讲,宪宗不杀韩愈,也算是给足了他面子。这也就是韩愈到潮州后,收起轻狂,写《潮州刺史谢上表》表达忏悔之意的内在原因吧。

四

唐朝21位皇帝中,唐武宗李炎算是个另类。他早在做藩王时就敏锐地观察到,佛教的过度发展正在动摇着唐帝国的根基,韩愈那篇振聋发聩的警世文——《谏迎佛骨表》,应该也对他产生了不小的影响。

会昌元年(841年),唐武宗刚登基为帝,就下诏拆毁部分小寺、山房、兰若等僧尼活动场所,对僧尼的一些活动进行了种种限制;第二年,开始没收寺院财产,强迫部分僧侣还俗;第三年,因为传言有藩镇的奸细假扮僧人藏在京师,武宗下"杀沙门令",京兆府在长安城中打杀裹头僧300余人;第四年,敕令尽拆大型寺院、佛堂,勒令僧尼还俗。

到会昌五年(845年)时,唐武宗变本加厉,勒令东西二都只能保留两所寺庙,每寺留僧30人。天下各节度使治所留寺一座,留僧5~30人。其余寺庙全部拆毁,僧尼全部还俗。这次大规模的灭佛活动,一共拆除寺庙4600余座,拆招提、兰若4万余所,僧尼26万余人还俗。

唐武宗这次灭佛事件,史称"会昌法难""会昌毁佛"。法门寺也在劫难逃,受到了巨大冲击。武宗曾下令捣毁佛指舍利,但僧人们只是毁掉了舍利的"影骨"交差,冒着生命危险将真身舍利秘密藏了起来。我在前文《法门寺藏宝洞》已述及,法门寺地宫总共出土了四枚舍利,其中三枚都属于仿制的"影骨",由玉石、骨质雕刻而成,分别供奉在前、中、后三室中。之所以这样安置,应该就是法门寺僧人为防止类似于唐武宗时期"会昌毁佛"那样的惨剧再次发生,才以假乱真，保护佛骨真身舍利不受伤害。

▲ 供奉"影骨"舍利的八重宝函发掘现场

唐武宗的生命止步在会昌六年（846年）四月，如此佛教才没有遭受更大的灾难。随后宣宗即位，恢复了佛法。

859年，宣宗死，懿宗李漼继位。在懿宗执政的日子里，藩镇势力重又扩张，南蛮、戍卒反叛，内外交困，大唐王朝奄奄一息。懿宗疾病缠身，久治不愈，便把国家和他个人的希望寄托在了佛祖身上。咸通十二年（871年）八月，依循前例，懿宗再一次举行了盛世浩大的迎佛活动。他在法门寺真身舍利塔下筑坛，铸制了捧真身菩萨、双轮十二环迎真身银金花锡杖等，在咸通十四年（873年）四月八日将佛祖舍利真身迎入长安。这次迎佛活动，供品最多，耗费空前，禁军兵杖、香刹宝帐，无所不用其极。其侈靡之巨，远超前朝诸次，不亚于任何一次国家大典。

法门寺地宫出土的捧真身菩萨手捧发愿文匾上錾文，显示了懿宗迎佛的宏愿：

奉为睿文英武明德至仁大圣广孝皇帝，敬造捧真身菩萨，永为供养，伏愿圣寿万春，圣枝万叶，八荒来服，四海无波。咸通十二年辛卯岁十一月十四日皇帝延庆日记。

可惜，佛祖不但不能让他"圣寿万春，圣枝万叶"，也并未能保大唐"八荒来服，四海无波"，将佛祖舍利真身迎入长安当年，他就不辞而别，成了地下黄泉一客，而他的唐王朝也在苟延残喘之中挨过20年后，变成了永久的历史背影。

懿宗驾崩后，其第五子、12岁的李俨即位，是为唐僖宗。彼时，操纵朝政大权的宦官们已经意识到了大唐王朝所面临的重重危机，所以唐僖宗即位后，他们用唐僖宗名义所做的第一件事，就是下诏送佛骨回法门寺地宫安放。873年年底，佛祖舍利在京都长安供养八个月后，还回法门寺。这与之前一次供养即为三年的情况已不可同日而语，护送佛祖舍利返回时的场面比起迎奉时的威仪亦有云泥之别，正如《杜阳杂编》所云："僖宗皇帝即位，诏归佛骨于法门。其道从威仪，十无其一，具体而已。然京城耆耄士女，争为送别，执手相谓曰：'六十年一度迎真身，不知再见复在何时！'"随即俯首于前，呜咽流涕。举国上下似乎都已预感到了大唐已处在苟延残喘的地步，礼佛旋风行将风平浪静、悄无声息。

尽管这次送佛祖舍利返回时的场面比起以前黯然了许多，但帝后王公等显赫人物为此所赐金银器、琉璃器、秘色瓷、丝织物、法器、宝函等数量并不少，而且等级极高："玉棺金箧，穷天上之庄严；蝉翼龙纹，极人间之焕丽……"（《志文碑》）这些珍贵物品都同佛骨舍利一起送入地宫被封存，地宫也随之封闭。自此以后，法门寺供养的佛祖真指舍利的去向和法门寺地宫所在就成了一团飘浮在天空中的迷云。

后梁末帝龙德二年（922年），原唐节度使、岐王李茂贞曾修葺木塔，添置塔心樘柱，还在塔顶覆盖绿色琉璃瓦。经过李茂贞的修筑，四层木塔得以保持到明代后期。

明隆庆三年（1569年），凤翔府发生地震，历经数百年历史的唐代四级木塔瞬间倒塌。十年以后的神宗万历七年（1579年），地方绅士号召捐资修塔，历时30年，建成八棱十三级砖塔，高47米，棱以雕琢花砖砌成。

▲ 明代法门寺铜塔刹

但不论是后梁龙德二年的修缮，还是万历七年的重建，都没有发现或者说是将佛骨舍利展示出来，只有《扶风县志》寥寥几行的记载："明隆庆中，塔崩。启其藏视之，深数丈，修制精工，金碧辉煌。水银为池，泛金船其上。内匣贮佛骨，旁金袈裟尚存。"

由于长期以来，地方志很多内容不被纳入正史，这一类带有夸张和传奇的记载就被视为无稽之谈而流传在街头巷尾，成为人们茶余饭后的谈资。

清顺治十一年（1654年），关中地区又一次发生地震，法门寺塔身受此影响，逐渐向西南方向歪斜。不久之后，寺院又毁于大火之中。

1939年，正值日本侵略者在中国大地上烧杀抢掠之际，时任华北慈善会会长的朱子桥先生倡议并主导重修了法门寺,这是晚明以来最大规模的一次维修,历时一年零四个月,于1940年7月竣工。由于处在非常时期,修塔可能会招来非议,因此整个修缮的运作都是在保密状态之下进行的。

前已述及,重修法门寺时,曾经有匠人偶然发现了地宫的一角,里面还俯卧着四条青蛇,吓得施工工人一动也不敢动。朱子桥得知此事后,第一时间赶过去,命人用石板封堵"密道",然后将工人们召集起来说,此事千万不要走漏风声!何况佛门圣地,还有"蛇妖护塔",泄密是肯定要遭到报应的。

朱子桥巧妙利用工人的迷信思想和他们身上的民族正义感,保住了这个秘密,这座名扬世界的千年古刹及其下面那座神秘的地宫,就这样完整无损地保存下来。自此以后,关于法门寺地宫及其宝藏的传说就变得更加扑朔迷离起来。

"文化大革命"初期,一群"红卫兵"闯进法门寺,手持镢头铁锹,在捣烂了地面文物后,又围着塔基开始掘地,试图找出传说中的地宫。时为法门寺住持的良卿法师,毅然用煤油浇体,焚燃自身,吓退了"红卫兵"。

良卿法师用自己的生命保护了塔下珍宝,这一大无畏的行动,又创造了一个新的传说——

法门寺有佛祖真身舍利护塔,不可亵渎。

一则印尼传说改写了唐代史

这是一则颇富传奇的故事。[275]沃特法原是德国一家水泥厂的老板，空闲时喜欢与工人聊天。有次，一个印度尼西亚的工人告诉沃特法，他的家乡勿里洞岛一带的海域上有沉船宝藏的传说，而且当地渔民也曾多次捞到过海里的宝藏。沃特法觉得很有意思，就暗暗地记在了心里。

1996年，沃特法和妻子到印度尼西亚去旅行，心里还惦记着这件事，于是，他专门跑到勿里洞岛，戴上水下呼吸器潜入海底，寻找传说中的宝藏。想不到，自此开始，他竟先后找到了三艘沉船，一艘是装有明朝宝物的鹰潭号，一艘是装有宋朝小火炮的马热尼号，第三艘就是后来震惊世界的唐代"黑石号"沉船。只不过，前两艘沉船所获宝物同唐代"黑石号"沉船实在无法相提并论，人们一说起沃特法就只记得一个"黑石号"。

勿里洞岛位于南中国海与爪哇海之间，面积4850平方公里。"黑石号"沉船发现于该岛丹戎潘丹港北部海域的海底，因为西北150米处有一黑色大礁石，沃特法同有关专家考察后认为，这艘沉船极有可能就是因为撞到了它才沉没于此，所以就以"黑石号"或"勿里洞沉船"相称。

"黑石号"于1998年9月开始发掘，历时1年，总计打捞出各种文物6万多件，绝大多数是瓷器，均为中国唐朝制造。其中长沙窑瓷器占据份额最大，有5.5万件，越窑青瓷有约250件，白瓷约300件，绿彩瓷器约200件，其他瓷器还有500件左右。这些瓷器大部分是碗，其次是壶。沉船中发现的金银器，金器11件，金箔2公斤，鎏金银器20件，银锭18件。其他还有铜镜29件，漆器2件，石砚1件，碎墨若干。

最引人注目的是，沉船中发现了三件唐代青花瓷盘（唐代青花瓷为原始青花瓷，成熟的青花瓷出现在元代）。这是中国迄今为止发现时间最早、形体最为完整的青花瓷器。三件青花瓷盘上的纹样有所区别，但题材及其构图完全一样，同扬州本地出土的唐代青花瓷片如出一辙。

▲ "黑石号"所出青花瓷盘[276]

过去一直以为青花瓷最早产生于元代，风靡于元代中后期和明清时期，尽管扬州唐城遗址此前曾经出土过一些唐代的青花瓷片，但由于没有发现完整的青花瓷器，以至于人们对其产生的年代无法统一。这次"黑石号"沉船上发现的三件完整的青花瓷器，事实上是解决了这一疑案，不但将青花瓷的诞生时间提前了数百年，而且证明了早在唐代中晚期青花瓷就已经热销海内外了。

沉船中有一面八卦四神铜镜和一只长沙窑阿拉伯文碗为沉船年代

提供了数据。八卦四神铜镜镜背的外侧一周铸有文字："唐乾元元年戊戌十一月廿九日于扬州扬子江心百炼造成。"唐乾元元年是公元758年。

长沙窑阿拉伯文碗的外侧下腹部也刻有文字："□□□ 宝历二年七月十六日。""□"为缺字。宝历年号在唐朝一共使用了三年零一个月。其中前两年零十一个月敬宗李湛在位，宝历二年十二月敬宗死，文宗即位，一直沿用至次年二月。宝历二年即公元826年。

联系文献记载长沙窑以外销为主的性质，再考虑到长沙窑外销瓷器时效性很强这个特点，这些瓷器装船时间应当距离烧成时间不远，大体在公元9世纪前期，即唐代中晚期。

由于沉船已经完全腐朽无法整体打捞，因而只打捞出一些破碎的木片和模块。对这些木片和模块检测结果表明，这艘船使用的年代在公元700~900年。整艘船没有使用木钉和铁钉，而是运用了植物纤维编织的绳索来固定船板的技术，当时这是只有阿拉伯人和印度人才具备的远洋航船制造技术——缝合技术，就是把两块木板的接缝先固定在一起，然后在各自距离边缘2厘米处各打一个洞作为缝合孔，用处理好的植物纤维进行缝合。为了确保长时间航行能不渗不漏，制造者在缝隙处涂上橄榄汁一类黏合剂用以黏合，同时还要在木板接缝处和缝线下面加上一层如白千层树皮一类堵缝材料。

这种缝合船的最大优点是维修方便，修理成本低，一旦船体某处受到损坏，只需解开缝合线，抽出损坏的木板，更换一块即可。但它的缺陷也显而易见，那就是比较简陋，万一陷入泥团之中便难以动弹，所以许多这样的船只都在横渡印度洋时沉没了。意大利马可·波罗就不看好这类航船，在他的《马可·波罗游记》一书中对此多有吐槽。

专家们后来综合各种材料复原了"黑石号"船身，发现它是一艘传统的阿拉伯单桅帆船，船身长 20.22 米，宽 7.8 米，船上有两根等高的桅杆，材质是阿拉伯造船业者最喜爱的缅加木。估测"黑石号"整个船身制造完成，总共需要缝 20 多万针。

观察沉船中的文物，大部分都包装得很好，没有受到太多的损害。这是因为它触礁沉入海底以后，很快就被淤泥和沉沙裹了厚厚的一层，相当于穿了一件保护衣，避免了外部力量的冲击。以在文物中占取绝大份额的长沙窑瓷碗为例，有一部分是用稻草扎成圆筒裹住以后堆放在船舱里的，还有一部分是码成螺旋状放在青釉大罐里的，一只大罐一般可以装 130 只碗。只要大罐不破损，碗的釉面就不会受到海沙的冲击和磨损，因此长沙窑碗的釉面大部分完好如新。

唐代，长沙窑瓷器产品主要是面向普通百姓，以价廉物美而闻名中外。尤其是经过"安史之乱"之后，陆上丝绸之路不复往日盛景，再加上用骆驼驮运瓷器多有磕碰，不适合长途贩运，而湘江岸边的长沙窑具有先天的水运优势，可以通过水运与扬州、广州、安南（*越南古称*）等地连接起来，使沉重易碎的瓷器找到了新的出口方式，海上丝绸之路遂得以兴起。

▲ "黑石号"所出长沙窑壶[277]

很早以前，一些学者就认为，中国历史上除了存在一条陆上丝绸之路外，还应该有一条海上丝绸之路。陆地丝绸之路以丝绸出口为主，海上丝绸之路应以瓷器出口为主，这些学者称之为"海上瓷器之路"。《新唐书·地理志》对此也有记载，称为"广州通海夷道"。其以广州为起点，全长1.4万公里，是彼时世界上最长的远洋航线，途经100多个国家和地区。当时通过这条通道往外输出的商品主要有丝绸、瓷器、茶叶和铜铁器四大宗，往回输入的主要是香料、花草等一些供宫廷赏玩的奇珍异宝。

但由于中国水下考古业发展较迟，水下考古技术水平又比较落后，学者、专家们一直没有找到相应的证据能够证明古代海上瓷器之路的存在，直到"黑石号"沉船被沃特法团队发掘出来以后，包括长沙窑瓷在内的巨量瓷器的发现，事实上是证明并从细节上还原了这条"海上瓷器之路"的繁盛运销情况。

唐代南方瓷器的代表是越窑青瓷。越窑是中国古代最著名的青瓷窑系，其主要产地是唐代明州慈溪县即今浙江省慈溪市上林湖一带，因五代时划归越州而得名"越窑"。虽然文献上没有关于越窑青瓷外销情况的记载，但最近几十年，国外有不少遗址都发现了数量不等的越窑青瓷标本，如东非埃及的福斯塔特、苏丹的阿伊扎布，西亚伊拉克的萨玛拉、伊朗的尼沙布尔和希拉夫，南亚印度河流域的班布尔、阿里卡美，东南亚菲律宾的卡拉塔冈、马来西亚的沙捞越尼雅，东亚的日本九州博多、筑野和奈良平城京等。可以说，在公元8至9世纪这段时期，越窑青瓷是海上陶瓷之路中国销到亚洲至非洲广大地区的主要商品之一。

从出土资料看，大部分唐代越窑外销瓷器都保留了本土的风格，也有一小部分越窑外销瓷器带有宗教文化因素，其造型和装饰呈现出异域文化的特点。

长沙窑碗绘彩一般在碗的内壁，题材除了常见的简笔花卉与树叶、云气、山水、漩涡纹及流行于市井的诗文、俚语等，还有一些是佛教题材，如佛塔、摩羯鱼、莲花等。其中，一些过去被认为是简笔写意的山水画、云气纹等，后经专家破译，是阿拉伯文。长沙窑瓷壶通常采用的是模印贴花装饰，贴花内容主要表现为葡萄、波罗蜜树、婆罗树、椰枣树、狮子、寺庙以及胡人舞乐等域外文化元素。这种情况可能意味着，这些碗、壶都是长沙窑销往南亚和阿拉伯地区的定制产品。

"黑石号"沉船上越窑青瓷虽然不是很多，但其品种与供应国内市场情况基本一致，很可能意味着唐代瓷器的烧制销售已经有了较为明确的分工。越窑青瓷主要是供国内，它不会或者说很少为外销专门去生产不同的产品。长沙窑恰好相反，除有一小部分产品供应国内市场外，其余大部分是面向国外市场的，所以其彩绘装饰等，一般会根据客户的要求而输入销售对象所喜好的异域文化因素。

"黑石号"沉船上还发现了一批带有"盈"和"进奉"字款的瓷器。唐代的"盈"和"进奉"字款瓷器产自河南巩义，是专门用来供应皇宫的，会进入皇室的大盈库。除了这些皇家御用的瓷器之外，沉船上还发现了一些精美绝伦的金银制品，如目前发现的唐代最大的金杯、供皇室使用的唐代江心镜、刻有鸳鸯的精美银质大花瓶等，一些研究者据此推断，这些高规格"御用"器物或许是唐朝皇帝赠给外邦的礼物，甚至可能是一份新婚贺仪，因为鸳鸯在中国传统文化里是婚姻和谐、美满的象征。

▲ "黑石号"所出"盈"字款绿釉花口碗[278]

就此而言，"黑石号"沉船可能并非一般意义上的商船，而是肩负外交使命，寻求和平、友谊的外交商船，具有官方性质。因为哥伦布当年第一次航海时，目的是寻找到东亚的新航线，身上就带着西班牙国王写给中国皇帝的国书，身兼商人与使节的双重属性。当然，所有这些都只是猜测而已，还需要更多的证据来证明。

关于"黑石号"的出发地，目前有扬州、广州、室利佛逝三种观点。室利佛逝是7～14世纪，存在于东南亚巽他群岛的一个信奉大乘佛教的海上强国。起源于苏门答腊岛东南部，在其鼎盛时期，势力范围包括今马来半岛和巽他群岛的大部分地区。

认为扬州是"黑石号"出发地的证据是，扬州本地遗址发现有较多的长沙窑瓷器遗存，还发现有与"黑石号"相同的绿彩、青花瓷器以及扬州地区生产的金银器等。长沙窑瓷器先是沿湘江而下，经洞庭湖进入长江到扬州，在这里将这些货物装载以后，"黑石号"出海，沿着海岸线至明州、广州等地停靠，装载当地货物，之后行驶至今苏门答腊附近触礁沉没。

认为广州是"黑石号"出发地的证据是，沉船上有一部分长沙窑碗是被装在广东生产的青釉大罐里的。就是说，长沙窑瓷器是先被运到广州装到"黑石号"上，然后才出海的。

至于认为室利佛逝是"黑石号"出发地的观点，并没有明确的证据，只是猜测沉船上的货物是由不同的船只从扬州、明州和广州分别运到室利佛逝，在此一次性装到"黑石号"上出海的。

关于"黑石号"的目的地，一般认为是西亚和中东地区，因为在该地区遗址中，如埃及的福斯塔特、伊拉克的萨玛拉等，都有同长沙窑、越窑出产一样的瓷器被发现，而且都是白地绿彩瓷器和白瓷。据此判断，"黑石号"的最终目的地应该是阿拉伯国家的某个港口。

唐代真有江心镜

江心镜原是一面存在于传说中的"神镜",亦称水心镜、百炼镜,最早见于唐人陈翰编撰的传奇小说集《异闻录》中:唐天宝三载(744年)五月十五日,扬州参军李守泰向唐玄宗进呈水心镜一面,"纵横九寸,青莹耀日,背有盘龙,长三尺四寸五分,势如生动,玄宗览而异之"。

李守泰禀奏唐玄宗,这面镜子铸造之前,曾有位老者飘然而至,自称姓龙名护。他对铸镜工匠吕晖说,他家就住在附近,听说有少年要铸镜,就过来看上一眼。不过,他告诫吕晖,想要铸造好铜镜,必须先将铸镜的火炉放置船上,等到五月五日午时,将船驶至扬子江心再行铸造,这样铸出的铜镜才是最好的。吕晖的铸镜技艺在当时的扬州享有盛名,他觉得老人说得在理,就按照老人的指点,将铸镜炉搬到一条大船上,在五月初五这天把船划到了扬子江心,于正午准时开始铸镜。谁知原本风和日丽的天气,这时突然狂风骤起,波浪滔天。吕晖不为所动,凝神贯注,失败一次,再铸一次,经过上百次,才锻造成功。

李守泰进奉的江心镜后来收藏于长安内库。四年后，亦即天宝七载（748年），陕西大旱，当地僧人求雨失败后，经人指点到宫中奏请取走江心镜作为法事道具祈雨，果然不负众望，甘霖瞬间而降。江心镜由此名声大噪。

唐玄宗712～756年在位。《异闻录》记载，唐玄宗驾崩23年后，唐德宗即位，开始提倡节俭，因江心镜煅制费时费人费力，遂被叫停。彼时，白居易刚7岁，或许对江心镜的传说留有铭心刻骨的印象，成名后，白居易还专门写了一首名为《百炼镜》的长诗：

> 百炼镜，镕范非常规，日辰处所灵且祇。
> 江心波上舟中铸，五月五日日午时。
> 琼粉金膏磨莹已，化为一片秋潭水。
> 镜成将献蓬莱宫，扬州长吏手自封。
> 人间臣妾不合照，背有九五飞天龙。
> 人人呼为天子镜，我有一言闻太宗。
> 太宗常以人为镜，鉴古鉴今不鉴容。
> 四海安危居掌内，百王治乱悬心中。
> 乃知天子别有镜，不是扬州百炼铜。

这首诗以扬州"百炼镜"引出"天子镜"，劝谏当朝皇帝心中要装上一面真正的镜子，像太宗李世民那样，"常以人为镜，鉴古鉴今不鉴容"。

千百年来，因为正史中没有关于江心镜的任何记载，而《异闻录》中对江心镜的记载又玄玄乎乎，像个神物一般，所以江心镜一直就被人们视作一个虚无缥缈的传说，直到"黑石号"沉船出水，人们才发现，唐代真有江心镜，就是发现于"黑石号"的那面八卦四神铜镜。铜镜背面的外侧一周铸有文字：

> 唐乾元元年戊戌十一月廿九日于扬州扬子江心百炼造成。

▲ "黑石号"所出扬州江心镜[279]

唐乾元元年是唐肃宗收复长安以后改元所用"乾元"年号的第一年，时为758年。唐肃宗名李亨，系唐玄宗李隆基第三子。

从铸制时间看，唐乾元元年正是江心镜名声大噪之时，距离《异闻录》记载的779年唐德宗即位叫停江心镜铸制，还有21年。

从铸制地点看，正是《异闻录》记载的扬州（扬子）江心。

这面铜镜之所以被业内人士称作八卦四神铜镜，是因为上述铜镜背面外侧那一大圈文字靠里，铸有一圈的八卦符号，是为中圈；再往里，又分别在上下左右铸有四象神兽图像，形成了一个小圈。八卦四神赋予了这面铜镜特异功能,正同前述陕西大旱时,当地僧人用江心镜祈雨的记载相对应。

江心镜将八卦与四神结合,似乎是作法事活动的专用镜,但为什么会输往海外呢?由于"黑石号"沉船就出土了这一件江心镜,因此很可能不是用于外销,而是船员作为神物用来祭祀自保。从众多文献中可以看到,唐代的铜镜被广泛用于各种祭祀之中,如《入唐求法巡礼行记》就记载,开成四年(839年)五月二日日落之时,入唐求法的那些高僧和船员们在船舶上祭天神地祇,祭祀礼品就有私绢、绞缬、铜镜等。[280]

当然,也或许如我在上文《一则印尼传说改写了唐代史》中所说,"黑石号"沉船可能并非一般意义上的商船,而是肩负外交使命,寻求和平、友谊的外交商船,具有官方性质,所以,供唐皇室使用的江心镜就同那个最大的唐代金杯、刻有鸳鸯的精美银质大花瓶,还有那批带"盈"和"进奉"字款的御用瓷器一样,是唐朝皇帝打算赠给外邦的高规格礼物。

名副其实的蟋蟀天子

一

在文献记载中，明宣宗朱瞻基是一个英明睿智的天子，他同他的父亲明仁宗朱高炽共同打造了著名的"仁宣之治"盛世，而且由于明仁宗在位只有9个月，他在位10年，所以可以毫不夸张地说，明宣宗才是"仁宣之治"最大的功臣。或许正因为如此，由清人张廷玉等编撰的《明史·宣宗纪》才对他赞不绝口：

> （明宣宗）即位以后，吏称其职，政得其平，纲纪修明，仓庾充羡，闾阎乐业，岁不能灾。盖明兴至是历年六十，民气渐舒，蒸然有治平之象矣。若乃强藩猝起，旋即削平，扫荡边尘，狡寇震慑，帝之英姿睿略，庶几克绳祖武者欤。

然而，这么一位英主在野史笔记和民间传说中留下的却是如顽童一样痴迷蟋蟀的纨绔形象，以至于人们戏称之"促织天子""蟋蟀天子"。

促织就是蟋蟀,有些地方也称为蛐蛐,2500年前的《诗经》就收有一首《蟋蟀》:"蟋蟀在堂,岁聿其莫。今我不乐,日月其除。无已大康,职思其居。好乐无荒,良士瞿瞿。"

斗蛐蛐成为一种游戏活动,一般认为是在唐朝。唐玄宗就酷爱斗蛐蛐,在皇室的示范效应下,"每至秋时,宫中妃妾辈皆以小金笼提贮蟋蟀,闭于笼中,置之枕函畔,夜听其声。庶民之家皆效之也"(《开元天宝遗事》)。

到了宋代,斗蛐蛐更成了一种时尚,风靡整个朝野上下。权相贾似道不但乐于此道,"与群妾踞地斗蟋蟀"(《宋史·奸臣列传》),而且还是此中高手,专门写有一本斗蛐蛐的辅导手册,叫《促织经》。

明宣宗对斗蛐蛐的痴爱似乎并不亚于贾似道。传说他让内史到处寻找上好的蟋蟀带回宫中参加比赛,每次下朝以后都不顾九五之尊的身份,与嫔妃们围在一起观看蟋蟀上下搏击,互相打斗。围观者拍手叫好,他也高兴得手舞足蹈,像个孩子似的。

明人吕毖《明朝小史·宣德纪》载,仁宗不仅痴迷斗蟋蟀,而且对蟋蟀品相的要求也是精益求精,他让内史在宫城内外找到的蟋蟀大都个小体弱,打斗不了几下就蔫了,他认为这是由于北京一带土质瘠弱,养不出好蟋蟀,就特地派太监到地力肥沃的江南去采办优质蟋蟀。结果,江南蟋蟀的价格水涨船高,一只好的蟋蟀居然涨到了十数金。

明人王世贞《国朝丛记·宣德正德二狎敕》记载,宣德九年七月的一天,为得到优良的蟋蟀,宣宗居然对苏州知府况钟下了一道密旨:"敕苏州知府况钟:比者内官安儿、吉祥采取促织,今他所进数少,又多有细小不堪的,已敕他末后一运。自来时要一千个。敕至,尔可用心协同他干办，不要误了！故敕。"

这件事情，明人沈德符在《万历野获编》中也有记载："我朝宣宗，最娴此戏，曾密诏苏州知府况钟进千个。一时语云：'促织瞿瞿叫，宣宗皇帝要。'此语至今犹存。"为此，苏州卫武官中还有人因逮蟋蟀有功而被赏赐世袭官职，其风头甚至盖过了在战场上斩取敌将头颅的将士。

▲ 故宫博物院收藏的宣德澄泥蟋蟀罐 [281]

宣宗不只对蟋蟀的品相有高标准要求，对盛装蟋蟀的笼盒也颇为讲究，为此还敕令御窑厂大批烧制呈进。对此，清代诗人史梦兰曾作诗曰：

秋声满院月黄昏，香尽熏炉闭殿门。
欲试江南新进种，罗巾轻拭戗金盆。

明末清初著名诗人吴梅村也写有《宣宗御用戗金蟋蟀盆歌》一首，描述宣宗当年用御窑呈进的蟋蟀盆蓄养蟋蟀的场景：

宣宗在御升平初，便殿进览豳风图。
暖阁才人笼蟋蟀，昼长无事为欢娱。
定州花瓷赐汤沐，玉粒琼浆供饮啄。
戗金髹漆隐双龙，果厂雕盆锦香褥。

名副其实的蟋蟀天子

从诗中可以看出，宣宗的蟋蟀可谓富贵至极：享用定州花瓷沐浴，用宫廷特供的玉粒琼浆为饮食。蟋蟀盆出自专门制作御用漆器的果园厂，戗金髹漆双龙图，盆里还铺有锦缎香褥。

戗金盆是大明皇宫中用来贮养蟋蟀的盛装器具，线条流畅，精细绝伦，流传绝少，被视为奇珍逸品。200年后，清人王丹思曾于市井中购得宣窑戗金蟋蟀盆一具，作歌长叹：

> 星移物换秋复秋，长闻唧唧虫吟愁。
> 金花暗淡盆流落，流落民间同瓦瓯。
> 延陵遗老昔曾见，铜盘双泪金仙流。
> 长吟欲招古帝魂，鹃声溅血悲相酬。（《清稗类钞·鉴赏类四》）

由于宣宗的示范效应，当其时也，"万姓颇为风俗，稍渐华靡"（《罪惟录》）。斗蟋蟀一时成为海内风行的娱乐游戏，蟋蟀价格猛涨，《明朝小史·宣德纪》载："其价腾贵，至十数金。"

当时苏州枫桥有一粮长，不知用什么办法找到了一只体质优良的蟋蟀，就用自己所乘骏马把它换了回来。他的妻子觉得夫君用一匹骏马换回一只蟋蟀，说明这只蟋蟀一定有其特异之处，就悄悄打开笼子，想一探究竟。不承想，在她打开笼子的那一刹那，蟋蟀跳了出去，随即不见了踪影。妻子见闯下大祸，害怕丈夫回来责怪，就一根绳子上吊了事。这位粮长回到家中，看到妻子自杀，痛心自责，又怕自己受到法律的制裁，于是也上吊自杀了。

清人蒲松龄以此为素材创作了一篇生动的小说《促织》，收在《聊斋志异》里，流传至今。《促织》中有一句："宣德间，宫中尚促织之戏，岁征民间。""宫中促织之戏"，其实说的就是皇帝个人的嗜好。意思是，皇帝有点个人嗜好不为过，但因为个人爱好而劳民伤财，甚至导致小民家破人亡，就不是有德之君所为了。

当然，明代官方正史里是不会出现这种有损于英明天子形象的记载的，有不少正统人士因此就认为这种事是故意给帝王形象抹黑的异端邪说，如清代诗坛大家王士禛在看过《聊斋志异·促织》一文后就评论曰：

> 宣德治世，宣宗令主，其台阁大臣，又三杨、蹇、夏诸老先生也，顾以草虫织物，殃民至此耶？惜哉！抑传闻异辞耶？"（三会本《聊斋志异》）

蟋蟀价格猛涨，蟋蟀盆价也水涨船高，直追宋宣和年间最为昂贵的宣和瓷盆："今宣窑盆甚珍贵，其价不减宣和盆也。"（《万历野获编》）明人李诩在《戒庵老人漫笔》中说，其时在苏州生产的蟋蟀盆以陆墓、邹莫两家质量最为上乘，价格也最高。邹莫有两个女儿大秀和小秀，擅长制作蟋蟀盆，可谓精品中的精品。苏州府库为有备无患，储存了很多两姐妹制作的蟋蟀盆。孰料宣宗去世后，新皇帝对斗蟋蟀不感兴趣，民间蓄养蟋蟀的风气衰落，蟋蟀盆逐渐无人问津，直到80年后的正德年间才变卖出去。

野史笔记和民间传说并非蹈空虚造，从近百年来不断翻陈出新的宣德时期的蟋蟀罐（盆）来看，明宣宗痴迷蟋蟀确有其事。[282]

第一，故宫博物院就收藏有宣德时期官窑进贡的精致蟋蟀罐[283]，如宣德澄泥蟋蟀罐，高8.8厘米，口径12.3厘米，足径12.5厘米。口、

名副其实的蟋蟀天子

底径度相若，直口，深弧腹，玉璧底。通体澄泥无釉。外壁分别绘有两组人物图，周围衬以栏杆、树木、花卉等纹饰。盖面绘仙人指鹿，上配祥云。外底有楷体"大明宣德年制"六字竖行款。

再如宣德仿汝釉蟋蟀罐，高11.2厘米，口径13.6厘米，足径13厘米，口、底径度相若，直口，深弧腹，玉璧形底。外壁施天青色仿汝釉，釉面莹润，开细碎片纹。外底署青花楷书"大明宣德年制"双行六字款，外围青花双线圈。

▲ 故宫博物院收藏的宣德仿汝釉蟋蟀罐及其底款[284]

第二，1992年底至1993年3月，景德镇市政府在中华路西明代御器厂东院修建商品长廊时，考古人员在离地表深约1.4～1.6米的白尾砂（淘洗瓷泥时抛弃的粗砂）层下，发现了大量的宣德官窑瓷器，其中有不少就是蟋蟀罐，大都成窝状堆积在院南角。这些蟋蟀罐同其他瓷器一样，除了一部分没有纪年官款外，其他均有六字年款。

明代官窑对瓷器质量要求极高，为了确保贡品质量，往往都会超出订数烧造，但上贡之后所余瓷器，包括次品，绝不允许流入民间，只能就地砸毁掩埋。景德镇出土的这批蟋蟀罐很有可能就是官方有意销毁的所贡余品和次品。

第三，近年来，在江西景德镇明代御窑厂故址又出土了20余件宣德时期的蟋蟀罐，其盖底和罐底均书写有青花年款，器身纹饰有黄鹂白鹭、海东青与猎犬等题材内容，新颖别致，丰富多彩，为同时代其他瓷器所少见。

第四，其他宣德官窑遗址也陆续出土了一些蟋蟀罐和蟋蟀盆的残片，根据这些残片复原出来的瓷器，有些居然是在传世品中见不到的"孤品""绝品"，如景德镇御窑珠山遗址出土的青花五爪龙纹蟋蟀罐等。显然，包括珠山在内的宣德官窑遗址出土的蟋蟀罐和蟋蟀盆残片，比野史和民间传说所蕴含的历史信息更为丰富多彩。

总体而言，宣德官窑出土瓷器的形制、纹饰，虽然多为残片，修复还原以后也可以看出，是以蟋蟀罐最为丰富。形制有座盖式与平盖式两大类。前者无款，烧造年代稍早，后者有双款（底盖均有款），年代稍晚。无款者造型与纹饰都较为笨拙，有款者造型秀雅，纹饰也相当丰富。纹饰大致可以分为仿哥、仿汝、仿龙泉和青花四个种类。

原景德镇陶瓷考古研究所所长、宣德瓷器研究专家刘新园先生认为，有些蟋蟀罐上的花纹，如"两个黄鹂鸣翠柳，一行白鹭上青天"这样的诗意纹样，以及像"猎犬飞鹰""庐洲鹡鸰""洲渚水禽""庐汀鸳鸯"这一类花鸟纹，宛如一幅幅明初浙派画家的作品，除了在宣宗自己使用的蟋蟀罐上出现之外，在其他瓷器上几乎无法见到。这些纹样的粉本如不出自宣宗本人，便有可能是出自画院中的画师，应该是专门为宣宗烧制御用之物所用。[285]

不过，与野史笔记和民间传说中宣德年间"斗蟋蟀"的盛况相比，考古所出，尤其是故宫博物院所保存的宣德蟋蟀罐、蟋蟀盆数量，还不能够与之完全匹配，这或许与宣宗驾崩，其母张太后掌权后下令罢弃蟋蟀罐、盆有关。

名副其实的蟋蟀天子

宣德十年（1435年），时年只有36岁的明宣宗朱瞻基突然驾崩，太子朱祁镇被拥戴即位，朱祁镇彼时只有8岁，明王朝的朝政大权实际掌握在张太后与杨士奇、杨荣、杨溥"三杨"等元老重臣手中，这些人都具有深厚的儒家思想情节。"斗蟋蟀"属于与宗教礼法背道而驰的"玩物丧志"行为，为其所深恶痛绝，所以宣宗时期宫中斗蟋蟀风气很快就遭到禁止，宣宗斗蟋蟀的器具自然也在弃置之列。明代陈建著《皇明通纪·英宗睿皇帝纪》中对此有明确的记载："宣庙崩，太后将宫中一切玩好之物、不急之务，悉皆罢去。"

总之，野史笔记和民间传说将明宣宗朱瞻基戏称为"蟋蟀天子""促织天子"绝非空穴来风，不仅故宫博物院所藏相关宣德瓷器可以说明这一点，而且近百年宣德御窑所出大量的蟋蟀罐、盆，鸟食罐盆等名贵瓷器，更是无可辩驳的明证。

张献忠江口沉银果有其事

一

四川省眉山市彭山县江口古镇位于武阳江、锦江与岷江交汇处，水路运输十分便利，古时既是兵家必争之地，也是商旅云集之地。

2005年，江口镇组织民工在岷江河道内修建引水工程时，挖出了一段里面装有7枚五十两银锭的木鞘，银锭上还刻着"京山""湘潭""崇祯十年"等地名和年份。

这一消息不胫而走，在整个眉山市立刻引起了轰动。也难怪，眉山所属的川西地区曾是明末张献忠农民起义军主要战区之一，清人彭遵泗所著《蜀碧》、杨鸿基所著《蜀难纪实》、欧阳直所著《蜀警录·蜀乱》《彭山县志》等，都记载这一带水域是张献忠当年"沉银"所在。这其中，以《蜀碧》的记载最为清晰，也最具代表性：

（前明）参将杨展大破贼于江口，焚其舟，贼奔还。献闻展兵势甚盛，大惧，率兵数十万，装金宝数千艘，顺流东下，与展决战。且欲乘势走楚，变姓名作商也。展闻，逆于彭山之江口，纵火大战，烧沉其舟。贼奔北，士卒辎重，丧亡几尽；复走还成都。展取所遗金宝以益军储。自是富强甲诸将。

与此相关的是，在彭山江口镇一带，300年以来，一直流传着一首民谣："石龙对石虎，金银万万五；谁人识得破，买到成都府。"意思是说，石龙对着石虎的那个地方，存有数不清的金银宝贝，有谁能解开这个密码，就能把成都府买下来。

▲ 江口镇石龙沟内的石龙雕塑[286]

民谣中的石龙和石虎（早年被毁）位于江口镇的石龙沟内，相隔十数米，二者皆雕刻于宋代，守护在原伏虎寺（今已不存）山门之外。龙、虎之间的沟壑往下不远就是岷江。民国时期，还有人在石龙沟的石头上题刻："石龙对石虎，金银萃山薮；中华宝藏兴，民族昭千古。"

▲ 江口镇石龙沟内的民国石刻

这一带从清初以来，陆陆续续总有银锭或其他文物被人打捞上来。甚至在1990年代，彭山打鱼捞沙者还捞起过明代银锭、金银器等器物。如今，这里再次挖出了里面装有7枚五十两银锭的木鞘，怎能不引起乡人的兴奋？清人沈荀蔚在《蜀难叙略》一书中曾说："（张献忠）后续有所得，俱刳木成鞘"，在里面装盛金银宝贝。何况银锭上所刻"京山""湘潭"等地名都是当年张献忠占领过的区域，而"崇祯十年"也正是张献忠农民起义军南征北战的年代，这不正好与"江口沉银"传说对应上了吗？

7枚五十两的银锭在江口的出水和当地舆情引起了眉山市人民政府的高度关注，他们组织专家和学者在经过充分的研究和讨论后，确定江口就是当年张献忠"沉银"所在地，遂于2010年将"江口沉银遗址"公布为市级文物保护单位。

事也凑巧，"江口沉银遗址"被公布为市级文物保护单位的第二年，亦即2011年，当地再一次在岷江河道施工时又挖出了"西王赏功"金

▲ "西王赏功"金币[287]

银币和铭刻有大西年号的一页残缺的金封册。据文献记载，张献忠攻陷湖广后始称"西府"，攻陷重庆后始称"西王"，直到占领成都后，才称帝建立了大西政权。"西王赏功"金银币是张献忠建立大西前颁行的"西王"金币。

尽管江口这两次金银宝藏的出水在川西地区引起了不小的反响，但放眼全国，却是反应平平。真正引起国内外广泛关注的是"5·1彭山区特大盗掘倒卖文物案"。

2014年5月起，江口沉银遗址的看护员注意到每到夜深人静时，就会有船只从不同方向驶到距离"江口沉银遗址"百米左右的岷江江心位置，打捞宝藏。最疯狂、最猖獗的时候是冬春枯水季节，有时一晚上，两公里的江面上就能聚拢十多艘船只。由于江口沉银遗址看护人员只有一两个，这些盗宝分子根本不把他们放在眼里，看护员就只得打110报警。但往往是警察一来，这些船只就立刻逃之夭夭；警察一走，他们又返回来继续打捞。

这种情况大约持续了将近一年的时间，从2015年4月开始，四川省公安机关历时两年，先后投入警力3000余人次，辗转10多个省市，行程10万余公里，共抓获犯罪嫌疑人70名，打掉盗掘文物犯罪团伙10个，破获盗掘古文化遗址、倒卖文物案件328起，追回虎钮"永昌大元帅"金印、长沙府"岁供王府"五十两金锭、武冈州"都水司正银"一百两银锭等在内的国家珍贵文物千余件，其中一级文物8件、二级文物38件，三级文物54件，涉案文物交易金额达3亿元。

如果说之前两次施工过程中发现的金银宝藏是个别、偶然现象的话，那么这次大案所缴获的千余件国家级珍贵文物则是大规模的集中出现，尤其是其中"永昌大元帅"金印的缴获对判定

▲ 虎钮"永昌大元帅"金印

遗址性质起了关键的作用，学界大都认为该印系张献忠征战途中所铸，所以张献忠"江口沉银"是一个真实的历史事件。

2015年12月，四川省文物考古研究院组织全国历史、考古等各界专家，在彭山召开了江口沉银遗址保护与考古研讨会，经专家论证，该遗址"极有可能"为文献中记载的张献忠江口之战地点。"极有可能"是当今专家、学者惯用的术语，体现的是他们治学态度的严谨。

就是在这种情况下，2016年，国家正式批准了对"江口沉银遗址"进行抢救性发掘的方案，由国家文物局水下文化遗产保护中心和四川省文物考古研究院联合组队进行发掘。[288]

张献忠"江口沉银"到底有多少宝贝？这次不只是川西地区的人们念叨着这首民谣翘首以待，国内外所有关注此事的人也都在悬悬而望。

二

2017年1月，彭山江口沉银遗址首期水下考古工作正式启动，同年4月收官，四个月内共发掘面积约2万平方米，出土文物3万多件。

这些文物大致可以分为四类：第一类是属于张献忠大西政权册封妃嫔的金册、"西王赏功"金银币、"大顺通宝"铜币、铭刻大西政权国号的银锭等，第二类是属于明代藩王府的金银册、金银印章以及戒指、耳环、发簪等各类金银首饰，第三类是瓷碟、瓷碗、铜锁、钥匙、秤砣、顶针、船钉和船篙等生活用具，第四类是铁制的刀、剑、矛、箭镞等兵器。[289]

关于张献忠大西政权册封妃嫔的金册、"西王赏功"金银币、"大顺通宝"铜币、铭刻大西政权国号的银锭等，历史文献都有明确的记载，譬如，前述《蜀碧》就记载："流寇张献忠踞藩府称帝，僭号大西，改元大顺……置丞相六部以下等官……贼娶井研陈氏女（即相国演女，或云胡氏女）。立为伪后……封其兄为国戚……是时，贼设铸局，取藩府所蓄古鼎玩器及城内外寺院铜像，熔液为钱。其文曰'大顺通宝'。"

截至 2017 年 4 月江口沉银遗址首期水下考古工作收官，共发现两片张献忠大西政权金册。一片是 2011 年那次施工所得，正面阴刻楷书 30 个字："维大西大顺二年岁在乙酉五月朔日壬午，皇帝制曰：朕监于成典，中官九御。"另一片系 2017 年发掘所出，正面阴刻楷书 26 字："思媚用册为修容。朕德次嫔嫱，匪由爱授，螽羽和集，内教以光，钦哉。"

▲ 大西政权册封"修容"金册

一般来说，一幅金册为两页。从内

容判断，这页金册应该是张献忠册封"修容"金册的第二页，可以看作是大西政权建立后宫制度的明证。尽管这两片大西金册与发掘出水的明王朝金册相比，在材质、尺寸以及内容方面都有一定的区别，如大西金册字数较少，且多引用的是《国语》《诗经》《礼记》等传统经典中的典故，明王朝金册字数虽然更多一些，但内容大同小异，都是相对固定化的行文格式；大西金册所封"修容"，在明代"九嫔"中不存在，系承自古代"九嫔"之一。这应该是张献忠大西政权故意为之，目的是与明王朝区别开来。然而换汤不换药，无非就是"皇帝轮流做，明年到我家"，本质上并没有什么区别。

彭山江口沉银遗址首期水下考古取得了丰硕的成果，文物不仅数量多，而且质量高，进一步证实了张献忠"江口沉银"传说的真实性，彻底封住了怀疑论者的嘴巴，在国内外都引起了轰动，彭山江口沉银遗址因此高票入选"2017年度全国十大考古新发现"。

不过，需要说明的是，在2017年度十大考古新发现评选过程中，专家们经过研究，决定将该遗址从"四川彭山江口沉银遗址"改名为"四川彭山江口明末战场遗址"，这样一来，这处遗址就不再局限于"沉银"这个狭窄的范围，而具有了更为广泛的意义。但考虑到本文性质和读者记忆方便，本文下面的叙述，继续沿用旧称。

水下考古发掘在当时的中国还是一个发展相对落后的学科，相比于陆地考古要复杂很多。考古人员这次针对遗址处于岷江河道内的实际情况，结合陆地考古的经验，最后通过围堰排水的方法，解决了发掘平台问题，实际上是为后几期的发掘提供了工作范式和经验。

江口沉银遗址第二期考古发掘于2017年12月26日开始围堰，2018年1月24日正式开始发掘，前后历时3个月，发掘面积1万平方米，出水文物 1.2 万余件，其中最重要的是发现了一枚蜀王金宝[290]——明朝藩王金宝，就是金印章。

▲ 蜀王金宝[291]

据《明史》记载，明朝皇子封亲王，授金册金宝；亲王后代继承王位，会再授金册，但世代传承的唯有那枚金宝，因此较金册而言，金宝显得更为稀少和珍贵。本次发掘出土的金宝有三枚，其中，蜀王金宝来自蜀藩王府，被人为切割成了十几块，修复师已经拼接完毕。另外两块分别是定王和荣王金宝的残存部分。

本期考古发掘有三个特点：一是发现了更多的铁刀、铁剑、铁叉等兵器以及大量的铁制篙头。篙就是撑船用的竹竿或木杆，人们常在其下端包上铁制的尖头，站在船上用篙头撑河底或岸边使船前进。其中，首次发现了以三眼铳为代表的火器，这为确认遗址古战场性质提供了更多证据。二是铭刻有四川地名的银锭和船钉大量出水，为张献忠在四川的活动范围和认定沉船地点提供了实物证据和新的线索。三是所出生活用品、金银首饰，与首期相比独具特色，其中金碗、银碗等容器为首次发现。

三

江口沉银遗址第三期考古发掘从 2020 年 1 月 10 日正式开始，4 月 28 日结束，发掘面积 5000 平方米，勘探面积 1 万平方米，发掘文物 1 万余件，包括重要文物 2000 件，主要为金银器，包括金银币、金银锭、金银食具、金银首饰和金银服饰等。其中最重要的发现是一枚重约 16

斤、含金量高达 95% 的金印——"蜀世子宝"，这是我国首次发现世子金宝实物。[292]

含金量高达 95% 是个什么概念？这么说吧，江口沉银发现的金册，普通只有 50% 含量，张献忠本人的金册，含金量也只有 80%。

继第二期考古发掘发现火铳之后，此次发掘又出土了不同规格的铅弹，为该遗址被定性为古代战场遗址增添了又一个证据。

考古人员还发现了来自乐至、仁寿、乐山、德阳、广汉等地属于大西政权的银锭，这对研究大西政权的财政制度及其统治区域的政治、文化、经济状况，提供了第一手资料，具有重要的学术意义。

江口沉银遗址第四期考古发掘从 2022 年 1 月开始，至 2022 年 11 月发布成果时，总计发掘面积 1000 余平方米，出土文物 1 万余件，其中包括"荣世子宝"金印、"永昌督理之印"银印、"钦赐崇德书院"铜印等一大批珍贵文物。[293]

"荣世子宝"金印，系方形印台，龟形印钮，印面已残，尚存"荣子宝"三字。考古人员根据三期出水的"蜀世子宝"金印推测，这枚金印残缺一个字，应为"荣世子宝"。印台边长 11.24 厘米，厚 3.28 厘米，残重 5915 克。"荣"字可能代表的是明常德荣王府，"世子"即亲王嫡长子，因此，这枚金印应该是明代荣王世子所有，是明代册封制度的又一物质体现。

▲ "荣世子宝"金印[294]

考古人员发现这枚荣世子宝的时候，它已经碎成了几块，散落在周边区域。从文物本身来看，能够看到很明显的切割痕迹。专家认为，很有可能是张献忠部攻占荣王府后，张献忠将它切割成碎块，准备赏赐给手下大将的。当然，具体原因目前尚不得而知，还有待专家学者的进一步研究。

"永昌督理之印"是银印，方形印台，印钮缺失，印面铸有九叠篆文"永昌督理之印"六字，印背刻有"癸未仲冬吉日造"和印文的释文。印台边长9厘米，厚0.8厘米，重591.2克。其印文风格、铸造时间与之前"5·1彭山区特大盗掘倒卖文物案"中追缴回来的"永昌大元帅印"完全相同，专家因此认定，这两枚印系同一批铸印。

▲ 永昌督理之印

之前学界有一些争论，有相当部分的学者认为永昌是吉祥语，有祈祷政权永远昌盛的美好寓意，但从这枚新发现的银印来看，上面的"永昌"应该还是一个年号——李自成的年号。这枚银印极有可能是李自成为求得张献忠支持而特意赐予大西军的。尽管文献大都记载，李自成和张献忠是敌对关系，但二人有相同的敌人，而且经历和处境都相似，不排除为了共同的利益，二人结成了暂时的盟友。

本次发掘仍然有不少兵器出水，譬如箭镞、火铳和铅弹等大量兵器，其中，火铳就有单眼铳、三眼铳和百子铳等不同的类型。之前的一期发掘中，就发现有火铳，而"百子铳"系首次发现。所谓"百子铳"，就是人们说的明代"机关枪"，也叫大号霰弹炮，火力覆盖面大，杀伤力惊人，不管是守城、野战还是海战，都是上好的武器。

▲ 百子铳[296]

明人何汝宾在《兵录》中记载："放时执尾牵挽，望准照星，于稠人处打之，百发百中，此舟师第一利器也，守城亦宜用之。"就是说，百子铳是安装了瞄准装置的，可以在短时间内打出大量枪弹，对站位密集的敌人有较大杀伤作用。

本次发掘同以往三期相比一个最大的特点就是，发掘出了大量西周至战国时期的巴蜀青铜兵器和工具，种类包括柳叶形剑、无胡三角援戈、荷包形钺、斤和凿等，这批青铜器形制完整，保存完好，尤其是部分西周青铜兵器的发现，对于研究巴蜀青铜兵器的起源和发展具有重要价值。

同时，本次发掘还出水了9万余枚历代钱币，从战国时期的秦半两到民国时期的机制币均有发现，前后延续2000余年，几乎囊括了四川历代铸造并使用过的钱币，对于四川经济史、货币铸造史和岷江内河航运史的研究均具有重要意义。

四

江口沉银遗址至今共进行了四次考古发掘，总出水文物7.2万件，其中绝大部分都同传说中的张献忠江口沉银有着直接或间接的关系。

总体说来，这些文物有以下几个特点：

一是文物分布面积大，较为分散。如前所述，江口沉银遗址分布范围有100万平方米，东至公路，西至河堤，南至岷江大桥南1000米，北至岷江大桥北（两江汇合处）2000米，南北外延500米。这反映了水战覆盖范围较大的特点，也说明当时的江口之战规模很大，与其7万余件的出水文物相匹配。

▲ 江口沉银遗址围堰考古发掘区全景

二是官银和兵器出水地点相对集中。譬如第四次发掘，出土官银数量近600锭，集中发现于发掘区的中部偏北，且发现的官银以张献忠大西政权的税银为主，而在大西官银集中发现区的东侧，发现了箭镞、火铳和铅弹等大量兵器以及部分烧熔的金银器，这也同张献忠在江口战败后大量装有金银财宝的货船沉没江底的文献记载和传说相符。

三是四次考古发掘出来的文物，除了最后一次发掘出了大量西周至战国时期的巴蜀青铜兵器和工具，以及从战国到民国时期的各种制币外，其余均为明代中期至清初时期文物，尤其集中在明代中晚期。

这与发生于顺治二年，即1645年的"江口之战"的年代可以相互印证。1645年以后与此相关文物，目前几乎没有发现。而文献记载最早在江口发现并打捞文物的记录就是"江口之战"结束后，作为胜利一方的杨展在此打捞金银，用以养兵或分给兵民。

四是前三次考古发掘所出文物和第四次绝大部分都可以按性质和用途分为前述四类，即第一次发掘所获文物所分的四类。所有这些文物都和张献忠部有着这样或那样的关系，是文献记载和民间传说的折射反映。

江口沉银遗址虽然至今已经进行了四次考古发掘，出水文物7.2万件，这还不包括清代、民国以来无数次的官私打捞所获，就目前看，考古部门还可能有第五期、第六期的考古发掘。那么，张献忠的"江口沉银"到底有多少？它又是来自哪里？

就江口沉银遗址所出文物和文献记载来看，张献忠积累的财富当为劫掠所得。[297] 出水文物涉及的地区有河南、湖北、湖南、广东、广西、江西、四川、云南等地，其中一部分是官府税银，一部分是金爵杯、"超光"银碗、双龙头金手镯、"忍耐"金戒指、"独占春魁"金簪、"江山共老"银锁、仙人银簪、莲花状银簪等贵重精致饰品用具，还有一部分是普通戒指、耳环、发簪等首饰类，说明其掠夺对象，上至王府贵戚，下至黔首黎民。

从文献来核查，其财富来源也可以大致分为三类：一是劫掠王府官府所得。

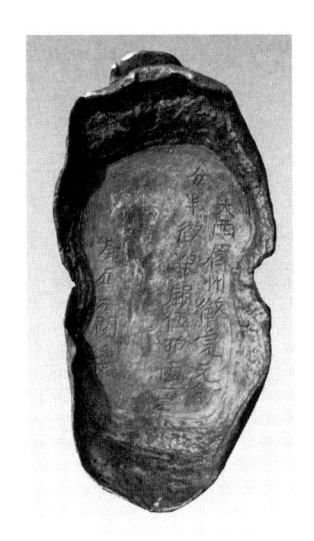

▲ 大西政权银锭[298]

《明史》记载，张献忠于崇祯十四年（1641年），攻陷襄阳，杀襄王朱翊铭；崇祯十六年（1643年），攻陷武昌，占楚王府，将楚王朱华奎装进笼子沉到江底，并诛灭楚王宗室；崇祯十七年（1644年），攻破重庆，杀瑞王朱常浩；攻陷成都，蜀王朱至澍投井自尽。这些藩王积聚的大量金银珠宝被张献忠悉数收入囊中。

被张献忠洗劫的这些藩王有多少财富？清琐绿山人撰《明亡述略》记载："明年，献忠果以轻骑疾驰陷襄阳，尽得所贮五省饷银数百万，而杀襄王。"

清人谷应泰等撰《明史纪事本末·张献忠之乱》说："尽取（楚王）宫中积金百余万，辇载数百车不尽。"

《明季南略·张献忠杂志》记载，崇祯十七年（1644年）十二月二十日，川都王应熊上言："重庆、成都二府，凡川民敲骨吸髓所供，殆七八十万，悉为贼有。"

明末诸王府所拥有财富，当属蜀王府最巨，明人陆釴在《病逸漫记》一书中就说："天下王府，惟蜀府最富。"

清人孙棋在《蜀破镜》中也通过对话的形式对当时的蜀王府之富做了一个非常形象的描述："计内江王至，某贤往说之曰：'成都危在旦夕，而王府货财山积，不及此时募壮士杀贼，若疆场沦丧，谁与者？'"

但不管这些官府、王府再怎么富，遇到张献忠，那就是一个字，抢！说张献忠从襄、楚、瑞、蜀王府所掠财富数以亿计，一点也不夸张。

二是劫掠官吏富绅所得。清人余端紫《张献忠陷庐州纪》一书记载，张献忠曾"劫库藏，括富室"，"日午至上派河，八大王（张献忠）下令搜银。凡有带金、银者俱投于桥下河水中，如违者斩！"

《蜀龟鉴》记载："籍富民大贾，饬各州郡籍境内富民大贾，勒输万金，少亦数千金，事毕仍杀之。"

《蜀难叙略》记载："又拘绅袍富室大贾，罚饷银皆以万计，少亦数千，不问其力足否，事甫毕，则又戮之如初。"

江口沉银遗址所出文物，包括金银锭部分，镌有"赣州府""巴陵县""湘潭县""沅陵县""京山县""清江县""大西眉州""庐陵县"和"武宁县"等州县名号，正好就是文献记载的张献忠流动作战路线：崇祯十六年，张献忠攻陷武昌。武昌为湖广布政使司驻地，沅陵县、京山县皆隶属湖广布政使司管辖。同年陷咸宁、蒲圻、岳州、长沙。巴陵县属岳州（辖巴陵、华容、湘阴、沅江、昌江），湘潭县属长沙郡。又攻陷袁州、吉安、樟树镇。樟树镇属清江县。之后，又掠眉州，陷嘉定，将嘉定改为府，眉州属之。这些金银文物等显然都是张献忠部沿途掳掠所得。

三是劫掠普通百姓所得。按说，张献忠是贫苦农民出身，又以农民为主组成了起义大军，应该对农民和其他普通百姓仁慈一些，然而他搜刮起民脂民膏来，比起那些土豪劣绅有过之而无不及。

欧阳直在《蜀警录·蜀乱》中记载："献贼令各将士，自杀其新收妇女。如系蜀人，更不许擅留一人。禁人带藏金银，有即赴缴，如隐留分厘金银或金银器物首饰，杀其一家，连坐两邻。于前门外铺簟满地以收之，须臾，钮扣亦尽。金银山积，收齐装以木鞘箱笼，载以数十巨舰。"

刘景伯在《蜀龟鉴》中引《蜀碧》也说："（张献忠）有金银必缴，藏一两者斩，十两剥皮……金银山集，盛木鞘数万。"

明人余瑞紫撰《流贼张献忠陷庐州纪》记载："贼知破城时人人决

带有银，至是又一搜，凡有银者俱暗送相公娘子收贮。"

《蜀龟鉴》具体讲了两个被张献忠部下抢劫杀害的例子。一是石泉诸生奎嘉因为养父嗣泌被张献忠部下逼交金帛，不交就得杀死，养父拿不出钱来，奎嘉不得已代父而死："乙酉松潘兵乱，获嗣泌，拷掠金帛，将杀之，嘉请以身代，被杀，嗣泌获免。"

还有一例说的是绵州人苟克孝："……值献贼乱，父被执。乃绐贼曰：'隔江有藏金，盍令吾父往取。'父甫渡，克孝急呼父远避，贼怒，杀克孝。"

清人李馥荣在《滟滪囊》中则记载了一无名李氏智斗张献忠兵卒抢劫的故事："李氏坐路旁悬石上，掷金一半于地，贼至，李云：'现在之银不知取，赶人何用？'贼见金，争拾之，将尽，又掷其半于地，贼又争拾之，须臾而尽。贼将逐逃走之人，李曰，'汝等不过欲搜银钱耳，曷若到我家窖内取现成者耶。'贼喜从之，随行将所拾之金比其多寡，相顾而笑。不知李实舍死为众人脱身计，所以掷金饵贼者，将待老姑等尽走得脱耳。"

这些文献在一定程度上反映了历史的真相，正如本文所记述的张献忠"江口沉银"传说，也大多是来自这一类野史笔记，却最终通过考古证明是一个真实的历史事件。

江口沉银传说喧闹的捞金史

梳理张献忠沉银传说相关资料会发现,张献忠沉银地点不止四川彭山江口一处,至少还有成都锦江流域、芦山县和简阳龙泉山百工堰三处,而且这三处也都流传有与江口大同小异的"寻银诀"民谣。[299]

彭山江口镇:"石龙对石虎,金银万万五。谁人识得破,买到成都府。"

成都锦江流域:"石牛对石鼓,金银万万五。谁人识得破,买尽成都府。"

芦山县:"石刀对石斧,黄金万万五。谁能猜得破,买下成都府。"

简阳龙泉山百工堰:"石公对石母,金银万万五。谁人识得破,简州买到成都府。"

这四首民谣除了金银埋藏的地点不一样外,其他如内容、体例和风格基本一致。

从文献记载看,张献忠沉银地点有两处,一是江口,一是成都锦江流域。

江口沉银也有两说,一说认为是张献忠怕宝藏为敌人所获而主动沉银于江。其中以欧阳直《蜀警录·蜀乱》和杨鸿基《蜀难纪实》为代表，如《蜀警录·蜀乱》：顺治三年，张献忠部"金银山积，收齐，装以木鞘箱笼，载以数十巨舰，令水军都督押赴彭山之江口沉诸河"。

另一说认为张献忠是在与杨展的战斗中兵败，船被焚，宝物也沉入江底。这一说法，文献记载较多，如《彭山县志》（嘉庆十九年刻本）卷一："明季杨展率兵拒张献忠，焚贼舟数百，珠宝金银悉沉水底。"其他如《蜀碧》《蜀破镜》《蜀难叙略》等，都持同样的观点，只是具体细节不同而已。

从江口沉银遗址一至四期发掘的 7 万多件文物散布范围广而乱的情况来看，后一种说法应该是真实的，但也不能完全排除张献忠大败后，仓促之间下了沉银的命令，抑或二者兼而有之。

综合上述诸多文献，江口之战发生于顺治二年（1645 年）秋季。早在四月，前明参将杨展占领嘉定后，就沿江而上攻占彭山。至秋天，张献忠部与杨展在江口进行决战，结果张部战船被焚，沉没过半，伤亡惨重，狼狈逃回了成都。

杨展是明末名将，字玉梁，四川嘉定（今乐山）人。明崇祯十年（1637 年）武进士第三名。崇祯十七年（1644 年），张献忠领导的大西军进攻成都时，他与曹勋率领 3000 精兵守卫成都，没料到城破被俘。但在对方要杀他时，他夺刀断索，砍死两名士卒，跳江游到新津逃脱。

《荒书》记载说，杨展见贼焚舟，不知里面装的是金银。后来有渔人打捞上来沉银，杨展这才得知，派人打捞，取以养兵。《荒书》的作者费密曾为杨展手下幕僚，而且亲历了杨展和张献忠的江口大战，应该有一定的可信度。

《蜀难叙略》记载了另一种说法：杨展从一位俘虏的船夫口中得知

沉船中藏有大量金银宝贝，于是就"令以长枪群探于江中，遇木鞘则钉而出之，周列营外，数日已高与城等"。

▲ 藏有金银的木鞘 300

此后，杨展又招募会水者潜水打捞出了大量金银，但他并未私吞，而是用于军务，并购粮救荒，接济川南百姓。"时无栽插，内地无粮……计斗米需值六七十两"（《蜀警录》），以至于饿殍载道，甚至有父子相烹食的现象发生。杨展遂"分给兵民，易米于董卜、高杨各土司，南道多全活命"（《蜀龟鉴》）。

《滟滪囊》也有类似的记载，说杨展得到张献忠的沉银以后，为长久之计，运到万年寺募兵屯耕，让他的儿子璟新主持具体事务。

可以说，正是靠这一批飞来的横财，杨展所辖控的嘉定（今乐山）一带才一跃成为明末动乱以来川地恢复较快的地区之一："于时全蜀，惟嘉定不饥。"（《滟滪囊》）并且成为蜀地的政治、经济、文化中心："至南北用兵以来，北以保宁为大镇，中江、顺庆为边；南以嘉定为大镇，成都为边。"（《荒书》）

杨展盘踞嘉定府，实力雄厚，彼时的四川巡抚李乾德十分嫉恨，就指使袁韬、武大定诱杀杨展，随后占据了嘉定，并对杨府进行了搜查，结果并没有李乾德所想象的巨额财富。这也从一个侧面说明，杨展的确是将他打捞来的大量金银财富都用到了军民身上。

杨展之后，清朝至少还有四次由官方出面的打捞"沉银"行为，不过后两次仅止步于动议和勘察阶段。[301]

第一次是顺治十一年（1654年）。沈荀蔚在《蜀难叙略》中记载，江口有渔民发现一具木鞘，剖开后取走里面的金银，然后将木鞘用作了饲养猪的盛食器具。有人看见就把渔民告发到了官府，渔民赶紧将取走的金银悉数上缴，但官府认为不止这些，渔民定有隐瞒，就严刑逼供，结果渔民"炙拷而毙"。官府不死心，随后又置办打捞器具，组织人马在江口一带下江打捞，"亦时有所得，二三年后，尚矻矻不休"。

第二次是乾隆五十九年（1794年）。清嘉庆《彭山县志·杂识志》记载，自江口大战之后，江口居民时不时就会在江中打捞出金锭和银锭，上面还镌刻着一些州县的名号。乾隆五十九年冬，有渔人获得木鞘一具，不敢私吞，报到县衙，县衙又向上呈报，上面饬令派人打捞。仅数月功夫，"获银万两有奇，珠宝多寡不一"，然而江水太深，打捞范围又过于广大，计算其淘取，入不敷出，只好作罢。

令人哑然失笑的是，当地官衙上报朝廷这次打捞行动所获金银数量，《清高宗实录》一书记载是"止捞获银三千两"。乾隆皇帝认为，国库充盈，用不着劳心费力地去做这种事情，得不偿失。

第三次是道光十八年（1838年）。据《翰林院掌院学士柏葰奏为传闻成都有明末张献忠窖藏金银请饬川督等访查具呈代奏事》记载，道光十八年，陈仲良任成都县知县，向总督提议打捞张献忠沉银以充军费。总督派出道员与陈仲良共同查勘，结果因没有找到确切地点而不得不放弃。这次打捞行动止步于查勘阶段，并未付之于打捞行动，属于无果而终。

第四次是咸丰三年（1853年）。据中国第一历史档案馆编《咸丰同治两朝上谕档》和《台北故宫博物院藏清代宫中档奏折》等资料，由于镇压太平天国运动，军费开支巨大，清政府国库捉襟见肘，时任翰林院编修的陈泰初于咸丰三年三月奏请咸丰帝，打捞张献忠沉银以充国库。

远在京师的陈泰初为什么会提出这么个建议呢？因为曾任成都县知县的陈仲良就是陈泰初的父亲，他对张献忠"沉银"一事可谓是耳熟能详。咸丰帝在找人查对核实相关资料后，认为此事可行，当即谕令成都将军兼署四川总督裕瑞悉心访察、酌量筹办。但裕瑞并未遵旨筹办打捞"沉银"事宜，而是上奏咸丰帝说：

> 伏查蜀人彭遵泗所著《蜀碧》内称……是其烧沉金银，当时已为杨展所取。且江口为众水汇归之所，水急江深，二百年来设有遗金，亦必为波涛冲失。虽该编修陈泰初原奏谓彭、眉居民有捞获者，尝目见银作黑黯色，又焉知非过往客商覆舟沉溺之物，后人捞获，误指为献忠所遗，以讹传讹，谅亦为事之所有。至锦江锢金一层……考其所记，系顺治三年之事，当时西蜀人民自遭献忠残杀，流亡殆尽，土著无多。彭遵泗《蜀碧》原叙自称稔闻遗老聚谈，汇为《蜀碧》一编。本系得之街谈巷议，难保无所闻异辞。况既杀凿工以灭口，其为无人目击可知。迄今事远年湮，更属无从稽考。该委员等所禀无人确知其处，自系实情。

裕瑞的奏报打消了咸丰帝打捞张献忠沉银的念头，他批复："知道。着勿庸再议。"这次打捞行动最终也是止步于查勘环节，不了了之。

相对于官府断断续续的张献忠"沉银"打捞行为，偷偷摸摸的民间打捞行动却几乎从未间断。清代诗人沈廉有一次到成都一带游览，发现当地很多人都在谈论江底的"沉银"，更有不少人千方百计地下水打捞，甚至有人为此而丧命，但打捞"沉银"者仍然是一拨又一拨，前赴后继，绵延不绝。沈廉为此作诗《江口行并序》，叹曰：

> 岷峨江水清有深，黄金那识行人心。
> 岷峨之水清且浅，黄金偏著行人眼。
> 为问黄金何处来，客谈往事真荒哉！
> ……
> 江流滔滔走如驶，黄金曜日清见底。
> 贪夫从此智力穷，无冬无夏驱人工。
> 摸金半入江鱼腹，十无一得空贪欲。
> 冯夷冷眼笑人忙，孽贼猖狂有馀毒。
> ……

曾为清朝官员的著名学者、经世派代表人物陶澍，于嘉庆十五年（1810年）奉命入蜀主持四川乡试，途经江口时也听到、看到了人们打捞张献忠"沉银"的情况，遂作诗曰《江口杨展破献贼处》，聊发感慨：

扁舟夜泊江津口，野凫拍拍翻轻橹。
片月遥穿蛟窟来，光明有若金珠吐。
献贼当年肆荼毒，锯齿人呼黄面虎。
……
嵯峨大舳横江来，一炬移时化灰土。
至今遗镪卷寒涛，往往掇拾随鱼罟。
……

这首诗虽然是讥刺张献忠荼毒生灵，感叹人生无常，但一句"至今遗镪卷寒涛，往往掇拾随鱼罟"也活灵活现地刻画出了彼时江口居民甘冒酷寒下江打捞"沉银"的特殊场景。

关于民间打捞张献忠"沉银"的情况，野史笔记记载得更多，陈聂恒的《边州闻见录》就记道，人们在江口经常可以捞到金银，所以附近就有数十户人家专门以打捞沉银为生。据说当时还有人打捞出一枚斗大的金印，只是由于不慎又落到了江底。这个说法或许是真的，因为在"江口沉银"遗址发掘中，就出土有"蜀王金宝""蜀世子宝""荣世子宝"等十来斤重的金印，都可以用"斗大"来形容。

▲ "蜀世子宝"金印[302]

张献忠"沉银"喧嚣的打捞史，并没有随着清王朝的灭亡而结束，反倒在进入民国以后有了更为"发扬光大"的趋势。

据《呈请试办四川江藏补助抗战财力意见书》等文献记载，1937

年，四川当地政府接到一个名叫杨白鹿的人报告，说是从《蜀碧》《鹃碧录》等书上看到，张献忠当年败退成都之前，曾在锦江用"锢金"法，将大量金银宝贝沉藏于江底。他说他关注此事已经有27年了，江口的"沉银"和锦江的"江藏"并非一回事。"江藏"是张献忠主动的藏宝行为。杨白鹿表示，现在正值抗战时期，军需物资比较吃紧，他愿意以一己之力组织人马进行打捞，不需要政府出钱，只要政府批准，派出特务队保护即可，将来打捞出来的金银珠宝，除了抽出极小的一部分作为公司酬劳外，其余全部上交国家，用于抗战。

有关人员按照杨白鹿的指点，查看了《蜀碧》，里面果然有关于"江藏"的记载："献自江口败还，势不振；又闻王祥、曾英近资简，决走川北。将所余蜀府金银铸饼及瑶宝等物，用法移锦江，锢其流，穿穴数仞实之。因尽杀凿工，下土石淹盖。然后决堤放流，使后来者不得发，名曰'锢金'。又尽毁宫殿，坠砌埋井，焚市肆而逃。"

《蜀破镜》也有大同小异的记载："张献忠将前自江口败回所余蜀府金宝，用法移锦江，锢其流，穿穴数仞，填之，下土石并凿工掩筑，然后决堤放流，名曰'水藏'"。

这些人又调查民间，发现成都锦江流域300年以来一直流传着前述那首"寻银诀"民谣，当地政府遂在全面考量后，欣然应允。一场轰轰烈烈的掘金运动在杨白鹿领导的锦江淘江公司主导下，于1939年3月1日正式拉开序幕。

令人欣喜的是，仅仅过了十多天，就在江底发掘出了很多枯骨，还有四颗人头，当时认为是张献忠在江底藏宝时所杀挖掘工和运夫的遗骨。更令人吃惊的是，他们还在江底发现了一层面积很大的血浸砂石，大约五六寸厚的样子，认为是张献忠杀害藏宝工人的证据。

这两个发现，鼓舞了所有关注和参与"沉银"打捞的人们，工人们马不停蹄地继续深挖，又发掘出了90多根纵横排列的红色石条，每根石条前后左右连接处还抹涂着桐油石灰。清洗干净后发现，一根条石上刻有"张"字。其余大多刻有"天""下""司""〇"等字符。

这些发现在当时曾引起巨大轰动，尤其是随后又挖出了石牛，在牛角对面还发现了一个半边圆形的石头，正所谓"石牛对石鼓"，暗合了那首"寻银诀"民谣中的说法，更是让人们兴奋不已。

然而，人们寄予的希望越大，由此带来的失望也就越大。此后两个月由于春水上涨，挖掘工作被迫停止。后来，锦江淘江公司虽然重启打捞行动，也打捞上来数十枚大顺铜钱，但人们所期望的金银宝藏却一直没有现身。彼时，公司经费已经难以为继，喧嚣一时的"江藏"打捞发掘活动不得不就此草草收场。

那头石牛后来被安置到成都望江公园，一直墩立到今天，默默地注视着男男女女、红红绿绿的五色人寰。

彭山江口沉银遗址如今已经出土了7.2万件金银宝藏等文物，证实了张献忠江口沉银是一个真实发生过的历史事件，那么成都锦江流域相关的传说是真的吗？芦山县和简阳龙泉山百工堰相关的传说又是怎样的情况？

没人能回答。也许未来会告诉我们一切。

清光绪帝真是被人害死的

一

光绪皇帝原名为爱新觉罗·载湉，乃清朝第 11 任皇帝，也是清朝定都北京后的第九位皇帝，在位 34 年。父亲是道光帝第 7 子醇亲王奕譞，生母叶赫那拉·婉贞是慈禧皇太后的亲妹妹，"光绪"是他的年号。

同治十三年（1874 年），载湉 4 岁时同治帝载淳去世，同治帝没有留下子女。按照清王朝王位继承规则，同治帝的继位者须在同治帝的子侄"溥"辈中选出，但彼时已经完全把控朝政的慈禧太后为了能够名正言顺地继续独断专行，就指定了年仅 4 岁与同治帝同辈的载湉过继于咸丰帝，登基即位。载湉过继于咸丰帝，实际上就等于是过继给了慈禧太后，这样一来，慈禧垂帘听政也就顺理成章了。据《翁同龢日记》记载，当慈禧宣布这个决定时，载湉的父亲醇亲王奕譞一声哀号，瘫倒在地，大哭不止。亲贵纷纷伸手相搀，但谁也拉不动。

同治十三年（1874 年）十二月，载湉登基，改年号为光绪。起初是由慈安、慈禧两宫太后共同垂帘听政。光绪七年（1881 年），慈安太后暴病崩逝，慈禧太后开始一人垂帘，独揽朝纲。光绪十五年（1889年）时，慈禧归政于光绪帝。但这种归政实际上只是名义上的，朝政大权仍然牢牢地掌握在慈禧手中。

光绪帝亲政6年后，中日甲午战争爆发，尽管光绪帝反对妥协，极力主战，但终因朝廷腐败，积疴日久，最终以清朝政府战败告终。经此一役，光绪帝认识到积弊丛生的清政府如果不能奋发图强，革除弊政，就不可能在世界上占有一席之地。在这种情况下，他开始亲近维新派，极力支持维新变法。

光绪二十四年（1898年），光绪帝开始推行"戊戌变法"。由于变法触犯到了以慈禧太后为首的保守派的既得利益，遂招致他们的坚决抵制和反对。光绪帝打算依靠清军实权人物袁世凯来牵制慈禧势力，然而识人不明，袁世凯向慈禧告密，出卖了他。整个维新运动仅仅历时103天即宣告失败，史称"百日维新"。光绪帝从此就被慈禧太后幽禁在中南海西苑瀛台，成为无枷之囚。慈禧重新获得朝政大权，对外宣称光绪帝罹病不能理事。

光绪三十四年（1908年）十月二十一日酉刻，光绪皇帝驾崩，享年38岁。蹊跷的是，仅仅22个小时后，也就是二十二日未刻，年届75高龄的慈禧太后也崩逝于仪鸾殿。

▲ 收藏在故宫博物院的光绪皇帝画像

关于光绪帝的死亡，民间和官方有截然不同的两种说法。清末以来出现了大量与光绪帝死亡有关的"野史笔记"和民间传说，诸如徐珂的《清稗类钞》、德龄的《瀛台泣血记》、英国人濮兰德和白克浩司的《慈禧外纪》、费行简的《慈禧传信录》、王照的《德宗遗事》等，都认为光绪帝是被人害死的。至于具体凶手，有说是袁世凯的，有说是庆亲王奕劻的，有说是李莲英的，还有说是慈禧自知病将不起，不甘心死于光绪之前，才下了毒手。如此等等。

这些所谓的野史笔记其实也不见得完全就是胡编乱造，其中有很多都是作者亲身经历或所见所闻，如《瀛台泣血记》的作者德龄，曾经是慈禧太后的"御前女官"。她用英文写出了《清宫二年记》《御苑兰馨记》《清末政局回忆录》等纪实文学作品，被顾秋心、秦瘦鸥等人翻译成中文，在国内广为流传。她的清廷题材英文作品，均是以亲历亲见的特定身份，向西方介绍中国高层统治者现实生活的实际情况，一定程度上保留了清宫生活珍贵的史料，具有重要的史学价值。

《瀛台泣血记》以纪实的手法，详尽地记述了光绪帝悲壮起伏的一生。在这本书中，她明确指出，李莲英就是害死光绪帝的凶手，慈禧太后则是背后的主谋。

《德宗遗事》是王照口述、王树枏笔记的一本光绪帝佚事记载，其中对戊戌、庚子前后光绪帝与慈禧太后之间的矛盾斗争情形记述尤详。该书认为，隆裕皇后自甲午以前，即不礼光绪帝，而在光绪驾崩前几日突然奉太后命前来侍奉。光绪驾崩后，隆裕不许任何人瞻仰遗容，直至光绪大殓后方才离去，却又直奔太后寝宫——暗中将害死光绪的凶手指向了隆裕皇后，而慈禧则是主谋。

《德宗遗事》的作者王照亦非等闲之人，他于光绪二十年（1894

年）中进士，官至礼部主事。维新期间曾上言变法，光绪帝赏其三品顶戴。"百日维新"运动失败后，远遁日本，后归国致力于官话拼音字母研究。可以说，王照本人是光绪帝所经历诸多事件中的当事人或见证人。

《慈禧传信录》的作者费行简，笔名沃邱仲子，江苏武进人，少时居于四川，是晚清文豪王闿运的弟子，曾任仓圣明智大学教务长。民国初年黎元洪主政时期，他曾被推为四川省代表，1925年任北京临时参政院参政。费行简曾跟从阎敬铭、王闿运、丁宝桢等晚清政坛重要人物多年，后结识了清宗室载椿及满人恩佑、恭寿等。在寓居黑龙江时，又得识流放宦官马进喜。《慈禧传信录》就是他对以上诸人进行采访的纪实作品，具有同样重要的史料价值。

末代皇帝溥仪对光绪帝的死亡也有疑惑，他在《我的前半生》一书中记载，他曾听一个叫李长安的老太监说起光绪之死疑案。按他的说法，光绪在死前一天还是好好的，只是因为用了一剂药就坏了，后来才知道这剂药是袁世凯派人送来的。

如此之多的野史笔记都对光绪帝的死亡提出了疑义，尤其是作者的身份都非同一般，按说应该能引起历史学家的注意，但是没有，这些史学家认为："对此宫闱秘闻，小说家亦津津乐道，遂使有关细节描述更加离奇。"[303]

二

按照清代官方文献的说法，光绪帝是因病医治无效而死。光绪帝曾在光绪三十四年（1908年）十一月十四日发布一道上谕[304]：

自去年入秋以来,朕躬不豫,当经谕令各将军督抚,保荐良医。旋据直隶、两江、湖广、江苏、浙江各督抚先后保送陈秉钧、曹元恒、吕用宾、周景涛、杜锺骏、施焕、张鹏年等,来京诊治。惟所服方药,迄未见效。近复阴阳两亏,标本兼病,胸满胃逆,腰腿酸痛,饮食减少,转动则气雍咳喘,益以麻冷发热等症,夜不能寐,精神困惫,实难支持,朕心殊焦急。著各省将军、督抚,遴选精通医学之人,无论有无官职,迅速保送来京,听候传诊。若能奏效,当予以不次之赏。其原保之将军、督抚,并一体加恩,特此通谕知之。

蹊跷的是,就在这一天,光绪帝驾崩了。由于光绪帝去世时,他的陵寝尚未建造,其梓宫遂奉移至清西陵梁各庄行宫正殿内暂厝。直到五年以后,位于今保定易县西陵镇清西陵崇陵地宫先期建成,光绪帝才与同年病逝的隆裕皇后同时安葬于此。不过,整个陵寝工程全部完成是两年以后的事情了。

▲ 刚建成的崇陵明楼

详查当时的报刊资料发现，早在此前几个月，《申报》就多次公开报道了光绪帝的病情。如 6 月 15 日："昨报纪皇上足病，停讲经史三天。兹又得初九京函，皇上足病尚未痊愈，时感酸软作痛，耳鸣亦未平复。脘宇作嗳，时感眩晕。连日由御医陈秉钧请脉，所定之方，不外是野于术、川续断、西洋参、杭白菊等品。并因虚不受补，故斟酌于虚补之间，借以镇肝息热也。"

又如 8 月 22 日："江督所保御医周景涛于月初到京，自持咨文到枢垣投到。当由内务府会同吏部陆尚书带领进内请脉，所开药方与陈、曹各医所开者不甚相同。据内监云，近两月来，各医所开药方，皇上辄不愿饮，十剂中仅服一二剂。独周御医之药颇得皇上欢心，故四日之中已饮三次。"报纸同时还附有周御医所开药方。

20 世纪 80 年代以前，史学家们对光绪帝死因研究的主要根据是清廷档案、报刊资料和时人日记。而这些资料无一例外都同清廷对外宣传的口径保持了高度一致，即都是在力图证明光绪帝是病死的而非被人下毒害死。如原北京国学书院徐一士教授在《光绪殂逝之谜》一文中就说："昨与王书衡先生（式通）晤，谈及光绪帝是否善终，据云帝实病死，非被弑。当逝世之前一日，召诸医翌晨九时入诊，闽人周景涛方以名医荐被征诊帝疾。届时趋往，馀医尚未集，乃先为帝诊切，奏曰'上下焦不通'。帝叹曰：'我一辈子不通了。'时帝病已危，隆裕暨载沣均在帝所，闻隆裕私询载沣，帝病尚无碍否？载沣对以恐不治，后事宜预备。是日，帝遂逝世。证以周氏亲所见闻，帝死于病盖无疑也。"[305]

可以说正是对这些资料真实性的坚信不疑，才导致了史学家对光绪帝是病死的这一说法的坚信不疑，尤其是 20 世纪 80 年代初大批清廷档案的解禁，让史学家们获得了大量所谓第一手资料，如光绪帝的脉案等。关于光绪帝死亡之谜的研究因此达到了前所未有的高潮，《慈禧光绪医方选议》《慈禧、光绪、珍妃、宣统脉案选论》《从光绪帝死因谈起》《光绪皇帝猝死之谜》《清宫档案揭秘光绪之死》《德宗请脉记》等一大批论著相继问世，其中以朱金甫、周文泉所写《从清宫医案论光绪帝载湉之死》一文最具代表性。[306]

该文首先义正词严地驳斥了野史笔记中所谓种种"不实之词"，然后依据清宫医案中光绪脉案，尤其是光绪临终前半年左右的诊病记录，对光绪帝的死亡做了似乎极为认真而合乎逻辑的分析，最后得出如下结论：

首先，从光绪帝早年脉案及其自述之"病原"可以得知，他自幼多病，而且有长期遗精病史，身体素质较差。

其次，根据载湉（即光绪帝）脉案所载，自光绪二十四年末、二十五年初以后，亦即光绪帝28岁左右时，病情突然加重，体质每况愈下。

再次，从光绪帝三十四年自书之病情记录和脉案，尤其是临终前一段时间的脉案分析，光绪帝之病确实已入膏肓，危在旦夕。

作者指出，光绪帝自病重时算起直至临终之时，其症状演变属进行性逐步加重，其间并无特殊或异常症状出现。其临终时的症候表现系病情恶化之结果，并非外因所致。作者由此得出结论：光绪帝是死于疾病。

马忠文在2006年6月举办的首届"晚清国家与社会"国际学术讨论会上提交的论文《时人日记中的光绪、慈禧之死》，从时人日记以及当时报章的记载着手研究，得出结论：光绪三十四年夏秋间，皇帝病情日渐加重，朝野上下均极为关注，军机处屡次致电各省督抚，征召名医来京诊脉医治，即使是慈禧也对皇帝的病情十分关注，这些情况连同对清宫医案的研究，足以表明光绪的病情应是后来致死的根本缘由。

马忠文的这篇论文是对《从清宫医案论光绪帝载湉之死》一文在时人日记、信札和报刊资料研究方面的有效补充。两篇文章几乎涵盖了史学界所能涉及的所有领域，因而也就具有了似乎是无可辩驳的权威性，2008年以前，在史学界占据着绝对的统治地位。

遗憾的是，史学家们信奉的这些所谓第一手资料都可能只是表面现象，是某些人故意做给人看的，而并非当时的实际情况。譬如宫廷档案，大概没人怀疑是官方活动的产物，是以服务和服从于当政者需要为前提的。宫廷档案岂能将当政者的阴谋诡计记录在案，让后人戳脊梁骨？那些所谓的诊疗医案不能说就是假造的，但如果抽出其中最重要的一部分，还能完全说是真的吗？御医出具诊断疗方，首先必须得请老佛爷懿旨或经其他掌握朝中大权者的同意，方可进行。后人要完全揭示这些历史谜案，谈何容易！

还有时人的日记笔记一类，也无非就是一些表象的纪实文字，其中还难免夹杂着记录者个人主观的看法，或夸大，或缩小，甚或还有作伪的因素。

其实，我们看到的历史文本往往是别人想让我们看到的样子，而真正的历史常常隐藏在这些历史文本的背后。

三

马忠文先生做梦也不会想到，他发表《从清宫医案论光绪帝载湉之死》仅两年，钟里满、耿左车、李军等在《清史研究》2008年第4期刊发《国家清史纂修工程重大学术问题研究专项课题成果：清光绪帝死因研究工作报告》，郑重宣布，光绪帝死于砒霜中毒。

文章首先回顾了这一课题诞生及研究的相关历程：2003年，中央电视台清史纪录片摄制组到河北省易县清光绪帝及隆裕皇后所葬清西陵之崇陵进行采访。崇陵在20世纪30年代末曾经出现过被盗情况，考古文博部门在1980年代组织专家对光绪帝、隆裕皇后的棺椁进行了清理，之后重新封闭。在这次清理中，专家们将光绪帝和隆裕皇后的头发转移到了清西陵管理处库房中予以妥善保管。

摄制组人员得悉这一情况，立即与北京市公安局法医检验鉴定中心取得联系，在同专家进行初步研讨，并征得河北省和保定市两级文物管理部门以及清西陵文物管理处的同意后，将光绪帝的两小缕多根头发送至中国原子能科学研究院反应堆工程研究设计所29室进行鉴定测试。就是在这种情况下，中央电视台清史纪录片摄制组同清西陵文物管理处、中国原子能科学研究院反应堆工程研究设计所29室、北京市公安局法医检验鉴定中心，共同组成了一个"清光绪帝死因"专题研究课题组。随后，这一课题在研究过程中，又被纳入了"国家清史纂修工程重大学术问题研究专项课题（*清光绪帝死因研究*）"。

文章逐步叙述了鉴定研究过程之后，宣布了最终结论。

从鉴定情况观察，首先，光绪帝头发的含砷（As）量不仅高于其同时代人头发的含砷量本底值，而且远远高于当代人的发砷本底值。

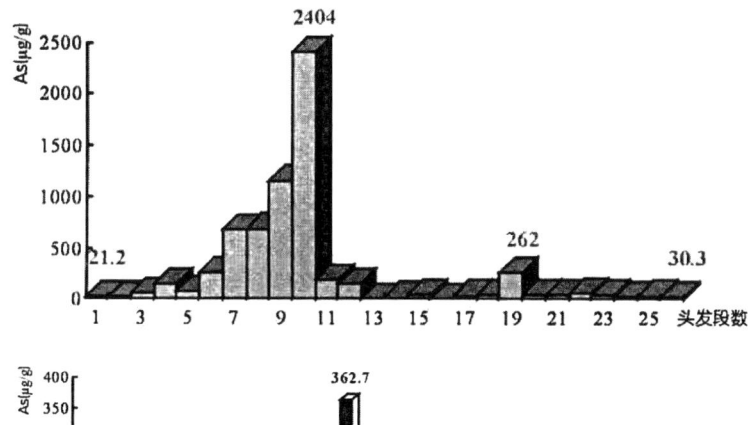

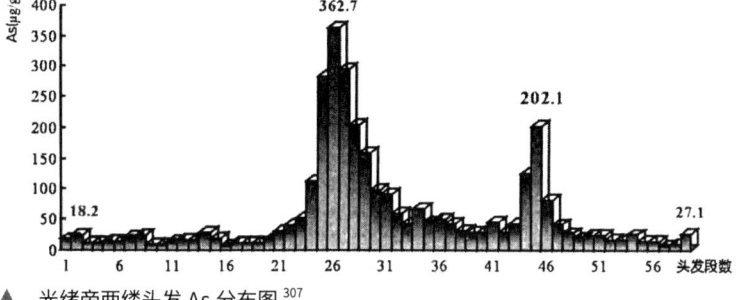

▲ 光绪帝两缕头发 As 分布图 [307]

其次，光绪帝头发的含砷量高峰值也远远高于光绪帝棺椁内、墓内和清西陵陵区环境样品的砷含量。这一鉴定结果意味着，光绪帝头发上高浓度砷物质并非来自周围环境的沾染。

为探究光绪帝头发砷含量高的成因，专家们将光绪帝的头发与当代慢性砷中毒患者的发砷，进行模拟实验对比研究，结果表明：光绪帝发砷分布高峰值不是人体自然新陈代谢的结果，而是来自其尸体的沾染传播。

再对光绪帝的遗骨及靠近其尸体部位的衣物进行取样检验，结果发现，其第一件至第三件，每件衣物的胃区部位、系带和领肩部位的含砷量都比较高；第四件衣物即内层衣物的含砷量则大大高于第一件至第三件；衣物掉落下来的胃肠内容残渣物的砷含量也很高。也就是说，大量的砷化合物曾存留于光绪帝尸体的胃腹部，后随着尸体腐烂进行再分布，有多个去向，并由里向外侵蚀衣物，造成了衣物被以肠胃内容为主的高含砷物质侵蚀沾染；光绪帝裤子后内层也有被以肠内容为主的高含砷物质严重侵蚀沾染的现象。

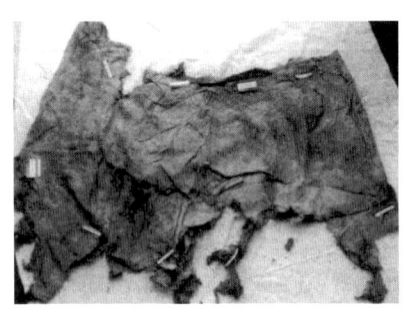

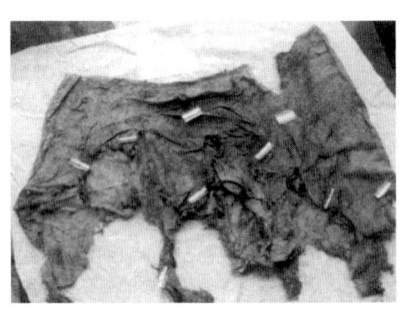

▲ 光绪帝裤子的正、反面被以肠内容为主的高含砷物质严重侵蚀沾染[308]

除此以外，光绪帝的骨骼还被胃肠内高含砷物质直接沾染上了，他的衣物的领肩部位和头发上的高量砷，都是尸体腐败溢流沾染所导致的结果。

光绪帝遗骨、头发、衣物中含量极高的砷化合物系毒性极大的三氧化二砷，俗名砒霜。课题组的专家们经过反复测算，结论为：光绪帝摄入体内的砒霜总量已经大大超过了致死量。换言之，光绪帝系砒霜中毒而亡。

四

"光绪死于砒霜中毒"曾入选2008年中国十大科学发现，说明这一研究成果获得了广泛认同。但紧接着就引出了下一个问题：是谁投毒害死了光绪帝？就目前的研究成果而言，绝大多数学者都将矛头指向了慈禧太后。

戴逸在《清史研究》2008年第4期发表《光绪之死》指出，以当时的条件、环境而论，如果没有慈禧太后的主使、授意，谁也不敢、也不能下手杀害光绪。大概情况应该是，慈禧惟恐自己先死，光绪复出掌权，推翻旧案，所以故意制造光绪在全国多次求医问药的假象，大肆制造光绪病重的舆论，希望天下皆知光绪是因体弱多病而死。但她没料到自己先得了重病，且是病入膏肓，因此在临终前命令亲信下手，毒死了光绪。

崔志海在《清史研究》2009年第3期刊文《光绪皇帝和慈禧太后之死与美国政府的反应——兼论光绪死因》认为，害死光绪皇帝的元凶是慈禧太后，同为"后党"的奕劻、袁世凯、李莲英等人也很可能都是直接或间接参与者，至少也是知情者。参与谋害光绪帝者不可能是一个人，而应该是一小撮能够进出宫廷的后党官宦共同所为。

此外，还有很多文章和书籍均认为是慈禧太后下令毒死了光绪皇帝。正如宋桂芝、杨益茂二先生在《以科技手段探明光绪皇帝死因的启迪》一文中所说，作为统治晚清王朝近半个世纪的执政者，慈禧早已成为真正的女皇、绝对的专制者。她的政治地位和多年形成的政治品格，决不允许任何人对她的权力形成威胁。换言之，她对于任何威胁到她统治地位的个人或势力，一定会不惜一切代价，采取各种措施，坚决予以剪除，绝不手软，绝不留后患。她是靠祺祥政变上台，靠杀戮和剪除辅政八大臣立威而夺取到最高权力的。当时，虽然形式上是"两宫同治"，但实际掌权人则是慈禧。其后，不知是慈安短寿，还是另有阴谋，慈安于光绪七年（1881年）暴卒于宫中。从此，慈禧得以更为从容地专权。

此前，"两宫"曾一度归政于慈禧的亲儿子——同治皇帝，然而她

▲ 考古人员在检视光绪帝（左）和隆裕皇后（右）的棺椁[309]

的儿子仅仅亲政不到两年就死掉了。需要说明的是，即使在同治皇帝亲政时期，大权也仍操纵在慈禧手中。对于光绪，应当说慈禧选他做皇帝是老谋深算的。她的目的并不是想为大清国培养一个年轻有为的"君主"，而只是想培养一个可供她支配的"傀儡"。一旦这个傀儡有了他自己独立的思想和主张，不再听命于她，甚而威胁到她的地位或生存，那么，对傀儡痛下杀手，便会成为她的必然选择。

就目前的研究状况而言，虽然可以肯定光绪帝是被人下毒致死，但所有关于慈禧、袁世凯等谋害光绪帝的说法，都是一种鉴于常理的逻辑推论，还没有直接的证据。也许在不久的将来，我们能够借助高科技找到相关的证据；但也许会像石沉大海一样，永远找不到真相，揭不开谜底。

注　释

1. 许顺湛：《五帝年代框架的推测》，《五帝时代研究》，中州古籍出版社2005年版。

2. 李琳之：《何以华夏：从传说时代到西周》，研究出版社2023年版。

3、4、5. 李井岩等：《辽宁阜新：走进玉龙故乡聆听文明回响》，《光明日报》2023年7月19日。

6. 中国社会科学院考古研究所内蒙古第一工作队：《内蒙古赤峰市兴隆沟聚落遗址2002～2003年的发掘》，《考古》2004第7期。

7. 崔树华、连吉林：《从草原龙谈龙形象起源》，《中国社会科学报》2020年7月2日。

8. 索秀芬、李少兵：《红山文化玉龙》，《内蒙古师范大学学报》2010年第5期。

9. 蒋乐平：《浙江发现6000多年前的"龙"》，《中国文物报》2000年1月23日。

10. 徐红霞：《凌家滩遗址出土玉器赏析》，《收藏家》2008年第10期。

11. 良渚博物院官网。

12. 陈树祥：《黄梅发现新石器时代卵石摆塑巨龙》，《中国文物报》1993年8月22日。

13. 湖北省文物考古研究所、中国社会科学院考古研究所：《湖北石家河罗家柏岭新石器时代遗址》，《考古学报》1994年第2期；湖南省文物考古研究所、澧县文物管理处：《澧县孙家岗新石器时代墓群发掘简报》，《文物》2000年第12期。

14. 刘庆柱：《关于考古发现的"龙"之界定问题——濮阳西水坡遗址出土"龙"意义》，《濮阳职业技术学院学报》2012年第2期。

15. 濮阳市文物管理委员会等：《河南濮阳西水坡遗址发掘简报》，《文物》1988年第3期；濮阳西水坡遗址考古队：《1988年河南濮阳西水坡遗址发掘简报》，《考古》1989年第12期。

16. 改自濮阳市文物管理委员会等：《河南濮阳西水坡遗址发掘简报》，《文物》1988年第3期。

17. 濮阳西水坡遗址考古队：《1988年河南濮阳西水坡遗址发掘简报》，《考古》1989年第12期。

18. 李学勤：《西水坡"龙虎墓"与四象的起源》，《中国社会科学院研究生院学报》1988 年第 5 期；冯时：《河南濮阳西水坡 45 号墓的天文学研究》，《文物》1990 年第 3 期；冯时：《中国天文考古学》，社会科学文献出版社 2001 年版，第 258～339 页。

19. 沙莎：《杨官寨：开启 5500 年前的"西安城"》，《陕西日报》2017 年 11 月 29 日。

20、21、22、23、24. 朱乃诚：《二里头绿松石龙的源流——兼论石峁遗址皇城台大台基石护墙的年代》，《中原文物》2021 年第 2 期。

25、60、76. 李琳之：《元中国时代——公元前 2300～1800 年华夏大地场景》，商务印书馆 2020 年版。

26. 张光直：《中国青铜时代》（二），生活·读书·新知三联书店 1990 年版，第 81 页。

27. 曲石：《中国玉器时代》，山西人民出版社 1991 年版；汪久文：《中国玉器时代与玉文化》，科学出版社 2016 年版。

28. 常洁：《以玉成就文明——考古发现中的红山文化玉器》，《紫禁城》2007 年第 2 期。

29. 吕富华、吕昕娱：《红山文化玉器造型特征及相关问题试析》，《赤峰学院学报》2015 年第 1 期。

30. 王时麟等：《中国岫岩玉》，科学出版社 2007 年版。

31. 刘莉、陈星灿：《中国考古学——旧石器时代晚期到早期青铜时代》，生活·读书·新知三联书店 2017 年版，第 192 页。

32. 王因：《通过史前玉器看巫觋文化》，《汉字文化》2017 年第 13 期。

33. 张敬国：《从安徽凌家滩墓地出土玉器谈中国的玉器时代》，《东南文化》1991 年第 2 期。

34、36. 安徽省文物考古研究所：《安徽含山县凌家滩遗址第五次发掘的新发现》，《考古》2008 年第 3 期。

35. 公元前 4000～2300 年是文化意义上的中国即胚胎中国形成时期，处于最早中国——陶寺古国形成之前，我称之为前中国时代，详见李琳之《前中国时代——公元前 4000～前 2300 年华夏大地场景》，商务印书馆 2021 年版。

37、38. 张敬国等:《凌家滩玉器微痕迹的显微观察与研究——中国砣的发现》,《东南文化》2002年第5期。

39. 黄英:《2019年故宫博物院"良渚玉文化论坛"综述》,《故宫博物院院刊》2020年第3期。

40、42. 浙江省文物考古研究所等编著:《良渚考古八十年》,文物出版社2016年版。

41. 王弥笑:《发达的良渚玉文化》,《陕西教育》(高教版)2008年第5期。

43. 陆文宝:《试析良渚玉器的美》,《史前研究2004》,三秦出版社2005年版。

44. 王宏伟:《常州青城墩遗址:龙从北方来》,《新华日报》2019年11月15日。

45. 孟华平:《石家河考古发现与研究》,中国考古网2017年1月23日。

46. 唐敏:《浅谈石家河文化玉器》,中国高校人文社会科学信息网。

47. 张绪球:《长江中游新石器时代文化概论》,湖北科学技术出版社1992年版,第305页。

48. 石荣传:《从凌家滩玉器外来文化因素看淮夷文明的形成》,《华夏考古》2017年第2期。

49. 张云鹏、王劲:《湖北石家河罗家柏岭新石器时代遗址》,《考古学报》1994年第2期。

50. 邓淑苹:《也谈华西系统的玉器》,《故宫文物月刊》(台北)第125~130期,1993年8月~1994年1月;何驽:《华西系玉器背景下的陶寺文化玉石礼器研究》,《南方文物》2018年第2期。

51. 何驽、高江涛:《薪火相传探尧都——陶寺遗址发掘与研究四十年历史述略》,《南方文物》2018年第4期;何驽:《陶寺考古:尧舜"中国"之都探微》,中共临汾市委宣传部编:《尧文化暨德廉思想研讨会文集:帝尧之都,中国之源》,中国社会科学出版社2015年版。

52. 王震中:《中国早期国家的典型》,中共临汾市委宣传部编:《尧文化暨德廉思想研讨会文集:帝尧之都,中国之源》,中国社会科学出版社2015年版。

53. 何驽:《陶寺考古:尧舜"中国"之都探微》,中共临汾市委宣传部编:《尧文化暨德廉思想研讨会文集:帝尧之都,中国之源》,中国社会科学出版社2015年版。

54. 何驽:《陶寺圭尺补正》,《自然科学史研究》2011年第3期。

55. 高天麟：《发现神秘文字，解码古老文明——山西陶寺遗址朱书"文"字扁壶出土经过及其意义》，中国社会科学网2015年6月14日。

56、65. 许宏：《何以中国——公元前2000年的中原图景》，生活·读书·新知三联书店2016年版，第25、125页。

57. 李琳之：《尧迹昭昭》，《祖先，祖先》，北岳文艺出版社2017年版。

58. 张雅军等：《陶寺中晚期人骨的种系分析》，《人类学学报》2009年第4期。

59. 何驽：《怎探古人何所思——精神文化考古理论与实践探索》，科学出版社2015年版。

61. 何驽：《陶寺文化谱系研究综论》，北京大学中国考古学研究中心、北京大学震旦古代文明研究中心编：《古代文明》（三），文物出版社2004年版。

62. 何驽：《早期政治中心型都城的范例》，中国社会科学院考古研究所等编：《中国社会科学论坛·早期都邑文明的发现研究与保护传承暨陶寺四十年发掘与研究国际论坛研讨会论文册》，内部资料。

63. 孙瑞生：《尧文化暨德廉思想研讨会在山西临汾举行》，《中国日报》2015年4月15日。

64. 上官云：《专家通报陶寺遗址发掘成果称该遗址或为"尧都"》，中新网北京6月18日电。

66. 邹衡：《关于探索夏文化的途径——1977年11月在"河南登封告成遗址发掘现场会"上的发言摘要》，《河南文博通讯》1978年第1期；杜金鹏、许宏：《偃师二里头遗址研究》，科学出版社2005年版；李伯谦：《考古学文化的族属问题》，《感悟考古》，上海古籍出版社2014年版；刘莉、陈星灿：《中国考古学——旧石器时代晚期到早期青铜时代》，生活·读书·新知三联书店2017年版。

67、71. 中国社会科学院考古研究所：《二里头：1999—2006》，文物出版社2014年版。

68. 改自许宏、刘莉：《关于二里头遗址的省思》，《文物》2008年第1期。

69. 吕方：《商汤灭夏的战略战术》，《文史天地》2021年第1期。

70. 中国社会科学院考古研究所等：《夏县东下冯》，文物出版社1988年版，第49～51页。

72. 赵海涛：《二里头遗址二里头文化四期晚段遗存探析》，《南方文物》2016年第 4 期；李久昌：《论偃师商城的都城性质及其变化》，《河南师范大学学报》2007年第 3 期。

73. 许宏：《关于二里头为早商都邑的假说》，《南方文物》2015 年第 3 期。

74. 陈国梁：《合与分：聚落考古视角下二里头都邑的兴衰解析》，《中原文物》2019 年第 4 期。

75. 中国社会科学院考古研究所、中澳美伊洛河流域联合考古队：《洛阳盆地中东部先秦时期遗址：1997—2007 年区域系统调查报告》，科学出版社 2019 年版。

77、84. 赵芝荃：《夏社与桐宫》，《考古与文物》2001 年第 4 期。

78、83.（美）卡炊卡·雷哈特等：《偃师商城的仪式宴飨与权力获得》(一)，《南方文物》2018 年第 4 期。

79. 中国社会科学院考古研究所河南第二工作队：《河南偃师商城小城发掘报告》，《考古》1999 年第 2 期；张良仁等：《河南偃师商城宫城北部"大灰沟"发掘报告》，《考古》2000 年第 7 期；段鹏琦等：《偃师商城的初步勘探和发掘》，《考古》1984 年第 6 期；谷飞、陈国梁：《社会考古视角下的偃师商城——以聚落形态和墓葬分析为中心》，《中原文物》2019 年第 5 期。

80. 陈国梁等：《河南偃师商城遗址新发现大型仓储区及囷仓类建筑基址》，《中国文物报》2020 年 8 月 7 日。

81、87. 李久昌：《论偃师商城的都城性质及其变化》，《河南师范大学学报》2007 年第 3 期。

82. 王学荣：《偃师商城布局的探索与思考》，《考古》1999 年第 2 期；赵芝荃：《偃师商城建筑概论——1983 年～1999 年建筑遗迹》，《华夏考古》2001 年第 2 期。

85. 李久昌：《论偃师商城的都城性质及其变化》，《河南师范大学学报》2007 年第 3 期；许顺湛：《中国最早的"两京制"——郑亳与西亳》，《中原文物》1996 年第 2 期。

86. 王震中：《商代都邑》(商代史·卷五/宋镇豪主编)，中国社会科学出版社 2010 年版，第 35 页。

88. 唐际根：《商文化考古学编年的建立》，《中原文物》2002 年第 6 期。

89. 何毓灵、胡洪琼：《试论早商城址的性质及相互关系》，《殷都学刊》2002 年第 4 期。

90、94、104. 许宏：《最早的帝国：二里岗文明冲击波》，大象出版社 2023 年版。

91. 杨育斌、袁广阔：《20 世纪河南考古发现与研究》，中州古籍出版社 1997 年版，第 338~342 页。

92、96. 张雪莲等：《郑州商城和偃师商城的碳十四年代分析》，《中原文物》2005 年第 1 期。

93. 宋国定：《1985~1992 年郑州商城考古发现综述》，河南省文物研究所编：《郑州商城考古新发现与研究》，中州古籍出版社 1993 年版；河南省文物考古研究所：《郑州商城——1953—1985 年考古发掘报告》，文物出版社 2001 年版；袁广阔、曾晓敏：《论郑州商城内城和外郭城的关系》，《考古》2004 年第 3 期；秦文生：《郑州商城与偃师商城之比较研究》，《黄河科技大学学报》2006 年第 1 期。

95. 张文军等：《关于郑州商城的考古学年代及其若干问题》，河南省文物研究所编：《郑州商城考古新发现与研究》，中州古籍出版社 1993 年版。

97. 赵俊杰：《仲丁迁隞地望新探》，《南方文物》2020 年第 2 期；张国硕：《从商文化的东渐看商族起源"东方说"的不合理性》，《中原文物》1997 年第 4 期。

98. 河南省文物考古研究所：《郑州商城——1953—1985 年考古发掘报告》，文物出版社 2001 年版；张国硕：《试论郑州商都的年代》，《平顶山学院学报》2004 年第 4 期；李久昌：《论偃师商城的都城性质及其变化》，《河南师范大学学报》2007 年第 3 期。

99. 任胜利/文，李安/摄影：《再现古老商都辉煌盛景》，《人民日报》（海外版）2023 年 8 月 15 日。

100. 王立新：《早商文化研究》，高等教育出版社 1998 年版；李锋：《郑州商城隞都说合理性辑补》，《郑州大学学报》2004 年第 4 期。

101. 宋镇豪主笔：《商代史论纲》（商代史·卷一/宋镇豪主编），中国社会科学出版社 2011 年版；王妙发：《试论中国最早的一批都市》，吉林大学边疆考古研究中心编：《庆祝张忠培先生七十岁论文集》，科学出版社 2004 年版。

102. 王震中：《商代都邑》（商代史·卷五/宋镇豪主编），中国社会科学出版社 2010 年版，第 225 页。

103. 王震中：《商族起源与先商社会变迁》（商代史·卷二/宋镇豪主编），中国社会科学出版社 2010 年版,第 115 页。

105. 中国社会科学院考古研究所安阳工作队:《河南安阳市洹北商城的勘察与试掘》,《考古》2003 年第 5 期;中国社会科学院考古研究所安阳工作队、中加洹河流域区域考古调查课题组:《河南安阳市洹北商城遗址 2005—2007 年勘察简报》,《考古》2010 年第 1 期;中国社会科学院考古研究所安阳工作队:《河南安阳市洹北商城宫殿区二号基址发掘简报》,《考古》2010 年第 1 期;张国硕:《盘庚迁殷来龙去脉之推断》,《郑州大学学报》2004 年第 6 期;李一丕:《殷墟一期殷都布局变迁研究》,《华夏考古》2009 年第 4 期。

106. 改自牛世山:《从洹北商城到殷墟商邑:城市规划与建设的嬗变》,《中原文物》2018 年第 5 期。

107. 侯卫东:《试析洹北商城的形成背景》,《华夏考古》2019 年第 4 期。

108. 王恩田:《武丁卜辞与洹北商城一号、二号宗庙基址复原》,《中国国家博物馆馆刊》2015 年第 1 期。

109. 中国社会科学院考古研究所:《殷墟的发现与研究》,科学出版社 1994 年版;孟宪武:《安阳殷墟考古研究》,中州古籍出版社 2003 年版;岳洪彬、何毓灵:《新世纪殷墟考古的新进展》,《中国文物报》2004 年 10 月 15 日;刘莉、陈星灿:《中国考古学:旧石器时代晚期到早期青铜时代》,生活·读书·新知三联书店 2017 年版,第 373~374 页。

110. 何光岳:《商源流史》,江西教育出版社 1994 年版,第 94~95 页。

111. 《殷墟考古取得新进展》,新华网 2022 年 11 月 11 日。

112. (美)王迎:《安阳墓地制度与命妇关系的个例研究》,王宇信等主编:《2004 年安阳殷商文明国际学术研讨会论文集》,社会科学文献出版社 2004 年版。

113. 胡厚宣、胡振宇:《殷商史》,上海人民出版社 2019 年版,第 602~603 页。

114. 中国社会科学院考古研究所:《安阳殷墟花园庄东地商代墓葬》,科学出版社 2007 年版。

115. 杨锡璋等:《盘庚迁殷地点蠡测》,《中原文物》2000 年第 1 期。

116. 江林昌:《由新出遂公盨、速氏铜器论夏商周世系——纪念王国维〈殷卜辞中所见先公先王考〉发表 85 周年》,《齐鲁文化研究》(第三辑),山东文艺出版社 2004 年版。

117. 江林昌：《由新出遂公盨、速氏铜器论夏商周世系——纪念王国维〈殷卜辞中所见先公先王考〉发表85周年》，《齐鲁文化研究》(第三辑)，山东文艺出版社2004年版；杜小钰：《王国维著〈殷卜辞中所见先公先王考〉中"二十九帝"说考辨》，《金陵科技学院学报》2020年第3期。

118.《合集》即《甲骨文合集》，是中国现代甲骨学方面的集成性资料汇编。郭沫若主编，胡厚宣总编辑，中国社会科学院历史研究所《甲骨文合集》编辑工作组集体编辑。1978~1982年由中华书局出版，珂版影印13册，选录80年来已著录和未著录的殷墟出土的甲骨拓本、照片和摹本，共41956片。下文注释中，按学界通例以"《合集》n"的形式标注，不再特意说明。

119. 李玲玲：《商王廪辛何以未入周祭祀谱》，《中国社会科学报》2020年9月8日。

120、121. 中国社会科学院考古研究所安阳队：《殷墟259、260号墓发掘报告》，《考古学报》1987年第1期。

122. 中国社会科学院考古研究所安阳工作队：《安阳殷墟刘家庄北1046号墓》，《考古学集刊》2004年第2期。

123. 唐际根专栏演讲：《洛阳铲下的商王朝》(1—3)，搜狐网2019年5月15日。

124. 门艺：《黄组征人方卜辞及十祀征人方新谱》，苗长虹主编：《黄河文明与可持续发展》(第8辑)，河南大学出版社2014年版。

125.《英藏》2563、《合集》36968。《英藏》即《英国所藏甲骨集》，李学勤、齐文心、(英)艾兰编纂，中国社会科学院历史研究所、伦敦大学亚非学院编辑，中华书局1992年版。

126、128、132、154. 李硕：《翦商：商周之变与华夏新生》，广西师范大学出版社2022年版，第415~428、279~283、431、252~259页。

127. 刘士莪编著：《老牛坡》，陕西人民出版社2002年版。

129、130. 中国社会科学院考古研究所安阳工作队：《河南安阳市殷墟新安庄西地2007年商代遗存发掘简报》，《考古》2016年第2期。

131. 刘恒：《甲骨集史》，中华书局2008年版，第95页。

133. 何安安：《殷墟：揭开商代贵族墓的秘密》，《新京报》2022年1月6日。

134. 于省吾：《甲骨文字释林》，中华书局2009年版，第262页。

135. 裘锡圭：《甲骨卜辞中所见的"田""牧""卫"等职官的研究——兼论"侯""甸""男""卫"等几种诸侯的起源》，《文史》（第十九辑），中华书局1983年版。

136. 中国社会科学院考古研究所：《小屯南地甲骨》（全三册），中华书局1983年版，简称《屯南》。本书按学界通例以《屯南》n"的形式标注，"n"为甲骨文编号。后面不再一一说明。

137.《合集》28008；王贵民：《从殷墟甲骨文论古代学校教育》，《人文杂志》1982年第2期。

138.《合集》5617；陈学恂、张瑞璠：《中国教育史研究·先秦分卷》，华东师范大学出版社2009年版。

139. 宋镇豪：《从甲骨文考述商代的学校教育》，王宇信等主编：《2004年安阳殷商文明国际学术研讨会论文集》，社会科学文献出版社2004年版。

140.《合集》787。

141. 中国社会科学院考古研究所：《安阳殷墟花园庄东地甲骨》（全6册），云南人民出版社2003年版，简称《花东》。本书按学界通例以《花东》n"的形式标注，"n"为甲骨文编号。后面不再一一说明。

142. 王进锋：《殷商西周时期的教育状况》，《历史教学问题》2014年第2期。

143. 宋镇豪：《商代社会生活与礼俗》（商代史·卷七／宋镇豪主编），中国社会科学出版社2010年版。

144.《花东》382。

145.《花东》206。

146.《花东》50。

147. 中国社会科学院考古研究所：《殷墟小屯村中村南甲骨》489，云南人民出版社2012年版。

148.《合集》39822。

149.《合集》12570。

150.《英藏》153反。

151、152. 阴崔雪：《甲骨文中关于"殷商子弟学医"卜辞新释》，《历史教学》2022年第18期。

153、155. 中国社会科学院考古研究所：《安阳殷墟小屯建筑遗存》，文物出版社 2010 年版。

156. 王恩田：《武父乙盉与殷墟大型宗庙基址 F1 复原》，《中原文物》2016 年第 1 期。

157.《花东》340。

158.《花东》178。

159.《花东》150。

160.《花东》473。

161. 李琳之：《史无记载：考古发现的中国史》，研究出版社 2024 年版。

162. 李翠：《里耶秦简：进京演绎"小城故事"》，《中国民族报》2019 年 8 月 9 日。

163. 吴方基：《里耶秦简"迁陵以邮行洞庭"新解》，《简帛》2019 年第 2 期。

164. 秋林：《构建中国古代邮驿文化长廊——中华全国集邮联合会及历届代表大会小型张》，《集邮》2022 年第 8 期。

165. 明星：《里耶秦简中发现中国最早的书信实物》，《人民日报》（海外版）2002 年 8 月 27 日。

166. 钟炜：《试探洞庭兵输内史及公文传递之路线》，《长沙大学学报》2007 年第 1 期。

167. 臧嵘：《商代的邮驿发展》，《中国古代驿站与邮传》，中国国际广播出版社 2009 年版。

168. 孙钦良：《商周时期的邮路风景线》，《洛阳晚报》2010 年 5 月 11 日。

169、170.《古代快递那些事：快递能多快？用生命送快递？小哥"没有嘴"？》，中国教育电视台公众号 2022 年 4 月 22 日。

171、176. 武家璧：《古蜀的"神化"与三星堆祭祀坑》，《四川文物》2021 年第 1 期。

172. 周原甲骨 H11：68。

173. 周原甲骨 H11：97。

174. 孟世凯：《商朝》（文明的历程丛书 / 李学勤主编），上海科学技术文献出版社 2020 年版，第 275~279 页。

175.《合集》6858，6859，6860—6863，6864。

177. 四川省文管会等：《广汉三星堆遗址一号祭祀坑发掘简报》，《文物》1987年第 10 期；施劲松：《三星堆遗址》，王巍总主编《中国考古学大辞典》，上海辞书出版社 2014 年版；孟世凯：《商朝》（文明的历程丛书 / 李学勤主编），上海科学技术文献出版社 2020 年版，第 270～275 页。

178. 杨雪梅等：《神秘三星堆考古再解谜》，《人民日报》2021 年 3 月 22 日；许倩、刘海波：《神秘三星堆"再惊天下"》，《人民资讯》2020 年 3 月 21 日。

179.《对话施劲松：三星堆文化将进入新阶段》，《中国报道》2021 年 4 月刊。

180、181、183. 李思达：《纵目头像与黄金权杖：有个性的三星堆文明从何而来》，《国家人文历史》2019 年第 13 期。

182. 王仁湘：《古蜀人的艺术创造力》，《人民日报》2021 年 4 月 17 日。

184、186、188、189. 武家璧：《古蜀的"神化"与三星堆祭祀坑》，《四川文物》2021 年第 1 期。

185. 刘亭亭：《三星堆，掀起古蜀国的神秘面纱》，《海南日报》2020 年 3 月 2 日；李思达：《纵目头像与黄金权杖：有个性的三星堆文明从何而来》，《国家人文历史》2019 年第 13 期。

187. 赵晓霞等：《"走进三星堆读懂中华文明"活动举办》，《人民日报》2021 年 5 月 30 日。

190. 卢连成、胡智生：《宝鸡"強"国墓地》，文物出版社 1988 年版，第 315 页。

191. 印群：《商周之际三角援青铜戈与蜀人随武王伐纣》，《齐鲁学刊》2008 年第 6 期。

192、196. 霍巍：《三星堆祭祀坑发掘的前世今生》，《中国社会科学报》2021 年 4 月 20 日。

193. 顾万发：《论三星堆文化首有青铜尊的跪坐握手青铜人及有关问题》，《黄河黄土黄种人》2021 年 3 月号（下）。

194、195. 杨大勇、李超庆：《东西问丨顾万发：郑州商代金覆面隐藏着哪些东西文明密码？》，中国新闻网 2023 年 6 月 13 日。

197. 冉宏林：《郎家村遗存再分析——兼谈三星堆文化在成都平原的分布》，《中国国家博物馆馆刊》2020 年第 6 期。

198. 张昌平：《夏商时期中原与长江中游地区的文化联系》，《华夏考古》2006年第3期。

199. 于孟洲：《三星堆文化东向扩张的原因分析》，教育部人文社会科学重点研究基地等编：《边疆考古研究》（第24辑），科学出版社2018年版。

200、201. 杜勇：《武王伐纣日谱的重新构拟》，《古代文明》2020年第1期。

202. 丁进：《私人叙事的兴起：武王伐纣时期的铭文创作》，《合肥工业大学学报》2012年第1期。

203. 佚名：《"考古词条"青铜时代·大丰簋》，考古中国网。

204. 农建萍、陈鹏：《利簋——历史的见证者》，《山西档案》2010年第6期；丁进：《私人叙事的兴起：武王伐纣时期的铭文创作》，《合肥工业大学学报》2012年第1期。

205. 张政烺：《〈利簋〉释文》，《考古》1978年第1期。

206. 江晓原、钮卫星：《回天——武王伐纣与天文历史年代学》，上海交通大学出版社2014年版。

207、209. 周原考古队：《先周文化大型建筑与西周城址周原遗址首次确认》，《中国文物报》2022年2月25日；《周原发现西周城址和先周大型建筑》，北京大学考古文博学院2022年2月3日。

208. 本文图片均引自马虎振：《发现先周时期大型夯土建筑周原遗址就是古公亶父迁岐之地》，《华商报》2022年1月25日。

210、215、216. 刘士莪：《墙盘、逑盘之对比研究——兼谈西周微氏、单公家族窖藏铜器群的历史意义》，《文博》2004年第5期。

211. 孙斌来：《商尊铭文通释和微史家族的国别》，《松辽学刊》1999年第6期。

212. 李学勤：《周公庙遗址性质推想》，《文博》2004年第5期。

213. 陕西周原考古队：《陕西扶风庄白一号西周青铜器窖藏发掘简报》，《文物》1978年第3期。

214. 刘怀君等：《逑盘铭文试释》，《文物》2003年第6期。

217、218、223. 周原考古队：《2020—2021年周原遗址西周城址考古简报》，《中国国家博物馆馆刊》2023年第7期．

219、223. 严志斌：《周原遗址凤雏建筑基址群探论》，《考古》2022年第11期。

220. 周原甲骨 H31：3。

221. 周原遗址博物馆。

222.《集成》02814。

224、225、228、231、233、252 曹大志：《周原与镐京——关于西周王朝的都城》，《中国国家博物馆馆刊》2023 年第 7 期。本文四幅关中盆地西周铜器分布示意图均引自该文。

226. 中国社会科学院考古研究所汉长安城工作队：《西安市汉唐昆明池遗址的钻探与试掘简报》，《考古》2006 年第 10 期；阿房宫与上林苑考古队：《西安市汉唐昆明池遗址区西周遗存的重要考古发现》，《考古》2013 年第 11 期。

227. 宋江宁：《关中盆地史前到秦汉时期的中心区转移现象考察——兼论周原与沣镐遗址内涵差别巨大的原因》，《南方文物》2017 年第 4 期。

229. 周原甲骨 H11:117。

230. 周原甲骨 H11:133+H11:52。

232. 雷兴山：《由周原遗址陶文"周"论"周"地与先周文化》，《俞伟超先生纪念文集·学术卷》，文物出版社 2009 年版；赵庆淼：《再论西周时期的"周"地及相关问题》，《三代考古》（八），科学出版社 2019 年版。

234. 谢尧亭：《晋国兴衰六百年》，三晋出版社 2019 年版，第 74、75 页。

235、236. 周原考古队：《2003 年陕西岐山周公庙遗址调查报告》，北京大学中国考古学研究中心、北京大学震旦古代文明研究中心编：《古代文明》（第 5 卷），文物出版社 2006 年版。

237. 周公庙考古队：《陕西岐山周公庙遗址考古收获丰硕》，《中国文物报》2004 年 12 月 31 日。

238. 王晖：《岐山考古新发现与西周史研究新认识》，《文博》2004 年第 5 期。

239. 边江、冯国：《凤翔：发现迄今所知西周最大古城遗迹》，《新华每日电讯》2005 年 1 月 5 日。

240. 冯建科：《试论周公庙遗址的文化内涵及性质》，《甘肃社会科学》2005 年第 3 期。

241. 徐天进：《周公庙遗址的考古所获及所思》，《文物》2006 年第 8 期。

242、243. 种建荣：《周公庙遗址陵坡墓地及相关问题》，《中国国家博物馆馆刊》

2018年第7期。

244. 李学勤：《周公庙遗址性质推想》，《文博》2004年第5期。

245. 李学勤：《周公庙卜甲四片试释》，《西北大学学报》2005年第2期。

246. 毛礼锐：《虞夏商周学校传说初释》，《北京师范大学学报》1961年第4期；周广增：《我国奴隶社会的学校教育》，《九江学院学报》1984年第3期；王晖：《西周"大学""辟雍"考辨》，《宝鸡文理学院学报》2014年第5期。

247. 李春艳：《西周金文中小学教育及现代启示》，《宝鸡文理学院学报》2020年第5期。

248. 马承源：《商周青铜器铭文选》，文物出版社1988年版，第266页。

249. 周广增：《我国奴隶社会的学校教育》，《九江学院学报》1984年第3期。

250. 李学勤：《西周中期青铜器的重要标尺——周原庄白、强家两处青铜器窖藏的综合研究》，《中国历史博物馆馆刊》1979年第1期。

251. 王龙正等：《柞伯簋与大射礼及西周教育制度》，《文物》1988年第9期。

253.《合集》580正。

254.《合集》581。

255.《三千年前的"守门人"——刖人守门鼎》，宝鸡新闻网2022年2月9日。

256. 故宫博物院官网。

257. 冀业：《华夏博物之旅：盘点山西博物院的"镇馆之宝"》，《人民日报》2013年2月16日。

258、264. 母心：《神秘石像揭秘》，《西部论丛》2005年第7期。

259、265. 解华福：《李冰石像发掘记》，《岁月都江堰》公众号2019年4月29日。

260. 吴晓铃：《这尊东汉石像证明都江堰确为李冰所凿》，《川观新闻》2020年8月27日。

261. 四川省灌县文教局：《都江堰出土东汉李冰石像》，《文物》1974年第7期；周九香：《东汉李冰石像题铭浅析》，《四川文物》2002年第5期。

262. 吴晓铃：《都江堰第4次挖出巨型石人造像揭秘李冰治水始末》，《四川日报》2016年3月14日。

263. 四川省博物馆、灌县工农兵文化站：《都江堰又出土一躯汉代石像》，《文物》1975年第8期。

266. 王嘉：《石犀：摸到它就摸到李冰的手》，《成都日报》2014年5月11日。

267. 王嘉：《都江堰再次出土汉代石像》，《成都日报》2014年4月25日。

268. 都江堰市文物局：《四川：都江堰水利工程再次出土汉代文物》，国家文物局官网2014年4月26日。

269、270. 李崇寒：《洛阳铲打出的佛指舍利所在：法门寺地宫洞开，唐代气息扑面而来》，《国家人文历史》2019年第13期。

271. 陕西省考古研究院等：《法门寺考古发掘报告》，文物出版社2007年版；韩伟：《法门寺地宫考古记》，全国政协文史和学习委员会编：《文史资料选辑》（第162辑），中国文史出版社2013年版；李崇寒：《洛阳铲打出的佛指舍利所在：法门寺地宫洞开，唐代气息扑面而来》，《国家人文历史》2019年第13期。

272. 黄薇：《法门寺：地宫一开，便是半个盛唐》，《新民晚报》2014年11月15日；徐胭脂：《析唐法门寺地宫"金钱布地"现象》，《中国国家博物馆馆刊》2017年第5期；佚名：《陕西法门寺——地宫》，陕西民间美术数据库官网。

273. 岳南：《岳南大中华史》，河南文艺出版社2021年版，第197～272页。

274. 韩伟：《秦始皇时代佛教已传入中国考》，《文博》2009年第2期。

275. 陈克伦：《印尼"黑石号"沉船及其文物综合研究》，《文物保护与考古科学》2019年第4期；齐东方：《印尼海域"黑石号"沉船与唐代扬州"江心镜"》，《故宫博物院院刊》2017年第3期；马晓惠：《千年沉船黑石号的发现传奇》，《海洋世界》2011年第8期。

276. 陈克伦：《印尼"黑石号"沉船及其文物综合研究》，《文物保护与考古科学》2019年第4期。

277. 四海夕阳：《"黑石号"沉船与晚唐扬州》，《扬子晚报》2020年10月19日。

278、279、280. 齐东方：《印尼海域"黑石号"沉船与唐代扬州"江心镜"》，《故宫博物院院刊》2017年第3期。

281、283. 许冰彬：《从宫廷文物看明宣宗的娱乐生活》，《中国国家博物馆馆刊》2016第2期。

282、285. 刘新园：《明宣宗与宣德官窑》，《南方文物》2011年第1期。

284. 佚名：《"蟋蟀皇帝"骄奢与荒唐的宫廷娱乐》，故宫博物院官网。

286、299. 兰维：《沉银重现——四川江口古战场遗址探微》，《文明》2020年第4期。另,本文图片未标注出处者,均引自该文,不再一一说明。

287、289、298. 梁国庆:《从出土文物看江口沉银遗址》,《水下考古》(第一辑),上海古籍出版社2017年版。

288. 李飞:《江口沉银遗址发现及研究》,《水下考古》(第一辑),上海古籍出版社2017年版;兰维:《沉银重现——四川江口古战场遗址探微》,《文明》2020年第4期。

290.《张献忠江口沉银遗址升级二期考古发掘出水大量文物》,央视网2018年4月20日;《张献忠江口沉银二期发掘成果公布》,《江口沉银》官网2019年8月15日。

291.《张献忠江口沉银二期发掘成果公布》,《江口沉银》官网2019年8月15日。

292. 李晓东、周洪双:《张献忠"江口沉银"的面纱缓缓揭开》,《光明日报》2020年4月30日;吕杨、刘忠俊:《"江口沉银"考古发掘再现珍宝第三期发掘文物10000余件》,中国新闻网2020年4月29日。

293、294、295、296.《重大发现!江口沉银考古发掘取得重要成果》,《四川观察》2022年11月16日。

297. 汪启明等:《江口沉银相关文献的十个待决疑案——书于〈江口沉银历史文献汇编·野史笔记卷〉后》,《楚雄师范学院学报》2022年第1期。

300、301. 吴晓铃:《张献忠"江口沉银"那些喧嚣的巨额财富打捞史》,《四川在线》2021年11月11日。

302.《重磅!彭山江口沉银三期考古发掘成果公布,这件宝物世间罕见!》,《眉山日报》2020年4月29日。

303. 马忠文:《时人日记中的光绪皇帝、慈禧太后之死》,中国社会科学院近代史研究所政治史研究室、苏州大学社会学院编:《晚清国家与社会》,社会科学文献出版社2007年版。

304. 中国第一历史档案馆编:《光绪宣统两朝上谕档》第34册,广西师范大学出版社1996年版,第243页。

305. 徐一士:《光绪殂逝之谜》,《国闻周报》第8卷第29期,1931年7月。

306. 朱金甫、周文泉:《从清宫医案论光绪帝载湉之死》,《故宫博物院院刊》1982年第3期。

307、308.钟里满等:《国家清史纂修工程重大学术问题研究专项课题成果:清光绪帝死因研究工作报告》,《清史研究》2008年第4期。

309.西冰摄影。引自《揭秘清光绪皇帝发掘始末:医生清理遗体时竟呕吐》,清西陵景区公众号2018年7月16日。

主要参考文献

（西汉）刘向编，（中国台湾）白罗翻译：《说苑》，黄山书社 1993 年版。

（汉）董仲舒：《春秋繁露》，上海书店出版社 2012 年版。

（汉）司马迁撰，（南朝宋）裴骃集解，（唐）司马贞索隐，（唐）张守节正义：《史记》，中华书局 1959 年版。

（汉）毛亨传，（汉）郑玄笺，（唐）陆德明音义，孔祥军点校：《毛诗传笺》，中华书局 2018 年版。

（汉）班固撰，（唐）颜师古注，中华书局编辑部点校：《汉书》，中华书局 1962 年版。

（汉）许慎撰，（宋）徐铉校定：《说文解字》，中华书局 1963 年版。

（汉）王符撰，（清）汪继培笺：《潜夫论笺校正》，中华书局 1985 年版。

（汉）王充：《论衡校释》，中华书局 1990 年版。

（东汉）袁康，（东汉）吴平：《越绝书》，浙江古籍出版社 2013 年版。

（晋）常璩撰，刘琳校注：《华阳国志校注》，巴蜀书社1984年版。

（晋）皇甫谧：《帝王世纪辑存》，中华书局1964年版。

（晋）郭璞注，王贻樑、陈建敏校释：《穆天子传汇校考释》，中华书局2019年版。

（南朝宋）范晔撰，（唐）李贤等注，中华书局编辑部点校：《后汉书》，中华书局1965年版。

（唐）李泰等：《括地志辑校》，中华书局1980年版。

（唐）陈翰编，李小龙校证：《异闻集校证》，中华书局2019年版。

（五代）王仁裕、（唐）姚汝能撰，曾贻芬点校：《开元天宝遗事·安禄山事迹》，中华书局2006年版。

（宋）李昉等编：《太平广记》，中华书局1961年版。

（宋）欧阳修、宋祁：《新唐书》，中华书局1975年版。

（宋）吕惠卿撰，汤君集校：《庄子义集校》，中华书局2009年版。

（元）脱脱等：《宋史》，中华书局1977年版。

（明）陆容撰，佚之点校：《菽园杂记》，中华书局1985年版。

（明）王世贞：《四库禁毁书丛刊》，北京出版社1995年版。

（明）沈德符：《万历野获编》，中华书局1959年版。

（明）查继佐：《罪惟录》，浙江古籍出版社1986年版。

（明）李诩：《戒庵老人漫笔》，中华书局1982版。

（明）陈建：《皇明通纪》，中华书局2008年版。

（明）黄宗羲：《孟子师说》，浙江古籍出版社2012年版。

（清）王先谦撰，何晋点校：《尚书孔传参正》，中华书局2011年版。

（清）阮元校刻：《十三经注疏》（清嘉庆刊本），中华书局2009

年版。

（清）刘沅：《韩诗外传集释》，巴蜀书社 2016 年版。

（清）谷应泰等：《明史纪事本末》，中华书局 1977 年版。

（清）计六奇：《明季南略》，中华书局 1984 年版。

（清）徐珂编辑，无谷、刘卓英点校：《清稗类钞选》，书目文献出版社 1984 年版。

（清）蒲松龄著，任笃行辑校：《聊斋志异》（全校会注集评本），齐鲁书社 2000 年版。

（清）张廷玉等撰，中华书局编辑部点校：《明史》，中华书局 1974 年版。

《张献忠剿四川实录》，巴蜀书社 2002 年版。

（清）严可均编：《全上古三代秦汉六朝文》，中华书局 1958 年版。

（清）方玉润：《诗经原始》，中华书局 1986 年版。

（清）郝懿行著，安作璋主编：《郝懿行集·竹书纪年校证》，齐鲁书社 2010 年版。

（清）孙希旦：《礼记集解》，中华书局 1989 年版。

（清）王先慎撰，钟哲点校：《韩非子集解》，中华书局 1998 年版。

（清）顾栋高：《春秋大事表》，中华书局 1963 年版。

（清）徐元诰撰，王树民、沈长云点校：《国语集解》，中华书局 2002 年版。

（清）翁同龢：《翁同龢日记》，上海辞书出版社 2020 年版。

溥仪：《我的前半生》，群众出版社 1981 年版。

黄怀信：《逸周书校补注译》，三秦出版社 2006 年版。

郭丹等译注：《左传》，中华书局 2018 年版。

曾晓娟主编:《都江堰文献集成》,巴蜀书社2018年版。

方勇、李波译注:《荀子》,中华书局2015年版。

方勇译注:《荀子》,中华书局2018年版。

陆玖译注:《吕氏春秋》,中华书局2011年版。

方韬译注:《山海经》,中华书局2011年版。

李山、轩新丽译注:《管子》,中华书局2019年版。

杨天才、张善文译注:《周易》,中华书局2018年版。

姜亮夫等:《先秦诗鉴赏辞典》,上海辞书出版社1998年版。

周振甫:《诗经译注》,中华书局2010年版。

(日)释圆仁:《入唐求法巡礼行记》,广西师范大学出版社2007年版。

后　　记

　　这本书连同《史无记载：考古发现的中国史》和《返璞归真：考古纠错的中国史》共同组成了我的一个"考古改写中国史"系列。如果说之前由商务印书馆和研究出版社出版的我的"上古中国四部曲"——《前中国时代》《元中国时代》《晚夏殷商八百年》和《何以华夏》——还是亚学术性史著的话，那么这个"考古改写中国史"系列则是一套普及性的通俗读物。这是我写作方式和写作风格一次较大的转变，我希望自己以后能沿着这条道路走下去，以普罗大众喜闻乐见的形式写出他们喜欢的作品。

　　在这个系列中，《史无记载：考古发现的中国史》由研究出版社于2024年1月率先推出。出版之初就被《中华读书报》于1月10日刊发的《岁末年初社科新书》一文作为10种重点图书予以推荐，随后又陆续入选了《2024年开年值得关注的人文社科新书50种》(《中华读书报》2024年1月11日)、"长安街读书会第20240301期干部学习新书书单"、"《中国新闻出版广电报·读周刊》本周热荐书单（2024年3月16日）"等好书榜单、王府井新华书店"品悦荐读4月书单""中国社会科学院大学图书馆3月推荐书单"。这种情况基本符合我的预期，等于给后面这两本书的出版开了一个好头。

2024年1～3月这段时期，于我而言其实是一个很特殊的时期。首先，由于常年伏案写作，我的右眼视网膜脱落，1月11日，我在北京同仁医院做了手术。医生叮嘱我，恢复视力后要注意保护，做到合理用眼。此言甚是，毕竟身体才是最重要的，没有了好的身体，别说研究、写作，其他一切都会失去意义。希望借此给读者朋友们提个醒，以我为鉴，善待自己。其次，"上古中国四部曲"在距第一部《元中国时代》初版三年半后，于1月同其余后出版的三部同时得以重版，其中《晚夏殷商八百年》是第5次印刷。《何以华夏》初版是在2023年11月，当时出了精装和平装两个版本，两个月后就重印，也创造了我写作史上的一个纪录。

最意想不到的是，"上古中国四部曲"在这期间竟然一本不落地全部遭到不法分子的盗版，而且不止一个版本。这些盗版者为了节省成本，无一例外全部改成了平装本，且裁掉了前后折封，有的甚至连版权页都裁掉了。就开本大小而言，有的比原书小，改成了32开；有的比原书大，改成了大16开。封面颜色偏差较大，内文字迹模糊不清。真是有点惨不忍睹。

我的助手将这几种盗版买回来几套后，曾给销售平台管理部门投诉，但无人理会，盗版商们也只是执行平台"仅退款"的规则了事。纵容的结果就是盗版卖家越来越多，在某著名销售平台上，竟然有近20家店铺同时在售。

我无可奈何，出版方也无计可施，因为地方、平台保护主义盛行，打假成本太高，单凭作者和出版社一点微薄的力量是根本无济于事的。记得与我有同样遭遇的作家吴晓波先生曾经为此在网上发文哀求说："请高抬贵手，放过苦命的图书业。"我不想祈求谁，在此只以《诗经·王风·黍离》里那句著名的诗句来表达我的心情："知我者，谓我心忧；不知我者，谓我何求。悠悠苍天，此何人哉？"是啊，"悠悠苍天，此何人哉？"

我是山西大学哲学社会学院、三晋文化与旅游产业协同创新中心特聘教授，"上古中国四部曲"的出版都曾得到他们的资助。本书也是哲学社会学院"双一流"学科——哲学学科的课题之一，相关领导同样也给予了大量的支持和帮助。

本书脱稿后，中国史记研究会会长张大可先生、中国社会科学院考古研究所高江涛研究员、太原师范学院原历史系主任王杰瑜教授曾通读书稿，并提出了宝贵的意见。

此外，研究出版社的总编辑丁波，编辑林娜、慕瞻，山西大学副校长孙岩、哲学社会学院院长尤洋以及高建录、王海龙诸先生，还有注释中涉及的同仁，均为此书的写作提供了诸多的资料和方便。

在此一并致谢！

李琳之
2024 年 4 月 18 日于京